グローバル化社会の
日本語教育と日本文化

日本語教育スタンダードと多文化共生リテラシー

萬美保・村上史展　編

ひつじ書房

序

萬美保・村上史展（香港大学）

　2008年11月8・9日の2日間、香港大学において国際シンポジウムが行われた。そこで発表された論考のなかから、学会テーマの「アジア・オセアニア地域における多文化共生社会と日本語教育・日本研究」に特に関連が深いものを選び、まとめたものが本書である。ここでいう「多文化共生社会」は漠然としたことばの綾（あや）では決してなく、グローバル化が進むなかでわたしたちが腰を据えて取り組まなければならない生の現実として発題されたものである。それは、地球上のあらゆる地点から発する、人間相互の理解力について語り合いたいという望みから発している。人と情報が驚異的な速さと容易さで行き来する昨今、「言葉」には何が期待されるのか、それによって言葉の教育にはどんな変化が生じるのか、自らと性質を異にするものに対して人々はどう応じるのか、未来に向けての展望は何か、など、議論の種は尽きなかった。多文化多民族間の衝突と共生を歴史的に繰り返してきた香港という土地も自由闊達（かったつ）な議論をする場としてふさわしかった。結果的に、日本を始点とした外向性のベクトルによる動きを捉えるだけではなく、さらに多角的な今の目で日本語教育と日本研究を考えることができたと思う。以下に、各章の要旨を簡単に紹介したい。

　第一部「グローバル化と日本語教育」では、従来の国境の意味が除々に希薄になるなかで認識しておきたい大きな変化の1つとして、まず「日本語教育スタンダード」を取り上げた。国際交流基金の構築による日本語学習・指導の参照枠としてのスタンダードは、「相互理解のための日本語」を基本理念としており、グローバル化によって今後ますます重要性を増すであろう異文化間のコミュニケーションのための日本語、そして社会的形象としての日本語という言葉本来の性質を強く意識したものだと言える。「日本語教育ス

タンダード」を提唱し、主導してきた嘉数勝美（当シンポジウム開催当時国際交流基金日本語事業部長）の学会基調講演を文字化した第一章第1節「国際標準としての『日本語教育スタンダード』の構築―『ヨーロッパ言語共通参照枠組み』(CEFR)の応用と課題」では、CEFRの理念と仕組み、それに準拠した「日本語教育スタンダード」の構築の引きがねとなったグローバル化の状況を認識することの重要性について論じている。加えて、社会的システムに多言語主義を抱合させていく可能性、そして新しいスタンダードに基づいた日本語能力検定試験の改定についても言及がある。嘉数氏は現在国際交流基金東南アジア総局長・バンコク日本文化センター所長をつとめられている。（論文の箇所では、当時の所属を記している。今年と書かれているのは2008年を指す。）

　第2節は、嘉数氏の基調講演に引き続いて行われた「日本語教育スタンダード実践の試みと教育現場への影響」と題するフォーラムの文字化である。オーガナイザー兼パネリストの伊東祐郎が始めに登壇し、CEFRやACTFLなどの外国で策定された言語参照枠の紹介、そして東京外国語大学留学生日本語教育センター（Japanese Language Center JLC）におけるいわゆるインハウス版スタンダード構築の過程と波及効果について論じる。第1節の基調講演でも強調されていたが、CEFR準拠のスタンダードは標準化を目的とした強制力を持つものでは決してなく、多様化をふまえたうえでの指標として提示される。そしてその指標は、インターナショナル、ナショナル、インハウスと、用途によって参照されるべきものである、という考えはJLCのスタンダードにも共通している。

　フォーラム2つ目の論考では、奥田純子が日本語学校での日本語教育という観点から、「日本語教育スタンダード」の影響について述べた。奥田氏は、学習者と学習の多様化によってスタンダードの必要性が生じたこと、そして今後の課題として、参照枠の協働開発とそれに基づくポートフォリオ開発、教師のパラダイムシフトと能力開発、言語学習・教育の民主化について指摘している。3人目のパネリスト、C.ウォラウットは主にタイにおける日本語能力検定試験の影響力と、スタンダードに基づいた試験実施の際の公平化、民主化の重要性について語っている。次にフォーラム4人目のパネリストとして嘉数勝美が再登壇し、2009年から日本語能力検定試験がどのよう

に変わるのか、主に「日本語教育スタンダード」が能検に与える影響に焦点を置いて説明した。続く「日本語教育スタンダードをめぐる議論を終えて」では、オーガナイザーの伊東祐郎が話し合いの総括を行っている。フォーラムの議題に関連付けて、現時点で日本語教育関係者が共有しておきたい内容を再確認した。

　第三章では、教育現場における「日本語教育スタンダード」への取り組みを例証した。1つ目は萬美保による「言語共通参照枠を参考にしたプログラムスタンダードの構築―香港大学日本研究学科必修日本語カリキュラムの例」で、香港大学日本研究学科の必修日本語8レベル全コースを包括するインハウス版のスタンダード構築の記録を紹介している。この論考は、学生の言語体験の多様化が要因となりスタンダード策定に至ったという点においてフォーラムパネリストの奥田氏の指摘に通じる。2つ目の例では、林敏夫が「アカデミックな分野における『聴解』シラバス―『日本語教育スタンダード』へ向けて」と題して国際交流基金関西国際センターの専門日本語研修聴解コースのシラバスを紹介する。前出の萬論文はCEFR準拠のインハウス・スタンダード構築の記録であったが、林論文では、特定参照枠によるものではない独自の能力発達段階と指導・学習目標によるスキルの開発、そして評価基準をもったシラバス策定の可能性を探っている。

　第四章では日本語学習者に目線を移してグローバル化を考えてみた。吉川貴子は「日本への留学経験が与える影響―広東語を母語とする学習者の断り行動を例に」において、留学体験の有無が日本語の「断り」の表出にどのように影響を与えるのか実験結果を示している。

　グローバル化は、インターネットの発達によるところが大きい。同時に、言語学習者が接触する情報も多様性を増している。第一部最後の梁燕碧による「日本語学習におけるインターネット利用の現状調査―広州の日本語専攻大学生を対象として」では、200人余りの大学生を対象に行ったアンケート調査の結果を報告し、グローバル化社会におけるネット利用学習の今後の可能性と指導の際の留意点に言及する。

　本書の第二部を構成する日本文化研究の分野では、多文化共生そのものをその中心テーマとした。そしてここでは日本文化研究に従事している教師・

研究者が集まって、日本文化の教育現場などにあらわれる特定の事象に対して異なる文化によってどのように異なった解釈をするのか、多文化共生を実現していくためにはその異なった解釈をどのように摺り合わせていけばいいのか、という問題を考えようとした。

　本書の第二部をまとめるキーワードとして、タイトルで用いている「多文化共生リテラシー Multicultural Literacy」という用語があまり耳慣れた使い方ではないので、まずこの用語について簡単に説明しておこうと思う。本書ではこの言葉を「多文化共生のために、さまざまな事象の背後にある文化コードを解読するリテラシー」という意味で使おうと思う。たとえばある状況における「微笑」を例にすると、それは「嘲笑」だったり、「親しみ」の表現だったり、ときには「恥ずかしさ」を紛らわすものだったり、「誘いかけ」だったり、あるいは「私はあなたの敵ではない」という意思を伝えるものだったり、そしてたいして意味のない「愛想笑い」だったりもする。こうした「微笑み」の背後に隠された意味の違いはその状況やそこに参加している個人によってもたらされるものであり、わたしたちはその微妙な使い分けを常に無意識にも認識しながら状況に対応しているのである。しかし、一方でその意味づけには文化的背景によって生じる違いもある。文化によって、ある状況で浮べる「微笑み」の意味がある程度規定されている場合もあるからである。そこで、異なった文化的背景を持つ人々が接する場面では、ある人が「私はあなたの敵ではない」という意思を伝えるために微笑んだ微笑みを他の文化的背景を持つ人が「誘いかけ」と受け取ったり、あるいは「恥ずかしさ」を隠すための微笑みを「嘲笑」と受け取ったりする誤解が起こりうる。こうした誤解は、その状況やそこで微笑みをうかべた個人に対する知識だけではなく、ある文化圏の人々はこういう場面で、こういう意味を込めて微笑むことが多いのだという、その人の文化的背景によって生じる意味に関する知識とその文化コードを解読する能力を持っていると、より避けやすくなるだろう。そこで多文化共生の状況でおこる誤解を避けるために、こうした異文化間のコードの違いを解読する知力を「多文化共生リテラシー」と呼ぼうと思う。

　本書第二部第一章ではこの「多文化共生リテラシー」を、芸術作品をとおして分析した論考を集めた。まず、最初の長池一美論文「多文化共生社会の

ポピュラー・カルチャー—留学生を対象としたポピュラー・カルチャー教育における多文化共生の現状とその課題」は異なった文化的背景を持つ受講生が過激な性描写を含むマンガを扱う授業をどのように学んでいくかを考察している。これはどの文化ももっている性と性描写をそれぞれの文化はどのように異なった表現をし、異なった受容をしているかという文化コードを、マンガをとおして読み解いていくリテラシーの考察へとつながるものである。続く Dennitza Gabrakova 論文「多文化主義時代における日本近代文学」は日本文学教育の妥当性と重要性を問題にしながら、「他者」へのアプローチという視点からの文学分析に触れている。これは多文化共生という状況における新たな文学作品の新たな分析への試みである。また小川正志論文「ポピュラー音楽を通した異文化解釈」と村上史展論文「映画の異文化解釈」は、それぞれ日本のポピュラー・ミュージックや映画を題材とし、同じ音楽や映画を異なった文化的背景を持つものがどのように違った解釈をしていくかの報告であり、それは「多文化共生リテラシー」の考察を音楽と映画の解釈をとおしておこなったものである。

　多文化共生のためにはこの「多文化共生リテラシー」の分析だけではなく、その伝達と育成も必要となる。第二部第二章ではその多文化共生教育とその対象として大切な役割を果たす留学生に関する考察を集めた。最初の松永典子論文「多民族社会における異文化間理解教育—「旧満州」の人材養成を事例として」は、異文化間理解教育という観点から、アジア太平洋戦争中における多民族社会旧満州の代表的人材養成機関であった建国大学を取り上げている。その人材養成の教育理念・教育方法に文化理解の必要性の認識がありながら、なぜ多民族共生の理想が破綻したのか。松永論文はその破綻の要因の分析をとおして、現在の多文化共生という状況のなかでの異文化者教育への視点を歴史的に相対化する役割を果たしている。

　そして隈本順子・南里敬三論文「多文化環境のキャンパスにおける留学生と日本人チューターと異文化接触」と何志明論文「香港滞在中の日本人留学生及び日本留学歴を持つ香港人大学生のコミュニケーションにおける問題点」は留学生相互の、そして留学生と地元の人々との異文化間コミュニケーションの問題を扱ったものである。隈本・南里論文は留学生が留学期間中にどのような人間関係を結んでいるのかをアンケートとインタビューをとおし

て考察し、また何論文は留学生が留学先で地元の人々とコミュニケーションを取る際の問題点を、やはりインタビューをとおして考察している。最後に浅岡高子論文「日本人学部大学生のオーストラリア留学での勉学について―大学間交流協定の交換留学生の場合」と邵春芬論文「中国人留学生と社会発展」は、それぞれオーストラリアで学んだ日本人留学生と日本で学んだ中国人留学生を対象とした異文化教育の成果の報告である。浅岡論文は留学生がどのように異文化教育に適応していくかというリテラシーを紹介し、邵論文は留学生がどのように国民国家の変容と多文化共生の実現にかかわっているかを考察している。こうして本書第二部では多文化共生リテラシーと異文化教育に関する論考をとおして多文化共生というテーマに迫っていこうとしたものである。

　したがって本書は第一部でグローバル社会における日本語教育を考察し、第二部で多文化共生社会における日本文化を扱ったものとなっている。すでに述べたように、日本語教育スタンダードが標準化を目的とした強制力を持つものでは決してなく、多様化を前提としたうえでの指標として提示するものである。同様に、多文化共生とは、たんに多文化がなんのコミュニケーションもなく混在しているのではなく、むしろ多様性を尊重しながら、相互に意思を疎通させるための共通項を求める動きであるとわたしたちは考えたい。グローバル化のなかで、標準化と多様化が単純に一方から他方へと重心を移動させていると捉えることはできず、グローバル化にともなう人類の共通項と各文化の違いに関する知識の増大によって、標準化と多様化の関係が変容してきていると理解するべきだろう。平等意識や人権問題などに関しては、各文化、あるいは各国民国家独自の強制力が弱まり、ある意味でその判定基準が世界的に標準化されつつある一方、移民問題などに関しては、メルティング・ポット型の同化からサラダ・ボール型の共生へというように、多様性の容認へと向かっているのである。グローバル社会では、従来の自己と自己を取り巻く社会との文化的意味の把握に加えて、自己と自己を取り巻く社会と、さらにその外にある異なった文化的背景を持つ社会との文化的意味の相違の把握が必要となっている。そして、それによって従来の単一文化内での標準化と多様化の関係が変容してきているのである。本書はこうして変

容しつつある標準化と多様化の関係を視野にいれて論議され、執筆された論考を編集したものである。

　最後に、この本の作成にあたって協力してくださった諸氏に心から感謝したい。まず、緻密さと迅速さをもって編集の作業を補助してくれた郡司拓也氏、そして、本作りの仕事を的確に進めてくれたひつじ書房の松本功氏、竹下乙羽氏、どうもありがとうございました。

2009年6月　香港にて　編者

　（第8回国際日本語教育・日本研究シンポジウムにおいては、「日本語スタンダード」と「日本語教育スタンダード」が併用されていたが、本論文集では後者に統一した。また、第1部第1章で紹介したフォーラムの題は、シンポジウム開催後、本書にあるように改題した。）

（本論文集は、出版費用の一部として国際交流基金日本研究組織強化支援プログラムからの援助を受けている。）

目　次

序 ……………………………………… 萬美保・村上史展　　i

第一部　グローバル化と日本語教育スタンダード ── 1
第一章　日本語教育スタンダード
　　　　　―構築・実践・課題 ──────────── 3
1. 国際標準としての「日本語教育スタンダード」の構築
　　―「ヨーロッパ言語共通参照枠組み」(CEFR) の応用と課題
　　　　………………………………………… 嘉数勝美　　4
2. フォーラム「日本語教育スタンダード
　　実践の試みと教育現場への影響」
　　　パネリスト：伊東祐郎
　　　　　　　　　奥田純子
　　　　　　　　　C. ウォラウット
　　　　　　　　　嘉数勝美 ………………………………… 28
3. 日本語教育スタンダードをめぐる議論を終えて …… 伊東祐郎　64
4. 言語共通参照枠を参考にしたプログラムスタンダードの構築
　　―香港大学日本研究学科必修日本語カリキュラムの例
　　　　………………………………………… 萬美保　72
5. アカデミックな分野における「聴解」シラバス
　　―「日本語教育スタンダード」へ向けて ……… 林敏夫　95

第二章　言語体験のグローバル化と日本語学習者 ─── 105
1. 日本への留学経験が与える影響
　　―広東語を母語とする学習者の断り行動を例に … 吉川貴子　106

2. 日本語学習におけるインターネット利用の現状調査
　　―広州の日本語専攻大学生を対象として …………… 梁燕碧　137

第二部　多文化共生リテラシー ——————————————— 153
第一章　多文化共生社会の異文化解釈 ——————————— 155
1. 多文化共生社会のポピュラー・カルチャー
　　―留学生を対象としたポピュラー・カルチャー教育における
　　多文化共生の現状とその課題 ………………… 長池一美　156
2. 多文化主義時代における日本近代文学 … Dennitza Gabrakova　176
3. ポピュラー音楽を通した異文化解釈 ………………… 小川正志　186
4. 映画の異文化解釈 …………………………………… 村上史展　197

第二章　多文化共生社会の異文化教育 ——————————— 209
1. 多民族社会における異文化間理解教育
　　―「旧満州」の人材養成を事例として ………… 松永典子　210
2. 多文化環境のキャンパスにおける留学生と日本人チューター
　　と異文化接触 ……………… 隈本・ヒーリー順子　南里敬三　228
3. 香港滞在中の日本人留学生及び日本留学歴を持つ
　　香港人大学生のコミュニケーションにおける問題点
　　……………………………………………………… 何志明　250
4. 日本人学部大学生のオーストラリア留学での勉学について
　　―大学間交流協定の交換留学生の場合 ………… 浅岡高子　270
5. 中国人留学生と社会発展 …………………………… 邵春芬　283

第一部　グローバル化と日本語教育スタンダード

第一章　日本語教育スタンダード
―構築・実践・課題

国際標準としての「日本語教育スタンダード」の構築──「ヨーロッパ言語共通参照枠組み」(CEFR)の応用と課題

国際交流基金
嘉数　勝美

　いま、ご紹介のなかで僕が「日本語教育スタンダード」の波を起こしている張本人だと仰いましたけれど、国際交流基金が日本語教育を進めていく上で一番重要なこと、つまり政策論としてやっていくべきことを、いまから3年前に思い立って始めました。もちろん、その前からそういったことを考えていました。僕が一番大きな影響を受けたのは、シドニーでの5年間でした。オーストラリアは、非常に言語政策が進んだ国ですから、僕には非常に刺激もありましたし、僕はいろいろと吸収していて、東京に帰ったら、日本語教育で是非それを活かしてみたいと思っていました。

　幸い、それに相応（ふさわ）しいポストを与えられましたから、それからはずっと「日本語教育スタンダード」に取り組んできました。そんなわけで、仲間内では「スタンダード」の教祖、あるいは宣教師って呼ばれていて、今年でこのような講演は4回目になります。世界中を回って、「国際交流基金は、こんなことをやります」、「日本語教育は、これからこうしましょう」という話をずっとしてまいりました。今日もまたやりますが、僕もさすがに少しずつは工夫をしていて、時によって場所によっては内容を変えています。もちろん、やはり3年前から始めてここまで来ると、大分完成品というか、成果も上がっていますから、それもご紹介したいと思います。

　僕たちがまず「スタンダード」を考えるとき、いま一番大事なことは、世界の言語教育の潮流がどうなっているか、その潮流に乗っていく、あるいは足並みを合わせていくということだと思っています。ですから、やはりこの

学会でも CEFR、CEFR と何度も出てきます。僕は、オーストラリアにいた最後の年にケンブリッジでの学会に出かけ、そこで初めて CEFR に出会いました。そのときに、「これだ！」と思ったんです。これからの世界はこういった言語政策論が重要である、具体的な能力表示を持った政策が必要だと、直感的に思いました。それで、僕の今日の「スタンダード」教の教祖、あるいは宣教師としての役目があるわけです。

　今日の論点としてはいくつかありますが、まず日本語教育を巡る状況認識をはっきりさせたいと思います。特に、国際交流基金は税金を使って日本語教育を世界中でやっているのですから、責任もあり、それからもちろん使命もあります。そういったことを踏まえて、では世界の言語教育はどうなっているのか、日本語を巡る環境はどうなっているのか、あるいは世界の言語環境はどうかということを考えなければいけないと思います。

　それから、CEFR そのものを概観していきたいと思います。もちろん、CEFR については、もう皆さん、僕より詳しいかもしれません。しかし、基本的にどういう構造であるかということをご存じない方も中にはいらっしゃると思いますから、改めてお話していきたいと思います。

　それから、実は CEFR に準拠して、日本語教育をこれから拡充していこう、あるいは政策的にやっていこうというときに、一番大きなこととして「スタンダード」自体もありますが、いわゆる「能力試験」をどうするのだ、という話もあります。実は、「スタンダード」よりも先に「能力試験」の方が改定を考えていました。最近は、「スタンダード」が「能力試験」を引っ張っていると誤解する人がいるんですが、それは違います。むしろ、「能力試験」の方が先に改定が必要である、つまり、時代の要請に応えて変えてく必要があることに気づいていて、2004 年からもう始めています。ですから、それを踏まえて、課題は何か、あるいは問題点は何かということを考えていきたいと思います。

1. 日本語教育をめぐる状況認識（1）

　まず、状況認識ですが、あまりこう大上段に構えていうのは嫌なのですが、しかしやはり、「グローバリゼーション」という言葉を抜きには考えられないでしょう。それによって世界の言語状況も変わっています。つまり、グローバリゼーションでは、世界が多極化をする、多様化をする、ということがありますね。ですから、経済の活動拠点も世界中に散らばっている。香港だけではなくて、あるいはニューヨークだけではなくて、またロンドンだけでもなく、世界中に経済拠点が広がっていくという多極化がありますね。そして、そういう経済活動とともに人が集まってくる、あるいは情報が集まってくる、お金が集まってくるとなれば、当然、文化、芸術といった生活面でもやはり多極化、多様化が起こってきますね。こういったことを踏まえていかなければならない、と思います。

　しかし、「反グローバル主義」、あるいは「反グローバリゼーション」ということも重要なポイントだと思います。全てがグローバリゼーションでいいのかというと、そうではない。一番の問題は、例えば、行き過ぎたグローバル化による環境の問題がありますね。環境、まさに東京はいま熱帯化、亜熱帯化をしていて、まるでスコールのような雨が降ります。しょっちゅう、洪水も起こります。一方で、元々の地域、東南アジアとか他の地域では雨がしとしと降るとか、そういった状況が起こっています。地球はあと何年持つかという議論も散々されて、恐怖心を煽られるということもありますが、でも実際には、本当にグローバリゼーションによる環境破壊、世界の多極化、経済のグローバル化が進んでいって、結局は消費中心主義になって、こういった悪いことが起こっているのです。

　もう1つは、言語的には、やはり英語が世界唯一、あるいは世界最大の共通言語として力を持っているということがあります。したがって、日本政府もやはり英語教育を早期にしよう、小学校から始めようということを言っています。「英語、英語」という状況と、国際化、グローバリゼーションとは、なかなか切って離せない関係があります。でも、逆に言えば、やはり英語の

この拡大・拡充を、これは止むを得ない、しょうがないという風に括っているだけではいけないと思うんです。やはり、英語以外にも言語的には価値があるということを、私たちは踏まえていかなければいけないと思います。そういうわけで、実はグローバリゼーションが進むと英語はますます広まっていくという事実はありますが、一方で、英語だけではやはりまずいのだという、いわゆる「アンチ・グローバリゼーション」というか、「アンチ言語帝国主義」があるわけですね。これについて言えば、言語の多様性を認めていくという議論が起こってくると思います。

　一方で、グローバリゼーションというと国際化を連想しますが、とりわけ日本人は、国際化というと「海の外とお付き合いすること」、あるいは「英語を使って外国人と丁丁発止、何か経済活動や文化活動をやること」という風に思っていました。ですから、一時地方でいろんな国際協会、国際化協会の設置や、国際化運動が起こりました。それは、大体が英語を使って、あるいは外国と何か象徴的な事業をするということだったのです。でも、いまはそうではなくなっているのです。例えば、僕は東京の品川区に住んでいますが、ここには毎日のようにいろんな国の人が入ってきています。いま、僕の身の回りではインド人や中国人が、それから韓国人、そしてフィリピン人も入ってきます。気がついたら、自分の身の回りにいろんな国籍の人がいます。いろんな仕事をしています。もっと極端に言えば、東京は当たり前と言ってしまえば当たり前かもしれませんが、地方に行っても、例えば群馬県とか、あるいは静岡とか愛知とかへ行きますと、外国人が集中的に住んでいます。これは、1990年の入管法の改正で日系ブラジル人や日系ペルー人の大量の入国が認められた影響がもちろんあるんですが、そういった集住地域ができています。こういうところでは、本当に生活が国際化してくる、つまり身の回りで、ローカルな規模で、国際化が起こってくるのです。つまり、グローバルとローカルという観点を、これからは持っていかなければいけないのです。グローバリゼーションというか、グローバル化は決して一部の人や、一部の領域だけではなくて、私たちの日常生活が影響されるし、グローバル化はそこからまた新しい展開をしていくということを、考えなければいけないと思います。

日本では今でも外国人は大量に入ってきていて、2007年の統計では、いわゆる「在留外国人」と言われる人は215万人もいますが、しかし、これは決して移民政策があってやっているわけではありません。たまたま「置いてあげている」、だから「在留外国人」という風に言うんですね。もちろん、全体の半分以上は昔からいらっしゃる、朝鮮・韓国系、あるいは中国・台湾系の、いわゆる「オールド・カマー」なのですが、もう半分がいわゆる「ニュー・カマー」、つまりさっき申し上げた、日系ブラジル人とか日系ペルー人、あるいはいろんな国々から、労働市場開放に伴ってやってきています。

　つい最近、今年の7月から、国際交流基金も一部関係しているのですが、インドネシアの看護師、介護福祉士の候補生が入ってきました。もちろん、彼らは自分の国では各々資格を持っているわけです。技術もあるわけです。しかし、日本で生活をし、仕事をしますから、まず日本語を研修しなければいけないということで、実は、こういう人々に対する日本語教育も私たちの新しいミッションになっています。日常的にどんどんこういう状況が発展していきます。実は、看護師、介護士については、フィリピンとの間で一番初めに検討が始まり、いまはペンディングになっていますが、これから動いてくると思います。そうしますと、フィリピンだけでも2年間で2,000人の人が一挙に入ってくるという状況が起こるわけです。もちろん、スムースに入ってこられるかどうかまだわかりません。

　日本は労働市場を開放したと言いながらも、実は非常にまだまだ保守的なところがあります。というのは、この看護師、介護士候補者には日本人と同じ国家試験を受けて、それに合格をしないと定住はさせません、という非常におかしな、はなから無理な条件が課されているのです。つまり、3年間で日本人と同じ日本語力をつけて、国家試験、しかも、ひらがなも英語の翻訳や対訳もつかない日本語で国家試験を受けて、受かる人が一体何人いるのでしょうか？　このような現実の問題を考えると、非常に難しいことがあります。このように、まだまだ日本自身が外国人に対して「在留外国人」という括弧付きでの存在を認めているような政策を採っている限りは、日本は決し

て国際化はしないし、グローバル化はしない、と僕はいつもそう言い続けています。ここで少し度を越すと政府や政治家の批判になってしまうので、今日はこれ以上言いません。

2. 日本語教育をめぐる状況認識(2)

次に、グローバル化が起こりますと、やはり多言語教育が必要となり、つまり先程申し上げたように、言語教育は英語だけではなくて多様性が必要である、いろいろな言語に価値がある、役目があるということを踏まえていく、いわゆる多言語教育政策が進んできます。もちろん、グローバリゼーションが認識されてからそれが始まったわけではありません。カナダでは、もう70年代からそういった多言語教育の必要性は謳われています。そして、オーストラリアでも、80年代後半からそういった政策が作られています。現に僕自身も、さっき申し上げましたが、オーストラリアの政策を見て、あるいはプログラムを見て、非常に強い刺激を受けましたし、日本もこうあるべきだ、あるいはこれからの国際社会はそういった政策を採っていかなければいけないんだと思いました。

もちろん英語が強くなってくるというところがあって、ただし、やはりそこは少し批判的に見ていく、あるいは少しブレーキを踏めるような、そういう環境や制度を作っていかなければいけないんです。それによって、他の言語の活動の領域、あるいは価値を認めていくということですね。

しかし、多言語化するということには二面性があると思います。もちろん、いいことですね。英語だけが素晴らしい言語である、英語だけが便利だというのではなくて、どの言語もその可能性を持っている、力を持っているという風に認められることはいいのですが、ほんとうは面倒くさいですね。自分の身の回りで、何言語も何十言語もあったら、それはうっとうしいです、確かに。どんなに勉強したって、1つや2つしかせいぜい身に付かないでしょうし、いや1つや2つでさえ身に付けるのは珍しいかもしれません。そういった意味で、実は本当に面倒くさいのですが、しかし、それを社会と

してはもっと大きく構えて、社会資本として見ていくという気持ちがなければいけないのです。現にオーストラリアでは、新しい移民、あるいは新しい国民・仲間の持ち込む文化や言語は社会資本だ、国家資本だというふうにとらえられています。日本では、そういう考え方ができるのでしょうか。というと、まだ現に「在留外国人」と言って、「置いてあげているんだよ」、「たまたまいるんだよ」というような観点を持っている以上は、難しいと思います。

　そういった社会環境の変化に応じて、いま一番顕著な動きや顕著な政策ができているのはヨーロッパなのです。カナダやオーストラリアは、元々多民族で国を創っていく国是があるし、そういう方針があったから、当然それへの対応があるわけですし、プログラムがあるわけです。しかし、ヨーロッパは、別にヨーロッパとしてまとまっていくといっても、1つの国の都合だけでまとまるわけではありませんから、ヨーロッパという複合的というか、多民族、多国家、あるいは多言語、宗教もありますでしょうし、そういった国々が共通の利益を求めて統合していこうというのは、非常に大きな試みですね。もちろん、ヨーロッパは第二次世界大戦以降、いまのEUの母体と、いまでもあるヨーロッパ評議会（CE）の2つが並行して、EUの流れは政治、経済を統合して、アメリカやその他の国との関わりで、大きな国際力をつけましょうという政策を採ってきました。それから、ヨーロッパ評議会は、いわゆる言語を含んだ文化、社会の連携や統合というところで政策化するということがありました。もちろん、これが並行して行われていますから、これで歯車が噛みあってこないと問題が起こりますが、非常にうまく連携をとっていて、結果として、いまEU加盟国のほとんどがこのCE（ヨーロッパ評議会）が作ったCEFRを導入しているのです。もちろん、後でお話しますが、CEFR自体は金科玉条でこれしかないというわけではありません。これは、あくまでも専門的に言えば、外部指標として見ていくのだ、全体の標準として見ていくのだという点では、ある意味、非常に抽象的な観念、あるいは抽象的な枠組みです。けれども、そこを各国や各地域の、あるいは各言語の状況や現状に応じて内部指標を作っていくのだ、しかし、内部指標がばらばらでは困るし、やはり1つの外部指標であって、内部指標とうまく連携

をとっていくということが、実はCEFRで考えている一番重要なポイントですね。

　実は、ヨーロッパはある意味では世界の縮図だ、と僕は思うんです。つまり、いろんな言語が集まり、いろんな民族が集まり、いろんな国家がある。そして、いろんな社会体制や教育体制がある。そういったところが、1つのまとまりとして力を付けていこう、連携していこうということをやっているわけですから、まさにこれは、これからのグローバル化する世界の1つの典型的な見本になる、あるいは典型的な試みがここで行われているはずだ、ということがわかるわけです。そこで、やはり言語教育はCEFRが最もいま注目を集めているわけですし、私たちも日本語教育を国際化する、あるいは多言語化する国際社会に日本語教育をどう位置付けていくかというときには、やはりCEFRの考え方をまず勉強する必要があるのです。CEFRは、参照枠と言われますが、まさに私たちも参照していかなければいけないという観点に立って、ではCEFRというヨーロッパ言語をまとめた外部指標、大きな枠組みを、日本語という言語に適応できるかどうかということを考えたい、と思ったわけです。もちろん、できる部分もありますし、できないだろう、難しいだろうという部分もあると思います。しかし、これを一考する価値はあると思って、先程申し上げたように、3年前から僕は日本語教育「スタンダード」を作ろう、作るべきだという論を始めたわけです。それが、国際交流基金が旗を振る理由であり、もちろん多額の税金を使って36年間日本語教育を世界中でやってきたわけですから、ばらばらではいけません。

　恥ずかしい話ですが、内輪話をします。私たちは、2年か3年おきに専門家を世界のポストに、いま110ポスト派遣しています。例えば、専門家が交代します。そうしますと、いまの現状で言いますと、専門家が代わると、教授法や教材論、題材論、あるいは能力標準、評価方法というのは、専門家自身が選ぶ。もっと極端に言いますと、教科書は何を使うかというと、かつて国際交流基金が作った『日本語初歩』なんていまはもうどこにもありません。ほとんど某社が作っている『みんなの日本語』ですね。これがいま、世界を席巻しています。これがいけないとは言いませんが、しかし、国際交流

基金の専門家が自分達の方針や自分達の政策を持っていない。ただ基金がお金を出してこの国が重要だから日本語教育をやっていくのだという政策でやっていけばいいのだ、自分なりにいろんな工夫をして、軋轢(あつれき)が起こらないようにいろんなことをやっていけばいいのだという意味で派遣をされて、仕事をしているわけです。それが全くだめだということはありませんし、もちろん積み上げはあるんですが、一貫性というのがないのです。ここが一番の問題です。やはり、少なくとも国際交流基金が世界に向けてやりたい日本語教育が一体どういうミッションを持ってやっているのだ、どういう指針があるのだということを、いままでは一切提示をしてこなかったのです。これには、もう1つの理由があります。これは、そういう政策議論がなかったということもありますが、もともと国際交流基金という政府機関が日本語教育をやるということが、1つの遠慮といいますか、我々が政府のお金を使って日本語教育をやるということは、「またあの国は日本語を押し付けようとするのか」というふうな悪い記憶と結びついてしまうんですね。それは、被害妄想というか、誇大妄想ということも言えますが、しかし、やはりそこは配慮しなければならないというところで、私たちは基本的にはその国や地域において、こういう日本語教育をやっていきたいという希望に沿ってやっていかなければいけないという政策を採ってきました。ですから、いままで各地域で行われている日本語教育には相当にいろいろなバリエーションがありましたし、いろんなレベルがありました。そこで、これをやはり1つの政策としてやっていくという時代が来ている、とりわけ、グローバル化が進んで、国際社会が多言語化していく、多様化していくとき、日本語教育も1つの言語として、決して英語とは比較になりませんが、しかし日本語自体も国際的な標準を1つ持っていく必要があるだろうと思うのです。しかし、標準といっても1個ではありません。当然、これはある1つの基準でいいと思います。私たちは、国際交流基金としてそういう標準を作るべきだったけれども、従来はできなかったのです。そこで、初めて国際標準を作ろう、1つの国際標準を作ろうという決心がついたわけです。

3. CEFR の共通参照（能力）レベル

　では、CEFR はどういう構造かということを、改めて繰り返して説明したいと思います。大きく分けて、3 つのレベルを設定していますね。これが「基礎段階の言語使用者」、「自立した言語使用者」、「熟達した使用者」、これはもう皆さんよくご存知でしょう。これをさらに二分化しますね。そうしますと、こういうレベルが次々にできてきます。日本語の翻訳は僕自身がやっていますから、定訳じゃありませんが、一応こういう感じだと踏まえてください。

　各レベルをさらに 2 つに分けますから、A1、A2、B1、B2、そして C1、C2 という上昇構造を持っていますね。この連携が非常にうまくいっていると思いますが、詳しく言えば、Mastery、Effective Operational Proficiency、あるいは Vantage、Threshold、Waystage、Breakthrough というレベルがあり

表 1　CEFR：共通参照レベル（全体的尺度）

熟達	C2	聞いたり、読んだりしたほぼ全てのものを容易に理解することができる。いろいろな話し言葉や書き言葉から得た情報をまとめ、根拠も論点も一貫した方法で再構成できる。自然に、流暢かつ正確に自己表現ができ、非常に複雑な状況でも細かい意味の違い、区別を表現できる。
	C1	（略）
自立	B2	（略）
	B1	仕事、学校、娯楽で普段出会うような身近な話題について、標準的な話し方であれば主要点を理解できる。その言葉が話されている地域を旅行しているときに起こりそうな、たいていの事態に対応することができる。身近で個人的にも関心のある話題について、単純な方法で結びつけられた、脈絡のあるテクストを作ることができる。経験、出来事、夢、希望、野心を説明し、意見や計画の理由、説明を短く述べることができる。
基礎	A2	ごく基本的な個人的情報や家族情報、買い物、近所、仕事など、直接的関係がある領域に関する、よく使われる文や表現が理解できる。簡単で日常的な範囲なら、身近で日常の事柄についての情報交換に応ずることができる。自分の背景や身の回りの状況や、直接的必要性のある領域の事柄を簡単な言葉で説明できる。
	A1	（略）

出典：（吉島・大橋他、2006）

ます。この Threshold は、皆さんお馴染みでしょうが、いわゆるコミュニカティブな英語教育で最もこれが発達をしてきた、現在のコミュニケーション中心の言語教育の1つの大きな指針になったものですね。こういった構造を持っています。これを各言語に対して共通の標準として、大枠として示していくというのが CEFR で、B1 がある意味ではボーダーになるわけですね。学習者がそこから下にいるか、そこから上にいるか、あるいはそこからどこまで行くか、行かせるかということが、実は教育にかかってくるわけですね。

4. CEFR の言語使用「領域」と能力

それで、実際には CEFR の中でドメインとして「私的領域」、「公的領域」、「職業的領域」、そして「教育領域」という風に大きく4つに分かれています。そこに、今度はスキルがきますね。スキルは、普通は4技能と言って、読む、聞く、話す、書くとなりますが、この場合には「聞くこと」と「読むこと」を「理解すること」いうように括っています。そして、「話すこと」としては「やり取り」と「表現」、「書くこと」は「書くこと」と1つですが、この3つのスキルに分けています。これをどう結ぶかというと、さっきのA1 から C2 までのレベルをここにまず挟んでみましょう。そこで、これは当然このように結びついてくるわけですね。というのは、これは必ずしも「私的領域」の C2 が当てはまるところが決まっているわけではありませんし、言語能力、習得能力は個人個人全然違いますから、例えば、ある程度一定のレベルがあると言っても、書くことが苦手、話す方は得意、読むことはもっと得意、というように、個々の言語能力も差がありますね。ですから、そういったことも、これは全てについて同じレベルをもっているということではなくて、個々の能力について、あるいは、その使用領域においてどういう能力を持っているか、ということを組み合わせていく、複合的にこれを見ていくというのが、CEFR の基本構造ですね。

5. 言語運用の重層マトリックス

　ここにありますが、要するに全部は書いていませんが、「私的領域」、「公的領域」、「職業領域」、「教育領域」、それ以外にも、いわゆるカテゴリーと言いますか、コンテクストがあって、場所、気候、関係者、事物、イベント、行為、テクストというようになって、組み合わせがあります。そこで、実際にはこういうシチュエーションがあるでしょう、こういう領域があるでしょう、ここで何をするかということを、実は CEFR は設計をするわけです。設計というか、ここでいわゆる Can-Do Statements をこのマトリックスの中で各々作っていくわけです。実際には、この領域は 4 つありますが、Can-Do Statements は全部で 500 ぐらいあります。そして、その中にはカテゴリーとしては 52 あるわけです。そういった組み合わせがありますから、相当に大きな、たくさんの組み合わせがこのマトリックスの中の Can-Do Statements として設計されているわけです。例えば、それはどうなっているかと言いますと、「理解すること」、そして「話すこと」、「書くこと」というように 3 つの技能で、A1 というレベルでは「聞くこと」について何ができるか、B1 では何ができるか、「話すこと」について何ができるかということが、具体的に書いてあるわけですね。この組み合わせが、実は 500 の項目があって、なおかつ 50 以上のカテゴリーがあるということになっています。ですから、相当にたくさんの具体的な例示文があるわけです。「～ができる」と下線を引いていますが、「例えば、掲示やポスター、カタログの中のよく知っている名前、単語、単純な文を理解できる」、あるいは、「当該言語圏の旅行中に最も起こりやすいたいていの状況に対処することができる」というような「～ができる」、いわゆる Can-Do Statements がここに全部、こういった細かいマトリックスに入ってくるわけですね。これは、もちろん能力レベル別に、そして技能別にということで、複合的になってくるわけです。これが CEFR の最も基本的な構造です。ここは、多分みなさんご存知でしょうが。

6. CEFRがめざす言語環境―2つの "-ism" 多言語主義と複言語主義

　CEFRで重要なことは、もう再三先程から言っていますが、いわゆる多言語主義ですね。多言語主義を標榜していくこと。しかし、多言語主義というのは、言い換えれば、社会的な言語環境の整備をすることですね。一方で、個人的な言語能力はどうするのだといったときには、複言語主義というのがあります。複数言語主義ではありません。複言語主義なのです。あまり馴染みがないかもしれませんが、これは個人の言語能力に関して、環境上必要な政策・主義であるということです。つまり、ある社会が、この社会では40の言語を認める、教育をする義務を負っているというようなこと、そういう政策を布くのが多言語主義ですね。しかし、個人に対して社会的に30、40の言語を教育します、教育してもらえる権利があります、あるいはそういう義務がありますというようなものができても、個人個人は精々1つか2つやって精一杯ですよね。ですから、個人は、自分の母語プラス、普通1つか2つぐらいの言語能力があれば多言語社会の中では十分に機能して生きていけるだろう、生活をしていけるだろう、あるいは交流できるだろうというところで、個人においては複言語主義、つまり精々2つか3つを使えるように、なおかつ、使えるといっても、実は全部が全部、完璧な言語能力を持っていなければならないというわけではなくて、各々が持っているレベルにおいて、あるいは各々が必要としているレベルにおいて能力を持っていれば、それで十分だ、ということです。必ず100%の言語能力を、Aという言語についても、Bという言語についても持っていなければいけないということではありません。つまり、いまある能力、あるいは自分が必要とする最低限の能力まで行けばそれでいいでしょう、それが複数あれば、少なくともあなたはこういった領域や、こういった場面では、こういうメリットやこういう交流ができますねって、ということです。これが、個人の言語環境の整備、これを複言語主義というように言っています。

　これが、結局はヨーロッパの横断的な社会統合に繋がってくるというシステムになるわけです。もちろん、このためにはいろんな社会システムが必要

です。実はここには主義、政策だけではなくて、実際にそれをうまく運用するためのCEFRとか、それからCEFRによって能力を付けた人がその能力を証明する道具、あるいはシステム、そしてポートフォリオがあります。このポートフォリオを持つことによって、人々は自分の言語能力を証明して、ヨーロッパ域内はどこでも歩いていける。それによってヨーロッパの経済活動や個人資本や、そういったものが活力を持ってくるということを、実は多言語主義と複言語主義の統合としてヨーロッパはいま目指しているわけです。

7. 日本語教育の国際標準化―「日本語教育「スタンダード」」とは

　私たちも、そういった主義、あるいはそういったシステム、あるいはそういう道具立てを作っていこうというときに、「スタンダード」を作りましょうと決心しました。そのとき一番大きなことは、総括的でなければいけない、開放的でなければならない、そして柔軟でなければいけない、さらに、創造性もなければいけない、ということです。そして、これは一番重要なポイントですが、「スタンダード」が1回できて、それでもう良いとするわけにはいきません。なぜならば、世の中はしょっちゅう動いています。当然社会環境が動きますと、個人の言語環境も変わってきますし、その必要性も変わってきます。ですから、常に「スタンダード」はある過程において1つの指針であって、完成品ではないという、そういう思想を持っていなければいけないと思います。そして、次は「スタンダード」を持っていることによって、例えば日本語教育で繋がりを広げていける、日本語教育が標準的な指針を持ったことによって、ネットワーキングがしやすくなるというような、あるいはネットワークがあるということによって、これから進めていこうという活力にもなってくると思います。それから重要なことが、「これがあるから、国際交流基金が世界の日本語教育の多くを負担している、あるいは多くを担っているから、国際交流基金が作った日本語標準を使わなければいけないのだ」と強制はしてはいけません。強制をしてしまっては、結局、またかつての悪い時代に戻ってしまうという誤解を受けるかもしれないし、それが

ないように、あくまでも国際交流基金としては、1つの日本語教育の外部指標を作りました。これによって各国が、各国の政策や社会状況や個人的なニーズによって、あるいは学校のニーズによってどういう指針を作るかは、ご自由におやりください、と。つまり、外部指標としての国際交流基金の「スタンダード」を基にして、内部指標としての新しい「スタンダード」を、例えば香港大学、例えば中文大学が作ってくださいというふうになるわけですね。それでもいいと思います。

8. 現「日本語能力試験」認定基準

外部指標という言葉で一番連想できるのは「能力試験」ですね。「能力試験」は、いま現在こうなっていますね。これは、よくご存知のように、分類は4級から1級までありますが、基本的にこれは、標準学習時間と標準的な習得語彙数、漢字数でレベルを設定しています。ですから、これはある意味で、大雑把ですね。大雑把だから悪いという意味ではありませんが、しかしやはり、標準としては大雑把で、これは学校や教師や生徒自身にとっても、全てが同じ基準を持っているという判断というか、照合はなかなかしにくいと思います。基本的に、これは知識を問う試験だったということですね。し

表2 「日本語能力試験」認定基準

級	認 定 基 準
1	高度の文法・漢字(2,000字程度)・語彙(10,000語程度)を習得し、社会生活をする上で必要な総合的な日本語能力(900時間程度学習したレベル)
2	やや高度の文法・漢字(1,000字程度)・語彙(6,000語程度)を習得し、一般的なことがらについて、会話ができ、読み書きできる能力(600時間程度学習し、中級日本語コースを修了したレベル)
3	基本的な文法・漢字(300字程度)・語彙(1,500語程度)を習得し、日常生活に役立つ会話ができ、簡単な文章が読み書きできる能力(300時間程度学習し、初級日本語コースを修了したレベル)
4	初歩的な文法・漢字(100字程度)・語彙(800語程度)を習得し、簡単な会話ができ、平易な文、または短い文章が読み書きできる能力(150時間程度学習し、初級日本語コース前半を修了したレベル)

出典:(国際交流基金ホームページ　http://momo.jpf.go.jp/jlpt/j/about/content.html)

かし、そうは言っても、いま現在は唯一、日本語能力の国際標準として生きているのが「能力試験」であることは事実です。私たちは、この事実を踏まえた上で、「能力試験」をより現代の国際的な言語環境に応じたものに変えていかなければいけないということで、いま改定をしています。

9. 「国際交流基金日本語教育スタンダード」 第一版の構成案

　結果的に、私たちは「スタンダード」を作って「能力試験」の改定と併せていきますが、ある「スタンダード」を作ることによって、何を示すかと言いますと、レベル別の課題遂行能力記述文、いわゆる CDS、Can-Do Statements を発表します。そして、それでどのように自己評価をしていくかというチェックリスト、これがヨーロッパの CEFR で言えば、いわゆるポートフォリオの一部を成すわけですが、こういったものを発表したいのです。そして、国際交流基金が外部指標として作ったからといって、国際交流基金自身が自分の「スタンダード」を製品化しないということはおかしい、あるいは製品化しないわけはないというところで、私たちは自分達の「スタンダード」に基づいたカリキュラム、教材、評価方法を提示していきたいと思っています。特に、この評価方法については「能力試験」とかなり密接に関係をしてくると思っていただいて結構です。このように、標準化をしていきたい、あるいはこういった制度化、製品化を発表したい、と思っています。これは 2010 年を目標に、いま設計をしています。

10. 新「日本語能力試験」のレベル・イメージ

　実は、新しい試験を、やはり 2010 年から始めます。これは、あちこちで発表していますから、多分皆さんご存知でしょうが、現行の 4 レベルから 5 レベルに変わっていきます。実は、5 レベルじゃなくて、6 レベルではないのかと思われるかもしれません。もちろん、CEFR に準拠する、あるいは CEFR に注目をしているのだから、当然 CEFR と同じようになぜ 6 レベルにしないのかとご意見があるかもしれませんが、とりあえずは、「能力試験」

自体はCEFRを準拠して変えていこうということではなくて、試験で問う能力についてはもう少しコミュニケーションを中心としたものに変えていこうという趣旨から始まりました。なおかつ、一番現実的な問題としては、2級と3級の間が非常に乖離(かいり)しているという問題がありました。この指摘は、随分前からありました。ここを縮めていこうという現実的な判断が先であろうと、「能力試験」は改定作業に入りました。その途中で、「スタンダード」という新しい全体的な指針というか、教育指針を作っていこうとなりましたから、いずれは密接に関連してくるのですが、いまは直結していません。そこをくれぐれも誤解のないように、ご理解いただきたいと思います。当然、将来は「能力試験」自体についても、この後フォーラムの中で、もう少し詳しい話をしていきたいと思いますが、この後将来的にはやはりCEFRを準拠していくという趣旨からすれば、いずれ「能力試験」も6レベルにしていけるかもしれませんし、していった方がいいかもしれません。そうすれば、CEFRとの完全照合というか、かなり照合しやすくなる環境ができると思います。新しいところ、変わっているところはいくつかありますね。これは、従来の文法・読解、あるいは文字・語彙(ごい)というところをまとめて「読む」テストと変えます。そして、「聞く」テストは同じですね。この2つの大きなジャンルに、N5からN1に上昇していくという構造になります。このNというのはどういう意味かというと、日本語の「N」、それから「New」、新しいという意味があるという風に関係者は言っています。

表3　新試験のレベル・イメージ

レベル	典型的な言語行動例
N1	【読む】母語話者向けの、新聞の論説など論理的に構成された文章を読んで、話の論理的な筋を理解したり、抽象性の高い文章などを読んで抽象的な構成概念を理解したりすることができる。またより幅広い話題の、内容に深みのある読み物を読んで、話の流れに加えて詳細な表現意図を合わせて理解することができる。 【聞く】さまざまな場面において自然なスピードの、まとまりのある会話やニュース、講義を聞いて、話の流れや内容、登場人物の関係や内容の論理構成などを詳細に理解したり、要旨を把握したりすることができる。
N2	【読む】母語話者向けの、易しく書かれた概説書などを読んで理解することができる。辞書を使えば、やや専門的なものが読める。一般的な話題に関する平易な読み物を読んで、話の流れだけでなく、表現意図も合わせて理解することができる。 【聞く】日常的な場面に加えてさまざまな場面で、自然に近いスピードの、まとまりのある会話やニュースを聞いて、話の流れや内容、登場人物の関係を理解したり、要旨を把握したりすることができる。
N3	【読む】母語話者向けの文章を非母語話者に向けて語彙や漢字数を制限して書き直した文章を、読んで理解することができる。また母語話者向け新聞の見出しから一定の情報を得ることができる。日常場面で目に触れる文章は、辞書を使って時間をかければ必要な情報を得ることができる。 【聞く】日常的な場面に加え、日常的にはあまり頻繁に遭遇しない場面であっても、やや自然に近いスピードの、まとまりのある会話を聞いて、話の具体的な流れを登場人物の関係などと合わせて大まかに理解できる。
N4	【読む】非母語話者に向けた、身近な内容のなじみのある文章を読んで理解することができる。 【聞く】日常的な場面での会話を聞いて、ゆっくり話してもらったり、聞き返すことができれば話の大まかな流れが理解できる。
N5	【読む】非母語話者に向けた、ひらがなやごくやさしい漢字で書かれた語句や文を読んで理解することができる。 【聞く】日常的な場面の中でも特に典型的な教室や身の回りの場面で、主に単文や語句からなる定型の会話を聞いて、非母語話者向けを意識してゆっくり話してもらったり、聞き返すことができれば、用を足すにたる情報を聞き取ることができる。

出典：（日本語能力試験改善に関する検討会、国際交流基金、日本国際教育支援協会、2008）

11. 典型的な言語行動例（N2）

　例えば、N2 を見ていきますと、読む能力については、「母語話者向けの、易しく書かれた概説書などを読んで理解することができる。辞書を使えば、やや専門的なものが読める。一般的な話題に関する平易な読み物を読んで、話の流れだけではなく、表現意図も合わせて理解することができる。」聞く能力は、「日常的な場面に加えてさまざまな場面で、自然に近いスピードの、まとまりのある会話やニュースを聞いて、話の流れや内容、登場人物の関係を理解したり、要旨を把握したりすることができる。」ここでご注意いただきたいのは、先程申し上げたように、「〜ができる」といういわゆるCan-Do Statements「〜が読める」、あるいは「〜できる」というようになっていますね。こういったことで、実際のN5からN1の能力レベル評価をします。それから、従来通り獲得点数も表示します。それ以外には、参考値、参考情報として、N1だったら「聞く」レベルについてはこれができる、あるいは「読む」についてはこれができるというような、「能力試験」独自のCan-Do Statements を公開する予定です。これは何回も繰り返しますが、「日本語教育スタンダード」の Can-Do Statements とは完全に一致はしません。あるいは、完全に一致することは難しいと思います。というのは、「日本語教育スタンダード」は、先程申し上げたように、1つの大きな外部指標として、基金自身もそうですが、内部指標を作る基礎としますから、これを完全に「能力試験」とマッチングすることはかなり難しいと思います。「能力試験」が内部指標と照合しなければいけないような結果になってしまうと、試験自体の客観性というのか、あるいは国際性というものが損なわれてしまうのでは、と考えています。

12. CEFRの「スタンダード」への応用と課題—普遍性と独自性のはざまで（1）

　時間ももう大分迫ってきましたので、ぼちぼち結論めいたことを言いたいのですが、これは、僕自身が考えていることなのです。あるいは、いままで考えてきて、「能力試験」あるいは「スタンダード」に関ってきて、考えて

いる問題です。1つは、こういうところでは多分応用できるだろうということで、多言語化する国際社会に向けた1つの日本語の運用能力の国際標準としては必要でしょう、ということ。言い換えれば、日本政府が国際交流基金を使って、税金を使って、日本語教育をやるという以上は、やはり、これは日本の国益だけではなくて、国際的な利益、国際公共益とでも言うのでしょうか、そういった国際公共性を観点にした新しいものに日本語教育自体を合わせていく、そういう標準を作るんだという国際的な責務があるというように考えなければいけないと思います。

　もちろん、CEFRはヨーロッパ言語についてできたものですから、完全準拠というのは難しいかもしれません。実は、CEFR自身でもヨーロッパの中でも言語によっては照合が難しい、あるいは同じ基準を適用するのは難しい場面があるようです。例えば、文字ですね。ヨーロッパ言語は、全てがアルファベットを使うわけではありません。やはり、キリル文字があったり、そういった特殊な文字を使うケースもあったりしますので、あるいはギリシャ文字もありますね。そういったケースがあって、必ずしもヨーロッパという言語で一括りにしてすぐ照合できるというような、そう易しいものだけではありません。もちろん、日本語で言えばもっと違いますね。やはり、漢字がある、ひらがながある、そういった表記文字の問題があります。それから日本語独特の表現方法、例えば待遇表現であるとか、そういったものが、実はヨーロッパ言語と完全に参照できることはないと思います。そういった意味では、非常に難しい部分はありますけれど、しかし、ある大きな枠組みで日本語教育も国際化する言語環境の中で日本語教育がしやすくなるように、あるいは日本語を学び易くなるような基準を示す義務がある、責務がある、国際的な責務がある、と考えています。それこそが、国際交流基金が税金を使ってやる業務だ、使命だというように思っています。ですから、ほんとはもっとそういった動きが国際交流基金という政府の力ではなくて、皆さん関係者の力が糾合して、集まってきて、そういう勢いになれば望ましいんですが、それは難しいでしょう。やはり、そこは国際交流基金を使ってください。私たちも、皆さんの知恵や力を使いたいと思います。それが、結果的には日本語教育を大きくしていく、あるいは強くしていく、あるいは基

盤を作っていくことになると思います。

　非常に現実的な判断としては、CEFR に準拠した日本語教育の標準を作っておけば、将来日本語教育をヨーロッパでする場合にも、やはり当然、やり易い環境ができるはずなのです。実はいま、もちろん CEFR でも日本語を含めた他言語、つまりヨーロッパ域外の言語についても工夫をしています。ただ、日本語の世界が、自分達の言語の特徴を踏まえたうえで標準を、しかも CEFR という大枠を参照したもので提示をすれば、CEFR としては非常に使い易いと思います。そういった合理的な判断ができると思いますし、合理性というか、時間の短縮、あるいは予算の縮減になると思います。こういった意味で将来を見据えれば、日本語教育にも「スタンダード」を作っておけば、CEFR に準拠して作っておけば、当然国際的な融通が利くと思います。

　ちょっと荒唐無稽なように感じられる方もいらっしゃるかもしれませんが、私たちが 4 年前に国際交流基金に集まって、日本がこれから CEFR にならって「日本語教育スタンダード」を作りたいと言ったときに、中国や韓国の人から「一緒にやろうよ」と、端的に言えば、東アジア経済圏があるように、これから東アジアは否も応もなく連携・連合していかなければならないのだから、と表明がありました。とりわけ、ヨーロッパと同じようなことが、この東アジア、ひいてはアジア地域においてそういう状況が起こってくるのだから、少なくとも、我々にとってはいまの連携を強化、あるいは連携を利用というところで、中国語、韓国語、日本語で、例えば東アジア版の CEFR を作ってみましょうかという、こういったことがあったらいいですね、という独り言だったようにも思いますが、提案がありました。でも、それは非常に重要なヒントを含んでいて、私たちは、そういったこともこれから実際に検討していきたいと思っています。事実、韓国語教育でも、あるいは中国語教育でも、とりわけ韓国語、中国語の試験でも CEFR 準拠の改定が進んでいます。その個別の内容を私は承知していませんが、基本的に、彼らも CEFR、CEFR ということは、どこへ行っても僕と同じように呟いたり、喚いたりしています。そういう状況があるくらいで、韓国語も中国語も

やはりCEFRと同じ考え方を利用しないことはない、利用するべきだという議論はあると思います。とはいっても、社会体制や経済体制、あるいはイデオロギー自体も違いますので、そこの調和をつける、折り合いをつけるのは、結構難しい話かもしれません。例えば、文字で言えば、韓国語はよく漢字文化圏という中に一括りにされてしまいますが、やはり違います。あれは、明らかに表音文字であって、漢字を持っている中国語とは違います。日本と中国でさえ、漢字と言っても違いますから、この辺にやはり難しい部分もあると思います。そこは、関係者が知恵を寄せ合って、力を合わせてやっていけばいいと思っています。少しでも国際標準として互換性がある、完全な互換性は無理ですが、意識の互換性というところでは、やはり重要な考え方だと思います。

13. CEFRの「スタンダード」への応用と課題—普遍性と独自性のはざまで (2)

とはいっても、そう物事は簡単ではなくて、いろいろやはり問題があると思うのです。それは、CEFRを作って、あるいは「スタンダード」を作って、例えば、国際交流基金が作るから、やはりお上が作っているから統制とか強制というイメージを感じる人もいるのです。やはり、「あなた達は、口ではそういうふうに、上品に、いや、強制しませんとか言っているけれど、ほんとは強制するのでは？」とか。あるいは、強制される事実が作られるでしょう、とか。例えば、「能力試験」の使い道を考えたら、当然日本語学習をする人は、日本語教育を受けた人は「能力試験」を使うんだから、「能力試験」が「日本語教育スタンダード」と緊密に連携をしているといえば、それは自ずと「能力試験」を持っているという強みで、あなたたちは日本語教育を牛耳るのでしょう、支配するのでしょう、あるいは強制するかもしれないでしょう、というような社会言語学的な警戒心が出てくるということは、実は予想しなければいけないと思います。実際、僕が最初に「スタンダード」を作ろうと言った頃は、「何を馬鹿なことを言っているのだ」とよく言われました。「それは、国研がやればいいではないか」というふうに仰いましたが、その方は誤解をしていらっしゃって、国語は国研だからというように仰った

そうなのですが、国語と日本語は明らかに違いますので、そこは考え直して、私たちもやっていきたいと思っています。

　もう1つというか、いくつも問題はあるんですが、日本人は兎角、言語教育だけではなくて、すべてに完璧主義ですね。例えば、「教室では日本人と同じ日本語を使うようになって欲しい」と思う先生が多いと聞いています。僕は、実際現場で日本語を教えませんから、そういう経験はないのですが、しかし、そういう声が現場からも聞こえます。どうしても、理想論として、できれば日本人と同じ能力を身に付けさせてやりたい、あるいは付けて欲しい、と。生徒や学生もそれに応えたい、応えようとして努力をする、と。結局、それが非常なプレッシャーになって、しんどい思いをするということがあるそうです。ヨーロッパの複言語主義は、さっきも申し上げたように、個人が完璧な言語能力を付けなければいけないという前提ではないのです。複言語主義というのは、その必要とするレベル、あるいは現に持っているレベルで言語を使えばいいのだ、そういう考え方ですから。実は、そこに日本語教育が近づいていけるか、そこまでそのように鷹揚に構えていけるか、という問題があると思います。やはり、日本語教育の、あるいは日本人が持っている完璧主義というか、そういったものとの折り合いをどうやって付けるのだというところが、実は問題としてあると思います。さっきポートフォリオの話が出ましたが、折角「スタンダード」を作っても、ポートフォリオという社会システムとか、実際それを使う道具や道具立てがなければ、実はうまく行きませんね。しかし、それでもやはり、完璧主義を、あるいはこういった社会的なシステムの中にそういった多言語主義を取り入れていくのだということを是とする人もいますが、いや、まだ早いとか、必要ないという人もいますから、その辺の折り合いを付けるのが、実は難しいのだと思っています。ここを、これから超えていかなければいけないと考えています。

14. 言の葉に　己が香りを　焚き染めて　訪ね行く先　数多の港　―華摘―

　大分もう時間が迫ってきましたので、やはり1時間では大分端折った部分

がありますから、全ての方に十分納得していただけるような話にはならなかったかもしれません。しかし、大筋としては、国際交流基金がいま日本語教育について、しかも国際的な環境の中で、こういうことを考えていて、その基本が「日本語教育スタンダード」であって、それと「能力試験」が緊密に関係をしてくるのだ、というお話をいたしました。

　僕は、この種の基調講演では、いつもサービスではありませんが、自分の気持ちの整理というか、まとめとして和歌を詠む、短歌を詠む癖があります。癖と言ってはおかしいのですが、そういう方針にしています。しかも、できるだけその国、場所に応じた意味、あるいは文字、あるいは音、あるいは文化的な要素を踏まえて行こうということで、実はさっき昼休みの時間に作りました。これですね。これは僕自身が使っている、「華摘」という号ですが、歌を詠むときに使います。ここにあるように、いま香港に来て、日本語教育を考えるとき、こういった歌を詠んでみました。僕は詠むのが下手なので詠みませんけれども、是非これをあとでご覧いただければ、僕がどういう気持ちを持って、いまこの話をしたかということがわかると思います。決して、これは日本語を押し付けよう、ではありません。日本語には日本語の香りがある、あるいは意味があるということを、私たちは自分自身をわきまえて、そして海外で日本語教育をやっていこうということを、皆さんに連帯感として訴えたいということで、この歌を謹呈いたします。どうもありがとうございました。

フォーラム「日本語教育スタンダード実践の試みと教育現場への影響」

オーガナイザー：伊東祐郎（東京外国語大学）
パネリスト1：伊東祐郎（東京外国語大学）
パネリスト2：嘉数勝美（国際交流基金）
パネリスト3：奥田純子（神戸コミュニカ学院）
パネリスト4：C.ウォラウット（タイ　チュラロンコン大学）

1. フォーラム開始

司会：これよりフォーラム、「日本語教育スタンダード：実践の試みと教育現場への影響」を始めさせていただきます。このフォーラムでは基調講演に引き続きまして、日本語スタンダードについて実際の教育現場でどのように取り組みがなされているのか日本国内の大学、日本語学校、そして海外の大学から先生をお招きし、それぞれの教育機関としてのお立場から詳しいお話を伺わせていただきたいと思います。

　では、ご登壇者の先生方をご紹介いたします。まず、このフォーラムのオーガナイザーを務めていただきます東京外国語大学留学生日本語教育センター教授伊東祐郎先生です。続きまして、神戸コミュニカ学院学院長奥田純子先生です。そしてタイからお越しいただきましたチュラロンコン大学東洋言語学科科長アシスタントプロフェッサーウォラウット・チラソンバット先生です。そして最後に先程基調講演でお話いただきました国際交流基金日本語事業部嘉数勝美部長です。では、ここからはオーガナイザーの伊東先生に進行をお任せしたいと思います。

伊東：ありがとうございます。皆さん、本日の趣旨をご覧下さい。

- 日本語教育スタンダードとCEFRの共通点と相違点は何か。
- 日本語教育スタンダードは日本国外においてどんな意味を持つのか。
- 日本語教育スタンダードは日本語能力試験(JLPT)にどう影響するのか。
- 大学教育、中等教育、そして一般日本語教育というような指導対象の異なる教育現場において、到達目標や評価の差を日本語教育スタンダードではどう取り扱うのか。
- 日本国内外の教育機関での実践、その取り組みと現場における課題は何か。

このことを議論するために今日はこのフォーラムを開催したことをまず申し上げておきたいと思います。

　それではオーガナイザーのわたしから始めて、各パネリストが15分から20分ずつ、話をさせていただきます。その後また、全員がここに登壇いたします。

2.　登壇者：伊東祐郎「だれのためのスタンダードか？」

伊東：現在、わたくしは、東京外国語大学で日本語を教えております。東京外国語大学の取り組みという観点から日本語教育スタンダードのお話をさせていただきたいと思います。発表のアウトラインとして、まずスタンダードとは一体何なのか、もちろん今日の基調講演の嘉数さんの話でもスタンダードの話が十分されたと思いますが、最初にまとめておきたいと思います。その後に今なぜ日本語教育スタンダードなのか、これも皆さんと考えてみたいと思います。それを踏まえて東京外国語大学留学生日本語教育センター、JLC、Japanese Language Centerの頭文字をとってJLCと言っておりますけれども、そちらの取り組みを紹介させていただいて、わたしたちが考えたこと、そしてわたしたちが今感じていることなどを皆さんと共有したいと思います。その後に様々なスタンダードがありますけれども、その波及効果についても皆さんと一緒に考えてみたいと思います。

皆さん、スタンダードと聞いて、どんなイメージをお持ちになりますか。今日の嘉数さんの話を踏まえて、いろいろと頭の中で、そして今日の午前、午後でいろいろな発表がありましたけれども、どんなイメージをお持ちでしょうか。以前に、ある日本語教師のグループの方々にスタンダードから連想するものを自由に紙に書いていただきました。そうしますと、指針、指導案、出題基準のようなもの、日本語学習の助けになるもの、日本語の骨格、言葉と文化、包括的なもの、抽象的なもの、共有可能なもの、あるいは方向性を示すもの、そして日本語教育のバイブルのようなものと、いろいろ出てきました。

そして、2008年9月に日本言語テスト学会というところで、CEFRを作った方がスタンダードの話をしてくださいましたが、その方の紹介では、このように "symbol of authority or identity" ということで、アイデンティティのシンボルだとか、あるいは "recognize excellence" とか、あるいは、"authorized unit of measurement" というようなことが紹介されておりました。この3つ目の "authorized unit of measurement"、多分これは香港だとか、イギリスの方は速度の尺度としてキロメートルを使っていますけれども、アメリカだとマイルを使っていて、尺度が違っております。このように速度の尺度を統一して、いわゆる authorize するという機能がスタンダードにはあるという話がありました。あるいは "normal requirement" だとか certificate を得るための最低の requirement、あるいは "minimum accessible" なものというのも出ていました。そして、なんだかんだと言っても、やっぱり "reference" だとか、"framework" って言うのが一般的なイメージではないかと思います。

わたしもいろんなスタンダードに触れてきて感じることは、CEFRのような国を超えて包括的に示しているようなものは多分、インターナショナルなスタンダードではないかと思います。しかし東京外大が作ってきたものはインターナショナルではないけれどもある教育機関で作って、活用していることを考えると、インハウス・スタンダードというものがあるだろうと思います。そして、その中間に位置するものとしてこれからご紹介するアメリカのACTFLだとか、カナダのCanadian Language Benchmarksのような、そ

の国だけで使われているナショナルなものがあると思います。ですから、スタンダードと一言でいっても、どういう背景で、どういう目的で作られたかによってその種類や規模も違うということを押さえておきたいと思います。

　最近のスタンダードの傾向といたしましては、嘉数さんの話にもありましたように CEFR、ヨーロッパ共通参照枠、そしてそれと同時にヨーロッパの言語テスト連盟が作っている連盟独自の ALTE のスタンダードがあります。これは Can-Do Statements を中心にしたものであります。あと ACTFL のガイドラインですね。そして Canadian Language Benchmarks というのは、カナダへの移民を対象に作られたものと考えられると思います。そして付け加えて、東京外大のスタンダードということになります。

　CEFR について簡単に申し上げます。ここでは理念を押えておく必要があります。やはり Common European Framework の場合には政治、経済の統一化とともに、教育の統一化というのが根本的な理念の基盤を成していることを強調しておきたいと思います。

　ALTE の場合には、ヨーロッパには複数の言語が話されていますけれども、それぞれが独自の尺度でテストを作っています。そしてこれらのテストでは、例えば日本語能力試験で2級に受かった人が、では何ができるかと問われたときに共通の参照枠がない、共通の尺度がない、それでは困ると言うことで、Can-Do Statements が作られたという経緯があります。

　一方、ACTFL のガイドラインの場合はやはり、米国の小・中・高校で行われている外国語教育の質の向上を目指してアメリカ国民が外国語を勉強する上でどんなことが必要かをまとめたものということが見て取れます。

　最後にカナダの Language Benchmarks の場合には、やはりカナダが移民を受け入れるにあたって、それぞれのところで英語教育が行われてはいますが、質的に向上させたい、統一化したいという目的のもとにできた、1つの尺度としてのベンチマーク、ガイドラインがあるということを理解しておき

たいと思います。

　そうしますと、それぞれのスタンダードは個々の理念の下で作られているので、そのことを踏まえて、内容を理解した上で、スタンダードについて議論をする必要があるのではないかと思います。

　さて、これらのスタンダードには共通点があります。スタンダードそれぞれの理念は違ってはいますが、そこで述べられているものの1つに、コミュニケーション能力をより具体的なものとして、見えるものとして、理解可能なものとして、記述しているということが、どのスタンダードにも見て取れるということです。言語要素、あるいは教授項目の配列ではないと言うことが特徴的なことです。そして2番目の共通点としては、コミュニケーション能力の漸増性や連続性を意識したところがあって、初級レベルから上級レベルまでの、いわゆる言語運用能力をより具体的に示したということも重要な点です。そしてコミュニケーション能力にかかわるパフォーマンスの課題に注目したことも見逃せません。やはりここで注目されるのはCan-Do Statementsで、「一体あなたはこれで何ができるのか？この言語を使って何ができるのか？」という、より具体的に記述したことが重要な点として挙げられると思います。そして4つ目が実際のコミュニケーション能力に焦点を当てた学習者中心の記述であって、わたしたち教師が考えた上で作成した、教師主導型の教授項目ではないという点です。

　次に、わたしたち、留学生日本語教育センター、JLCのスタンダーズの取り組みとしてはどんなことをしてきたかについてお話ししたいと思います。1970年から文部省の奨学金で世界各国からやってくる留学生に対して日本語教育をしてきました。もう36、7年以上の歴史があるのですが、教員の数も増え、学生数も増加し多様化してくると、教員同士でもお互いにクラスでどんなことを教えているかよく分からない。何となく先輩の教え方に習って、あるいは教科書を使って教えてきてはいるんだけれども、徐々に歴史を積み重ねる度に教育目標をしっかりと理解しないまま、また、何のために教えているかという教育理念も感じないまま、慣行に従って、教えてきた

のではないかということが感じられるようになりました。これではいけないということで、わたしたちが実践している大学入学のための予備教育においては、日本の大学で勉強する学生にどんな日本語力を身に付けて欲しいのか、そしてどんな学習者になって欲しいのか、再度検討しようということで取り組んだのがこのスタンダーズの作成ということになります。そこでわたしたちは、日本の大学で勉強するためにはどんな日本語力が必要なのかと問うてみました。様々な生活場面もありますし、職場、仕事で使用する部分もありますが、アカデミックという、いわゆる勉強、研究というテーマに焦点を絞って、能力の構成概念を検討してきたことが1つの大きな作業の骨格になっていることを申し上げたいと思います。

　簡単に枠作りを申し上げますと、まず予備教育における、そして日本の大学で勉強する学生たちの教育目標をもう1度みんなで共有しようということで議論を重ねてきました。そして議論を通して、みんなで共有しました。その上で、どんな場面が必要なのか、ということで場面を特定しました。CEFR の場合には、social とか work とか study のようなドメイン、領域というものがありますけれども、わたしたちは study という領域に焦点を絞ったのが、いわゆる予備教育のスタンダーズの特徴であると申し上げてもいいかと思います。そして作業では、関係する言語運用領域を記述化して、課題に対してどれだけ言語を運用できるかを明確にしたという点です。それが後ほど示す Can-Do Statements になります。

　そして、概要ですけれども、わたしたちがしたことはまず、予備教育の目標は一体何なのかということでゴールについて話しました。ここはある意味では予備教育の理念、目的、目標に該当するところだろうと思います。これまでの日本語教育はどちらかというと「何を教えるのか？どうやって教えるのか？」に焦点が当てられてきたと思います。それで、この行動目標やスキルというものは各先生にゆだねられていたということがあって、経験知やあるいは実践知で行ってきたと思います。この部分は、なかなか共有されてこなかった部分だろうと思います。今回のスタンダーズの大きな成果は、わたしたちが経験的にやってきたこと、そして伝統的にやってきたことを目に見

える形にしたということでした。ゴールとともに、行動目標を明確にしたことがこれまでになかったと思います。この行動目標と言うのは簡単に言ってしまえば各単元の学習目標だとか、教育目標に相当するものだと思います。

　ただ、それを明確にしただけでは日々の授業の実践活動が分かりにくいので、この目標を達成するためには教室内活動でどんなスキルを身に付けさせなければいけないかについて議論した結果出てきたのがこのスキルにあたる部分です。ですから行動目標はある意味では一般の人たちが見える部分、スキルというのはわたしたち、日本語教育関係者がより具体的に教室の中で身に付けさせたり、トレーニングをしたりして、身に付けて欲しいものと考えていただけたらと思います。ですから、Can-Do Statements で全て包括したのはゴールから始まって、このスキルまでの部分です。従来のわたしたちは、文法積み上げ式で教育を行っているところだと思われていた時もあります。従来の学習言語項目が明確になっていて、何をどう教えるかについては、教科書を見れば分かるということが前提になっていたように思います。しかし、スタンダードでは、それ以外の経験知や実践知を明確化し、Can-Do Statements としてわかりやすく提示したものだとご理解いただけたらと思います。

　1年のコースを初級前半、初級後半、中級前半、というように分けまして、さっき申し上げた行動目標を記述しました。そうすると、まず「読む」の初級前半ですと、「設問、指示が読める」、「教科書が100％分かる」などです。やっぱり教科書が分かってもらえないと授業が成り立たないということで、このような行動目標を設定しました。そのためにわたしたちが授業活動ではどんなことをやっているかを、日々の実践から記述化したものがこれに当たります。例えば、「文節の区切りが分かるかどうか」では、これは授業でよく説明したり、学生に確認したりするようなことですね。「未習の文法を類推しながら読めるかどうか」というようなことをスキルとしてまとめました。上級がないのは、上級だとかなり content-based になるので、スキルよりも content、つまり内容を理解するとか、発信するということになっておりましたので、ここでは記述化しませんでした。あと、簡単に「書く」と「聞

く」、そして「話す」そして「聞く、話す」についても一応このような形で作ったことをご紹介しておきたいと思います。

　では、このスタンダードは一体、だれのために作ったのか、だれにとってメリットがあるのかということを申し上げたいと思います。やはり、いろんなところのスタンダードを見ると、スタンダードができることによって、まず学習者が到達目標を明確に理解できる。これまでは文法項目や語彙が中心でした。しかし実際に運用能力としての Can-Do Statements ができてきているので、このコースを取ることによって、自分はどのような日本語運用力が身につくのかが明確にできるというメリットが挙げられると思います。そして、異なるレベルでの具体的な能力の把握が可能となり、そして学習活動の意味付けが一層可能になります。学習者にとってもスタンダードがあることによって、学習意欲が高められ、学習目的が明確になるというメリットもあるだろうと思います。

　一方、教師にとっては、ここも大切なことですが、スタンダードが教育内容を明確にし、カリキュラムの策定や教材開発、あるいは教員養成などの点で方向性を明示してくれる点が重要だと思います。そして学習者の成果、学習成果、outcome に焦点を当てた教育が可能になるので、1つの目安、それに向かってわたしたちが教育を実現化できるということも重要な点になります。そうすると、妥当性、真正性の高いテストも開発できる、そして意味のある得点解釈も可能になるということで、評価にもメリットがあると言えるだろうと思います。

　そしてスタンダードの役割と機能ですが、繰り返しになりますが、学習者の最終の成果、学習の結果、どのような学習者を育てるかがより明確になることだろうと思います。そして試験結果にも意義ある解釈が可能になる点だろうと思います。

　最後に申し上げたい点は、スタンダードの波及効果です。教育内容、カリキュラム、教授、評価の総合的な関係、一貫性、連続性、繋がりという部分

があります。ここで強調しておきたいのは、CEFR が存在することによって、ヨーロッパ各国では、日本語能力試験のある級はどの部分にあたるのだろうか、海外から来る留学生が、CEFR では、どのレベルの教育内容に該当するのだろうかと、教育の連携や繋がりにおいて影響力を及ぼしている点です。このような学生からの問いかけに対して、わたしたちは答えなければいけないと言う状況に直面していますが、わたしたちが作成した Can-Do Statements やスタンダードが作られることによって、教育の連続性が確保され、教育の連携が可能になります。嘉数さんの話にあったように、グローバル、グローバリゼーションというものが、教育や学習者の中にも出てきていることを考えると、学習者の移動に伴う学習の継続、そして連結、繋がりを可能にするためにも、スタンダーズが大きな役割を果たしてくれるのではないかと思います。

そして重要なことは、これまでスタンダードはなかったかというと、そうではなくて、もしかしたら日本語能力試験が 1 つの目安になっていて、そのために教育の内容や教育の方法がある意味では規定されていたのだろうと推察しています。いいか悪いかは分かりませんけれども、わたしは日本語能力試験というものが 1 つのスタンダードの役割を担っていたのではないかと考えることも可能だと思います。しかしながら、これはあくまでも試験ですので、やはりわたしたち自身が教育内容、そして教育理念を議論した上で独自のスタンダードを作って、他の教育機関とあるいは CEFR と比較することが重要だと思います。比較可能な尺度を統一していくということが今、求められているのではないかと思います。連携による日本語教育の質的向上という意味ではスタンダードを作ることによって、国内外の教育機関間との教育情報の交換であるとか、日本語教育の多様性を踏まえた体系的カリキュラムの枠組みの構築などが可能になると思います。そして日本語教育の教授と学習、評価の透明性も実現できるのではないかと願っています。「ある学生があるところで単位を取ってきた。しかし中身が分からない」ということでは困るわけです。ではどうするか。そこでスタンダードなり、1 つの尺度があることによって、比較検討が可能になってくる訳です。そういう意味で学習者の日本語学習の目安、そして学習の継続、一貫性、統一性が実現できれ

ば、わたしたちの取り組みというのは非常に大きな意義があるのではないかなと思います。ちょっと早口で話してしまいました。ご清聴ありがとうございました。

3. 登壇者：奥田純子「日本語学校に必要なスタンダードとは？」

伊東：はい、ということで、わたしの話の後は奥田さんにバトンタッチします。

奥田：コミュニカ学院の奥田でございます。わたしは日本語学校に勤めておりますので、日本語学校の立場からスタンダードが日本語学校にどんなインパクトや課題をもたらすかについて、日本語教育スタンダード構想の観点からお話しさせていただきます。

　先程、伊東先生のお話にもありましたが、スタンダードがこれまでなかったかというとそうではなくて、アメリカやオーストラリアなどで開発されてきました。では、それらのスタンダードは日本語学校にどんな影響を与えてきたかと考えると、簡単に言ってしまえば、影響を与えてこなかった。つまり、日本語学校はスタンダードを重要なもの、必要なものとして受け止めてこなかったと言えます。

　しかし、スタンダードは本当に日本語学校に必要ないのでしょうか。スタンダードの必要性については、これまできちんと検討されてきませんでした。そこで、このフォーラムではスタンダードのインパクトと課題を考えるために、まず日本語学校にスタンダードが本当に必要かを、先程の嘉数先生の基調講演のお話にも出てきた学習者の多様化というところから検討したいと思います。そして、必然の要請としての日本語教育スタンダードということをお話した上で、日本語学校の日本語教育スタンダード構想案を示したいと思います。時間が許せば、最近の日本語学校全体のスタンダードへの取り組みも簡単にご紹介します。最後に以上を踏まえ、スタンダードは日本語学

校にどのようなインパクトと課題をもたらすかを述べたいと思います。

　先に結論を申しますと、スタンダードのインパクトと課題は次の5つです。もちろん言い出せば数限りなくありますが、ここでは構想と活用の視点から次の5つを指摘しておきたいと思います。詳細は最後にまとめて申し上げますが、まず、「開発」という点では『日本語教育スタンダードの協働開発』、『複合的視点から記述した明細書の開発』に関する課題があります。明細書というのはシラバスではありません。ある言語行動領域において使用される日本語をレベル別、分野別に整理したもので、これの協働開発をどうするかということです。わたしたち「教師」にとっては『パラダイムシフト』と『教師の研修と能力開発』が課題となります。そして「教育機関」にとって大きなインパクトであり課題となるのは『言語学習・教育の民主化』です。

　それでは、スタンダードは日本語学校に必要か？ということについて、学習者の多様化から考えたいと思います。現在、日本語学校は383校あって、学生数は約32,000です。彼らは、就学生、留学生と呼ばれる大学進学予備教育課程の正規コースの学生です。一般的に日本語学校の学生というとこれらの正規生を指すわけですが、実は日本語学校の学習者は就学生、留学生だけではありません。これは2006年の数字ですが、この年、就学生・留学生は3万人あまりでした。ところが、それ以外の在留資格、いわゆるビザを持つ学習者が約16,000人在籍しています。つまり、3人に1人が就学や留学以外のビザの人たちだということです。この円グラフは、属性別の学習者数を示したものです。短期滞在の人は約3,600人、ビジネス関係者は約1500人、研修生は約2,400人で、日系の定住者や家族滞在が2,000人、日本人の配偶者は約1,500人となっています。このように属性だけからも学習者がいかに多様化しているかが分かります。

　ところで多様化という点では、ここ数年の日本語学校を取り巻く社会的状況の変化も見過ごすことはできません。その1つは、外国人受け入れの拡大です。例えば、先程の基調講演のお話にもあったインドネシアの介護士さ

ん、看護師さんの受け入れなどもそうです。その他、2007年より経済産業省と文部科学省が進めているアジア人財資金構想などもあります。これは高度人財である留学生の日本企業への就職を後押ししようというもので、留学生に対するビジネス日本語の授業が提供されています。これらの背景には少子高齢化に伴う労働力の確保と国際競争力の強化があります。また、国家施策として外国人受け入れ問題が取り上げられるようにもなりました。2007年から内閣官房主導で『生活者としての外国人に対する総合的対応策』が動きだしました。省庁を超えた取り組みとして、生活者としての外国人のための日本語教育施策も打ち出されています。また、政治的なレベルで「移民」受け入れの検討も始まっています。外国人の受け入れは今後、ますます拡大するだろうと予測されます。それに伴い、日本語学校が受け入れる学習者も社会的状況を反映したものになることは想像に難くありません。そこでは多様化が一層加速することになります。

　実際にわたしどもの学校でも多様化が起きています。1つは学習者の多様化で、もう1つは学習の多様化です。学習者の多様化で顕著なことは、学習者の背景にある母語と文化、年齢、属性です。それまでの学習経験や学習スタイル、学習に関する信念の多様化も見られます。日本語の能力も4技能に相当なばらつきがあるなど、本当に多様化していることを実感する毎日です。学習の多様化ということでは、第1に目的、動機の多様化があげられます。大学進学ばかりでなく、仕事のため、生活のためといった実用上のものから、漫画を読むために趣味として学びたいというものもあります。実際には、仕事のため、生活のためといっても、その中身は様々です。つまり、学習のニーズが非常に細分化してきているということです。さらに、ニーズの複数化、複合化、二重化も起きていて非常に複雑な状態になっています。また、学んだ日本語をどこで使うかということもさまざまです。日本国内で使うためという学習者もいれば「香港に帰って日本語でビジネスするために来ました」という人もいるわけで、日本語の学習場所と想定されている日本語使用の場所は必ずしも重なりません。その他にも、学習の目標、ゴール、期間、希望する学習形態も様々で、学習の多様性がより個人化して個別性に向かっているというのが現状です。

今後、この多様化が拡大するということを踏まえるまでもなく、多様化に対応した教育を保障していくことはすでに緊急の課題となっていることが分かります。日本語学校は、これまで進学予備教育を中心とする日本語教育を行ってきたわけですが、多様化に予備教育の経験だけで対応できるかというと、当然、答えはノーです。教育の質を保障するには、予備教育も含め、多様な学習を吸収できる汎用性のある日本語教育の新たな枠組みが必要です。新たな枠組みというのは、例えば、それまで行ってきた日本語教育・学習の目標、内容、方法、シラバス、カリキュラム、評価を再検討したり、再構築するときに、あるいはまた、看護師のための日本語教育のような新規の教育活動を創造する際に「道しるべ」となるものです。「道しるべ」が特定の対象しか扱えないようでは、多様化には対応できませんから、道しるべは多様な学習・学習者にも共通の基盤となるものでなくてはなりません。すなわちスタンダードということです。スタンダードは日本語学校に必要か？ということから言えば、スタンダードは日本語学校における多様化の必然の要請であると結論付けることができます。

　ところで、日本語教育スタンダードの活用の利点について少し触れておきたいのですが、まず、教育や学習の透明性、包括性、そして一貫性が保障されるようになるということが１つ、それから「わたしたちはこういう教育を提供します」といった教育機関として説明責任が果たせるようになるということがもう１つです。このことは、教育機関の論理で行われていた教育が民主化されるということにつながります。この点が最も大きな利点ですが、同時に日本語学校は民主化という難題を抱えることになります。

　さて、次に日本語学校のためのスタンダード構想私案をご紹介しますが、その前に、世界の言語教育の流れと日本語学校の取り組みについて触れておきたいと思います。世界の言語教育の潮流は、端的にいうと、１．社会的場面・行動における言語運用、コミュニケーション能力への注目、２．言語事項ではなく、パフォーマンスへの注目、３．学習者中心です。先程の嘉数先生、伊東先生のお話にもありましたが、言語教育の潮流と乖離したところで、日本語学校のスタンダードも構想されるべきではないと思います。何と

言っても、学習者は世界中から来るのですから、世界のありようを無視することはできません。日本語学校のスタンダードも世界の大きな流れの中で構想される必要があります。

　冒頭で述べたように日本語学校はスタンダードに大きな関心を寄せてきませんでした。日本語学校業界がスタンダードに本腰を入れ始めたのはここ数年のことです。とはいえ、実は 96 年、97 年に日本語教育振興協会（注：日本語学校を審査・認可する財団法人）が日本語学校の校長 30 人程を集めて日本語学校の教育課題を話し合う会議を持ったことがあります。そのときに日本語学校のスタンダード構想をしようという提案がなされました。わたしも提案した 1 人ですが、残念ながら立ち消えてしまいました。スタンダードはその後、日本語学校業界では取り上げられずにいたわけですが、2006 年から 2008 年にわたり日本語教育振興協会が主催する日本語学校教育研究大会で「世界の言語教育の潮流と日本語学校の未来」と題するシンポジウムが行われ、そこでスタンダードがメインテーマとして取り上げられました。嘉数先生にもご登壇いただいてお話をしていただきました。そして、2008 年の 11 月には先の協会が『日本語教育スタンダードを考えるプロジェクト』を発足させました。1996 年から 12 年かかったわけです。ただし、発足しただけで活動はこれからですが。

　では、日本語学校に必要なスタンダードとはどのようなものでしょうか。ここでは日本語教育スタンダードのコンポーネントを中心に構想私案をご紹介したいと思いますが、スタンダードが日本語学校に及ぼす影響、課題も織り交ぜながら話しを進めたいと思います。

　スタンダードのコンポーネントの柱は「理念・理論」、「日本語プロファイル」、「学習」、「評価」の 4 つです。それぞれのコンポーネントは、いくつかの下位カテゴリーからなっています。「理念・理論」のコンポーネントは『言語』『言語学習・言語使用』『言語能力』『言語教育・教師の役割』『日本語教育の理念』の 5 つを下位カテゴリーとします。日本語教育の理念は重要な要素の 1 つですが、今回このことには触れません。『言語』『言語学習・言語使

用』は、言語とはどのようなものか、言語を学んだり使ったりするとはどういうことか…など、言語、言語学習・言語使用に関する理論がその内容となります。

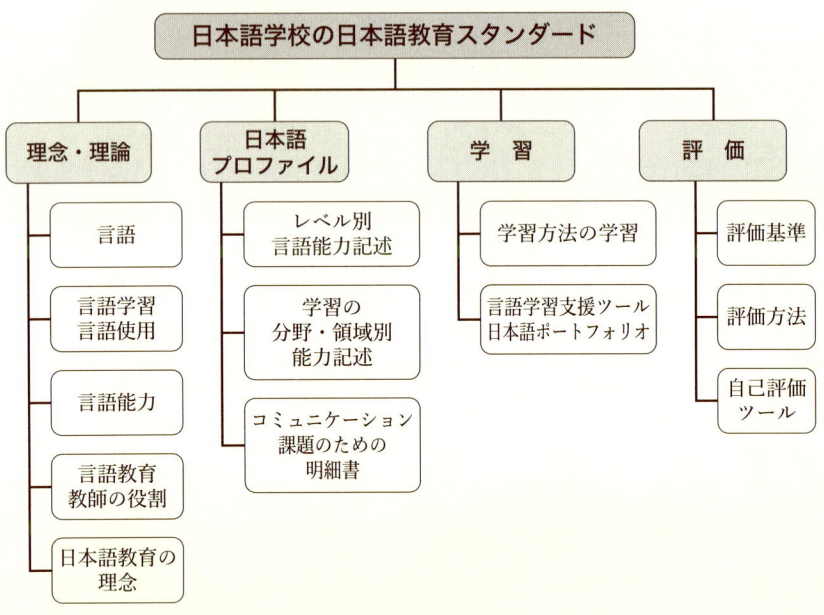

図1 日本語学校の日本語教育スタンダード

```
                日本語学校の日本語教育スタンダード
    ┌──────────────┬──────────────┬──────────────┐
  理念・理論      日本語          学 習           評 価
                プロファイル
    │              │              │              │
   言語         レベル別       学習方法の学習    評価基準
              言語能力記述
                              言語学習支援ツール  評価方法
  言語学習       学習の        日本語ポートフォリオ
  言語使用      分野・領域別                      自己評価
               能力記述                           ツール
   言語能力
              コミュニケーション
  言語教育    課題のための
  教師の役割    明細書

  日本語教育の
   理念
```

『言語能力』については例えばCEFRでは、言語使用者や学習者は特定の条件、状況、環境において課題遂行する社会的存在だという前提にたって、課題遂行は一般的能力と言語コミュニケーション能力から成ると考えられています。言語コミュニケーション能力は、皆さんご承知のように、言語能力、社会言語能力、語用論的知識の複合能力だとされています。一般的能力は、宣言的知識、技能、実存的能力、学習能力の4つの能力からなっていて、宣言的知識には、世界に関する知識と社会文化的知識があるとしています。宣言的知識のうち、とりわけ世界に関する知識は外国語を使う場合でも言語行動を取り仕切るための基本的な役割を担い、社会文化的知識は異文化コミュニケーションのための基本的な条件になると述べています。

CEFRの知見で重要な点は一般的能力は、言語コミュニケーション能力

を使って言語活動を行うときに駆動して共に使われる能力だという指摘です。言語活動自体、一般的能力なしにはやっていけないんだということをCEFRは示しています。世界の言語教育の流れから乖離(かいり)しないスタンダードの構想から言えば日本語学校のスタンダードもこういった能力観を採用していくことになると思います。そうなれば、教師は相当大きなパラダイムシフトを余儀なくされることになります。

　「日本語プロファイル」は日本語を複合的な視点から描いた日本語の横顔集のようなものです。『レベル別言語能力の記述』、『分野・領域別の能力記述』、『コミュニケーション課題遂行のための明細書』の3つからなります。『レベル別言語能力の記述』はCEFRで言えば、全体的尺度のA1～C2の能力記述をイメージしていただければいいと思います。『分野・領域別の能力記述』はレベル別の言語能力を言語使用の分野や領域ごとにより詳細に記述したものです。例えば、一般的な日常生活の場面、仕事の場面、アカデミックな活動をする場面、看護の場面など、ある特定の分野や領域で、日本語を使ってどのようなことができるかを日本語能力のレベル別に、また、話す、書く、のような言語技能ごとに例示したものです。最後の『コミュニケーション課題遂行のための明細書』は日本語を言語的側面から整理したものと言語コミュニケーションの諸相から整理したものからなります。言語的側面の明細書は、例えば、言語機能や概念の視点から整理された日本語の一覧表などが考えられますが、すべてを網羅することはできませんから例示ということになります。日本語のバリエーション、文法、文字・表記、音声の視点からも同じように日本語の明細書を作成することができます。ただし、どんな切り口で明細書を作るかは今後の検討課題です。言語コミュニケーションにかかわる明細書はレベル別、分野・領域別にテクストタイプ、テーマ・トピック、ストラテジー、それに社会文化的知識・技能を例示したものです。

　次の「評価」のコンポーネントは『評価基準』と『評価方法』、それに『自己評価ツール』の3つのカテゴリーからなります。「学習」は『学習方法の学習』と『言語学習支援ツール・日本語ポートフォリオ』をカテゴリーとしたコンポーネントです。ここでは日本語ポートフォリオには触れませんが、

言語学習支援ツールとしての自己評価ツールの事例を紹介します。これは本校の初級レベル、CEFR で言えば A2 レベルの教科書の第 2 課の目次です。UNIT2（注：第 2 課）「道をたずねる」では、駅で尋ねる、学校から自分の家までの道順を教えるなどが学習目標となっています。そして、例えば、歩いて行ける所にある場所までの行き方を尋ねるという学習目標には、駅、郵便局、〜はどういったらいいですか？など、コミュニケーション課題を達成するために必要な日本語の例と、あのう、すみません、教えていただけませんか、など言語コミュニケーションにかかわるストラテジー、テクスト・タイプの具体例がサブユニットに入っています。先程ご紹介した日本語プロファイルのコミュニケーション課題遂行の明細書はこういう形で教室活動に持ち込まれます。さて、学習者はユニットに基づいて学んだあと、このような技能別の Can-Do Statements がずらりと並んだ自己評価ツールを使って達成度を自己評価します。評価結果は次の自分の学習計画にフィードバックされます。

　確かに Can-Do Statements は便利なものですけれども危険性もはらんでいます。どういうことかと言いますと、CEFR によれば Can-Do Statements は次のような手順で作成されます。これは、CEFR の A2 レベルの全体的尺度の一部です。「簡単で日常的な範囲なら、身近で日常の事柄についての情報交換に応ずることができる」、こういう能力記述があったときに、これを構成要素に分解します。すると、自己紹介できる、どこに住んでいるか言うことができるというように分けていくことができます。これが学習目標になります。同時に自己評価のチェックリストにもなります。そして、チェックリストで、何ができるか、どのぐらいうまくできるかが自己評価され、この評価に基づいて次の学習の計画を立てるといった自律的な学習が可能になると考えているわけです。確かにそうなのですが、先に紹介した事例に見られるように、問題は Can-Do Statements が言語で何ができるかという言語使用の成果、アウトカムに焦点化されているというところにあります。A2 レベルの人は「何歳か言うことができる」、「何歳か尋ねることができる」という日本語能力を持っていますが、では、その人が、例えばビジネス場面で「初めまして。〜会社の〜です。わたしは 46 歳です」と言えるかということで

す。「あなた何歳ですか」と初対面の人に聞かないですよね。これは言語能力の問題ではなくて社会言語能力と一般的能力の中の社会文化的知識に関係することです。文化や社会が異なれば、社会文化的知識の在り様も変わります。ところが社会文化的知識は Can-Do Statements には集約しきれません。それに必ずしも言語活動という経験を通して獲得できるとは限りません。Can-Do Statements の1人歩きはこの点が落ちてしまうことになりかねません。これが Can-Do Statements のはらんでいる危険性です。

　早口になってしまいましたが、以上がスタンダードの構想概要です。では、最後に日本語教育スタンダードのもたらす日本語学校へのインパクトと課題を整理し、わたしの発題のまとめとさせていただきます。

　スタンダードの開発において課題となるのは協働です。スタンダードの開発は日本語学校だけではできません。多様な学習者に対応できる共通の教育基盤を作るには国、地域、組織、立場を超えた連携と協働が必要です。また、学校ばかりでなく、日本語使用の現場である企業や地域の協力も必要です。さらに、教師のみならず、日本語ユーザーである学習者の参加も不可欠です。なぜ協働かというと、日本語プロファイルにある複合的視点から記述した明細書の開発は日本語学校だけでは不可能だからです。わたしたちは、看護の場面でどんな日本語が使われているかを知っているわけでもないし、学習の当事者として日本語で何ができるか、何ができるようになりたいかを言えるわけでもないからです。

　明細書の開発にあたっては、世界に関する知識、社会文化的知識も言語教育の一部なのですから、Can-Do Statements を1人歩きさせないことが大切です。社会文化的知識の欠如、あるいはその視点の欠如は、単なる言語能力の獲得だけに陥ってしまうという危険性をはらみます。これを回避するには社会文化的知識を明細書によって明示しておく必要があります。ただ、日本語教育において、社会文化的知識や能力はこれまで体系化されたことはありません。そういう意味では方法論上の検討も必要です。

日本語学校の日本語教育スタンダードは、インハウス版ではなく、もう少し大規模なものでなければならないでしょう。本校にもスタンダードとしてフレームワークがあります。けれども、それは本校だけの話です。必要なのは日本語学校全体が共有できるもので、かつ、世界中からやってくる多様な学習者に対応できるものでなければなりません。ですから、ナショナル版ほど大規模ではないけれど、インハウス版以上のいわばメゾ版（両者の中間的な範囲をカバーするスタンダード）を開発する必要があります。そのためにも様々な人に協力を仰がなければならないだろうと思います。

　教師にとって課題となるのは、能力観、評価、教育課程のパラダイムシフトです。能力観については、CEFRの能力観のところでお話したとおりです。評価は、評価の方法にかかわることです。わたしたち教師は自己評価という評価方法をどちらかといえば否定的に捉えてきたのではないでしょうか。自己評価を学習者の自律を援助したり、学習を支援したりするツールとして捉えなおすことがここでいうパラダイムシフトです。通常、言語教育のコースやプログラムは、教師や学校が設定して一律に行われます。多様な学習・学習者への対応には、一律化からの脱皮、教育の複線化が求められます。学習の民主化です。その場合、教師は教育課程をスタンダードを参照しながら開発することになります。教師の教育課程へのかかわり方もまた、パラダイムシフトが求められることになります。一律化からの脱皮は、教師の研修にもかかわってきます。教師の研修と能力開発の課題から言うと、カスタマイズからディベロップメントへの転換です。日本語学校の教師は一般的にカスタマイズは上手ですが、ディベロップメントには不慣れです。リファレンスという発想やリファレンスに基づく開発ということにも慣れていません。スタンダードはシラバスでもカリキュラムでもなく、それを作るための参照素材ですから、リファレンス、ディベロップメントの能力育成のための研修もスタンダードの利用に伴う課題ということができます。

　最後に日本語学校の機関としての課題を述べ、発題の締めくくりとしたいと思います。学習の中心は学習者である、この原点に立てば、教育機関は提供する教育を学習者に見える形で示すこと、すなわち説明責任を果たすこと

が当然の責務となります。スタンダードを活用する利点の1つとして、教育機関としての説明責任が果たせるようになることはすでに申し上げたとおりです。説明責任を果たすことは、教育・学習の民主化への道を開くものです。スタンダードが日本語学校に与える最も大きなインパクトは、この民主化だろうと思います。日本語学校は民主化を成しえることができるか、スタンダードの導入がもたらす説明責任の実現という利点を日本語学校は民主化に結実できるか、これが、スタンダードの導入に伴う、今後の日本語学校にとっての最も大きな課題、難題となるだろうと思います。

以上で発表を終わらせていただきます。ご清聴ありがとうございました。

4. 登壇者：ウォラウット・チラソンバット「海外の学習者の立場」

伊東：はい、奥田先生ありがとうございました。奥田先生には日本語学校の将来構想を中心にお話いただきました。では、引き続き、タイのチュラロンコン大学のウォラウット先生には海外におけるスタンダードの影響とタイにおける実情と今後の取り組みについてお話いただきたいと思います。ウォラウットさん、よろしいでしょうか。じゃ、バトンタッチいたします。

ウォラウット：ウォラウットです。よろしくお願いします。大学はチュラロンコン大学です。これから、簡単に自分の経験と現場のことを話させていただきます。

スタンダードの話ですね。萬先生と準備の段階でメールのやり取りをしているうちに勉強になったんです。人々の移動が行われる場合ですね。日本語教育の場合、日本語習得のその学習者はどの時点にいるのか判断できる手順としてスタンダードが必要です。最初は複数の国の間の移動。わたしの経験から申し上げますと、2回日本に留学したことがあります。最初、タイの大学で日本語を専攻してまして、最初の留学は東京外国語大学付属日本語学校でした。行ってすぐ、プレイスメントテストです。わたしの感覚ではスタン

ダードはテストに結びついています。で、そのテストの結果、わたしは中国人と同じクラスに入りました。漢字の習得の段階がちがっていてちょっと大変なのでクラスを替えて欲しいと学校にお願いしましたら、中国人のいないクラスに替わって1年幸せな生活をおくりました。2回目の留学も、筑波大学に行ってまずプレイスメントテストです。それからクラスに入って、当時あんまりクラスは多くなかったんですけれど、今度は大丈夫でした。

タイ国内の他の機関からの移動の場合ですね。うちの大学は新入生を採るときに、日本語専攻の場合、既習者しか採りません。高校で日本語を習っていた学生を採るんです。その基準としては、高校の日本語の成績が1割とその他の科目。で、日本語の科目は統一試験がありまして、来年は日本語のこのテストの成績も1割含まれることになっています。高校の日本語教育の信頼性があまり問題になってないのは統一試験があるからです。統一試験のことはまたあとで触れます。

大学院入試の資格としては、日本語専攻か1級を持っている人です。ただ、日本語専攻と言っても、大学によって差があります。ですからまた別に日本語の試験を作らなければなりません。1級に合格した人でも部分的に駄目なところがありますので、書く試験を作らなければならないんです。要約文を書かせる等です。

本論に入る前に、スタンダードと学習者の距離について考えたいと思います。学習者の母語により、距離が異なっていると思います。昨日、いい発表を聞く機会を得ました。一橋大学の三枝令子先生の発表にテストについての話がありました。不公平なテストを作ってはいけないというような話ですね。もちろん学習者の母語によって有利不利ということがありますけれど、それを少なくするように試験を作る人は考えなければならないと思います。距離は多様で、複雑です。中国人の場合は漢字圏に入りますけれど、昨日の三枝先生の発表では韓国人は漢字圏ではないということで、別な発表で海保先生の分類では、ベトナム語話者は漢字圏ではないが、類縁語彙使用者だという言葉を使ってらっしゃいますね。もしかしたら韓国母語話者は類縁語彙

使用者に属するのかもしれません。また、学生の学習文化にも影響があると思います。不公平なテストを作らない工夫として、DIF分析（所属集団の違いによって、特定の項目への正答率に差が観察されるとき、その項目はDefferent Item Functioningを持つといい、そこに注目した分析のこと。）を使って問題のある項目を検討する必要があるということを伺いました。

　このフォーラムでわたしに与えられたトピックは、日本国外においてのスタンダードの意味、異なる教育現場において取り扱う到達目標とその評価、それとタイの現場の話です。日本国外においての意味はいろいろあります。また試験に結びついてますけど、スタンダードとは能力試験の合格を意味するということです。これは人生にかかわる大事な事件です。留学できるかどうか、奨学金をもらえるかどうか、進学できるかどうか。会社の場合は就職できるかどうか、また特別な手当てが出るかどうか。能力試験に合格した人にはJALとか日系企業の中で手当てが出ます。能力試験のもう1つの特徴は、日本国内と国外の学習者数を比べると国外の方が多いということです。学習者の実際の数字が今手元にないんですけれども、能力試験の受験者数は、1984年、最初の実施のときも国外の方が多いですね。わたしもこの中の1人でした。2007年も圧倒的に国外の受験者が多いです。それから、2010年に能力試験が変わります。模擬試験は海外でもするかどうかよく知らないんですが、日本国内は絶対あると聞いてます。しかし、これは民主主義から言いますと、必ず国外でも模擬試験をやらなければならないと思います。ただ、どの地域でやるか考えなければならないと思います。また予備試験によって、不公平なテストをなくすことができると考えられます。

　異なる教育現場において取り扱う目標とその評価ですが、日本語能力試験は話す能力を無視してるのではないでしょうか。大学生の頃、ドイツの能力試験を受けたことがあります。当時、20年以上前ですけれども、会話のテストがありました。それから海外の場合は日本語の使用量の少ない環境なので、日本での教育と全く同じ到達目標は無理な部分があるのではないかと思います。また、習慣の違いを考慮することも大事です。もちろん、試験の中で文化習慣の能力を測るのはいいんですけれど、学習者の母語、習慣の違い

が原因で不正解になる可能性もあって、そういうのはいい試験ではないとわたしは思います。作った人の名前は普通出さないんですけれど、透明性を保つという意味で、ある程度の年数が経ってから公開する必要があるのではないかと思います。その問題がいい問題か、だれが作ったか、問題はだれが作ったか。それから人生にかかわる問題ですから、場合によっては告訴できる。もし告訴できる体制が整えば人権を重視することにもなると思います。昨日のメルボルン大学の中根先生の発表の中で、日本の裁判ですね、人権を無視する部分があるということでした。外国人が犯罪を起こすと通訳がつかない場合があります。ついても証言だけしか翻訳してくれなくて、本当の人権保護のためには、裁判の全過程で通訳しなければならないというふうに伺いました。

　国外の対応で、タイより進んでいる韓国の話に少し触れたいです。韓国では評価院という機関がありまして、韓国の日本語教員採用試験やいろいろな高校の試験を作っているという話を伺いました。韓国が評価を担当する機関を設立したことは他の国の参考例にもなると思います。

　タイの話に入ります。高校の場合ですね、時間の関係であまり詳しく話せませんけれど、10年ぐらい前から大学に入るための日本語の入学試験が始まりまして、来年試験の名前と担当者が代わります。最初作ったときあまり作り方が分からないと本人が言っていましたけれど、国際交流基金の援助で研修があったりして、ある程度上手になりました。これは2006年の試験問題の一部です。主に英語の試験と同じやり方で、読解が多いそうです。

　うちの大学の作文教育の話に入りますと、タイの場合非漢字圏の学習者の扱いになります。Can-Do Statements は今年の3月の日本語講座の合宿でこういうものを作ったんです。さっき伊東先生のお話にあった外語大の「書く」の Can-Do Statements には漢字はありますでしょうか。うちの場合は1年生の漢字、2年生、3年生、4年生というように記述されていますが、まだ作文教育の分しかできていないんです。まだ他の技能は Can-Do Statements はできていない。

最後にまとめますが、これからスタンダードを考えるときに、学習者の立場から有利不利を考える必要があるのではないかと思います。それから海外の日本語教育の存在があまり意識されていないように感じております。日本語教育は日本だけでの教育でもなく、国際交流基金の、また日本語教育学会だけのものでもない。それから、例えばさっき介護士の話が出てまして、この人たちの合格基準を決めるとき、老人ホームのおじいさん、おばあさんの判断も配慮しなければならないんじゃないかと思いました。

　以上、簡単ですが終わります。

5.　登壇者：嘉数勝美「いろいろな学習者のために」

　伊東：はい、ウォラウットさん、どうもありがとうございました。特にタイの事情ですと、日本語能力試験の位置付けが大きいので、そのことが１つのスタンダード的な役割とか影響をかなり与えているのかなというような印象を持ちました。どうもありがとうございました。それでは再度、嘉数さん、お願いします。で、嘉数さんにはですね、基調講演に引き続いて、今のわたしたち３人の話を踏まえた上でお話いただきたいと思います。お願いします。

　嘉数：今３人の話を聞いていて、ウォラウットさんが「国際交流基金」を訴えるぞ、という雰囲気があったので、ちょっとびっくりしたんですけど、決して基金はそんな悪いことはしようと思っていませんし、わたしとしてはできるだけ公平に能力試験を設計をしたい、設計をし直したいと考えています。国際裁判所に引きずられて行かないようにしたいと思います。民主的にやるって言うことは、本当に重要だと思いますね。

　やっぱりそのスタンダードというのは、本当に唯一絶対のものではなくて、さっき伊東先生のお話にあったように、インターナショナルなもの、それからナショナルなもの、それからインハウスなものがあっていいと思うんですね。僕も、さっきはそういう言い方をしませんでしたけれど、言いた

かったことは、国際交流基金が作るスタンダードは、いわゆるインターナショナルでもあるし、あるいは国際交流基金のものという意味でインハウスでもあるし、あるいは国際交流基金のやっている日本語教育のノウハウを国内の日本語教育にどう整備し役立てようかという意味では、ナショナルなスタンダードでもあるわけですね。ただし、あくまでもそれはまず大枠の外部指針、さっきから僕は外部指針、内部指針という言い方を使っていますが、外部指針として大枠をわたしたち基金は提供する。これは、ある意味で、できるだけ広い部分をカバーしていくということですね。ですから、このCEFRにあるような、部分だけではないと思うんです。CEFRにはCEFRの側の理念があって、こういった領域を作っていますし、こういったレベル表の設定をしていますが、いずれにしても日本語にもこういう領域はあるわけですけれども、僕たちはできる限り広い、いろんな対象、さっき奥田先生も、それからウォラウットさんもおっしゃったように、いろんな学習者を中心としたスタンダードでなきゃいけないということは、肝に銘じています。本当に、そこは先生のためだけではない、要するに、先生は努力をすればいいんです。それが商売ですから。学習者には、やっぱりできる限り共通する標準をちゃんと示していかないと分からない。学習者の心理的な、あるいは物理的な障害になるようなスタンダードではいけないというところで、できる限り広くスタンダードを作っていくという発想をしています。

　で、これはCEFRの、さっきから僕、CEFR、CEFRと言っていますが、元々はCEFって呼ばれてたんですね、導入の当時は。ところが、一番大事なことは、つまりR、"reference"、「参照する」という観点が一番重要なので、そのあとからCEFRと言うようになったんです。実は、吉島さんというCEFRの翻訳をした先生から、「お前が悪い」と僕は1度怒られたことがあるんですね。「お前たち基金が言い出してから、CEFRとなってしまった」みたいな。そんなわけはないんですが、みんながそういう言い出したのは、やっぱり、Rが重要だとういうことなんですね。"reference"をすること、参照すること、つまり強制じゃないんです。

　それで、このようにいろいろと場面がありますよね。いろんな私的領域、

例えばこう、いろんなコンテクストがあったり、あるいはカテゴリーがあったりしますね。でも、ヨーロッパだって全部は当てはまらないんですよ。ヨーロッパの全部が共通で、全部がこの枠にはまるということはないんです。やっぱり、いろいろな宗教がある、社会がある、あるいは社会階層、社会システムが違う、政治が違う、経済システムが違うなど、当然人間関係の作り方も違うということがあれば、当然このマトリックスは完全に共通ではないというわけです。だから、実はCEFR自身も大きな外部指標なんですね。ヨーロッパの中の外部指標として大枠を作っているけど、しかしCEFRを個々に導入する国は、個々の社会事情、あるいは言語事情、あるいは学習事情に応じてこのマトリックスを少しずつ変えていっているんです。そこは、CEFRで絶対強制はしないんですね。そこは重要なところで、ですから日本語教育も同じように、日本語教育スタンダードもCEFRのマトリックスを参照はしますが、やっぱり途中で言ったように、日本語の中のやりもらい表現とか、あるいは待遇表現とか、やはり日本社会の持っている特殊なものや文化的なものがありますよね。そういったものの、やっぱり見極めが非常に大事だろうと、そこはしっかりと、CEFRに引きずられないようにやっていきたいと思っています。

　それから、まさにこれがそうですね。「～ができる」と言いますけども、やっぱり、これはあくまでも標準的な、あるいは言ってみれば概念、あるいは抽象的な言い方なんですね。あるいは、数学的に言えば最小公倍数とか最大公約数なんですね。ですから、これが当てはまる場合もあるし、当てはまらない場合もあるし、「大体こんなことができればいいんですよ」っていう感じのものだというふうに思って欲しいと思います。

　で、実は日本語教育スタンダードといわゆるCan-Do Statementsの関係ですが、日本語教育スタンダードもCan-Do Statementsを非常に重視しています。これを中心に考えています。それから能力試験もCan-Do Statementsを中心にした改定をしていきます。両者で違うことは、Can-Do Statements自体の使われ方が違うんです。何が違うかというと、日本語教育スタンダードのCan-Do Statementsは目標なんです。目標の指標として使うんです。しか

し、能力試験の Can-Do Statements は、いま受験者が最低限どこまでの力があるかっていう、いわば最低限のレベルを測る基準なんですね。そこが日本語教育スタンダードとは違うところなんです。同じ Can-Do Statements でも、やっぱりその使われ方が、いわゆる教育目標として設計するのか記述するのかと、それから能力がそこまで達しているかいないかという判断をする記述とするのか、やっぱり意味が違うんですね。ですから、同じ Can-Do Statements といっても、基本的にはそういった大きな違いがあります。とはいっても、全く違うわけでもないので、双方のできるだけの共通点を抜き出して日本語の Can-Do Statements の一般化をしたいというふうに思っているんですね。

　で、いままでの日本語能力試験ではさっきの繰り返しになりますけれども、標準学習時間と標準的な習得語彙数、漢字数で大体レベルが4級だ、3級だというふうに言われていたんですね。でも、例えば2級、3級だって随分違いますよね。標準時間でも2倍になっているし、漢字の語彙数だけでもこれだけでもう約3倍以上、それからもっと細かいこと言いますと、やっぱり4倍近いですよね。といったことがあって、物凄く開きがあったんです。「ここの差を何とかしてほしい」という指摘は昔からありました。で、実際3級は取ったけど、2級に行くまでにステップがあまりにも高い、差が大きすぎるからそこを何とかしてくれないとモチベーションが保てないというふうなことがあって、結局はここを越えられる人と越えられない人がいたわけで、そこからもう完全に二分化してしまったわけですね。それでは articulation の方が切れちゃうんですね。一貫性が切れちゃうんです。そこは、やっぱりもったいないというので、切れているというのは、言ってみれば能力試験の今の構成、設計が不完全だ、残念ながら当事者側の自分が言うのもおかしいんですが、不完全だということは否めないですね。ですから、よりその一貫性のある、それから段階がうまく計画的にと言うか、規則的にいくような段階に、レベルにしていくべきだ。そこでさっき言ったこれですね、新しいレベル。この4レベルから5レベルに変えていった。実は、この N1 から N5、N5 から N1 が、現行の4レベル、4級、3級、2級、1級とどう対応するんだ、と。実は、まだはっきりと明示できない状況です。ただ、大体言え

ることは、N5 が 4 級ですね。それから N4 が 3 級です。そして実は、N3 というのは、これは新しい級なんです。つまり、さっき申し上げた中間と言うか間隙が、この大きな隙間を埋める部分、そこが N3 ですね。そして、N2 が現在の 2 級に相当するということになります。そして、N1 は当然、現在の 1 級なんですが、実は本当は 1 級と言っても 2 級に近い 1 級と、1 級中の 1 級という人とあるんです。そこで、やはり実際には問題自体で 1 級の上を測れる、つまり今のよりは新しい、CEFR で言えば C2 を測れるようなものを実は N1 の中に問題として組み込んでいこうとも思っているんですね。そういう設計をいましています。そこが、大きく変わるところなんですね。そこで、さきほどもう 1 つ言わなかったことですが、能力試験が 2010 年からこのような設計に変わります。それから Can-Do Statements も、一応参考値として、得点と、レベルの判定プラス Can-Do Statements を紹介できるようにして、「あなたは何点取った。何級で、一応試験は合格しましたよ。」で、「その点数をお持ちの人の Can-Do Statements はこうなんですよ」というふうに、そういった参考値も一緒に付与しようと思っています。

では、何で Can-Do Statements を能力試験に導入するのかといえば、そもそも論でいきますと、スタンダードも一緒なんですが、要するに従来の知識を問う試験ではなくて、課題遂行能力とそのためのコミュニケーション能力を測る試験にしたいというのが、能力試験の改定なのです。一方で、スタンダードは課題遂行能力にプラス異文化理解能力と、ちょっと違うんですが、やっぱり異文化理解能力というのが、ある意味では、コミュニケーション能力の基礎となるという考え方から CDS、Can-Do Statements を使うわけですね。その辺の違いがありますので、ご注意ください。

それから、もっと大事なことを言わなかったんですが、試験が新しくなる前に、試験が年 2 回行われます。これは、さっきもウォラウットさんから生活に影響してくる、命にかかわるんだという話があったように、能力試験、いま国内外で受験者が 60 万人規模になっています。でも、そのうちの半分以上が中国の受験者です。国内も、中国の人の受験が圧倒的に多いんです。つまり、まさに学校に行こうが就職のためであろうが、生活にかかわってい

る、命にかかわっている、人生を決めるっていうのは本当にそうなんです。で、その意味で、わたしたちは年に1回の試験だけではモチベーションを下げてしまうし、実際、1点の差で落ちてしまったら来年まで指をくわえて待つわけですよね。そんなことはかわいそうだし、申し訳ないと思います。できる限り早く複数回試験をしてくれというのは、やはり政治家からも要請がきました。その意味で、一番受益者が多い、中国、韓国、中国には香港も入ります、そして台湾も入りますが、その5か所では来年、2009年から試験を2回します。しかし、試験は2回といっても、2回とも同じ試験じゃありません。12月には全級を試験しますが、実は2回分の1回目は、7月にします。これは、一番受験者が多い、つまり複数回化をしなければいけないという最も強い需要があった1級、2級を中心にやっていきたいと思っています。もちろん、将来的にはこれが新しい試験になったらば、全級できるように、全レベルできるような体制をいま作っていますが、ここはなかなかすぐにはできません。そして、新しい試験は2010年から始まりますが、このときはもう最初から2回化します。7月と12月にします。ただ、やはりさっきのことを繰り返しますけれども、全級試験ができるかどうかは、まだまだ微妙な部分があります。できる限り、新試験の初めから全級試験にしたいとは思っていますが。そして、そのための試行としては、Can-Do Statementsの検証も含め、それからスタンダードのレベル設定も含めて、必ず予備試験をする、あるいはモニター試験をするということをやっています。タイでもモニター試験を確かこの間やったんじゃなかったかな、と思いますよ。やはり、受験者の層とか受験者の数とか、その辺も見極めてモニター試験をして、つまり全級のいろんなモニター結果を採りたい、できるだけサンプル数が多い方がいいので、多様なサンプルを採るためにいくつか特徴のある地域を選んでモニター試験をしたいと思っております。

　それからもう1つ大事なことは、能力試験が変わると同時に、得点(問題)の等化、等化っていうのはequatingですね。つまり、だれがいつ受けてもこの試験が同じレベルを保っている設計をしなければいけない。つまり、2回あれば2回とも同じ問題を出すわけにはいきませんから、違う問題を出さなきゃいけないわけです。大学受験によくありますよね、去年は難しかっ

けど、今年は易しかったというのが。こういうことが起こっては能力標準の客観的な評価になりませんから、そこは equate する、等化をするということで、実は非常に苦労をしているのです。やっぱり、equate するためには問題をたくさん作る必要がありますね。で、そのためには何をしなければいけないかというと、もちろん科学的な検証もします。それから、TOEFL や TOEIC といったものとの検証と言うか、参照もします。もう1つは、同じように参照するのは、試験問題を非公開にすることです。いまのように公開してしまうと、折角いい問題でも使えなくなっちゃう。で、どんな問題を使ったか、それはみんな秘密と言うか、秘密を探ろうとする人はたくさんいますから、いればいいんですけど、我々としては、問題は非公開にしなければいけない。そうすることによって、よりいい問題を継続的に、あるいは、もちろんシャッフルしますけど、使い分ける。それによって、やっぱり複数回化するようなことにしていきたいと思っています。そういったことも、能力試験の新しいこととしていま行われています。

　最後になりますが、僕はアルクの回し者じゃないんですけど、アルクの『月刊　日本語』で、少し前ですけど、国際交流基金の日本語教育スタンダードと日本語能力試験の改定ということで、3回のシリーズで特集をしました。僕自身も最後にまとめてしゃべっていますが、このバックナンバーを見ていただくと、国際交流基金がいままでやってきたこと、いまやろうとしていること、これからどうなるかっていうのが、スタンダードについても能力試験についてもよく分かりますので、もちろん僕の今日の説明で分かっていただければ幸いなんですが、時間も限られていましたし、十分な資料もなかったきらいもありますから、是非お時間があったら見ていただければと思います。これはですね、アルクの『月刊　日本語』の 2008 年の、つまり今年の 4、5、6 月でやりましたから、それを是非見ていただければと思います。

　とりあえず、わたしは後でまた、皆さんからいまの話を踏まえたり、あるいは他のお三方の話を照らし合わせたりして、「さあ、国際交流基金、どうするんだ」というきつい質問があったらお答えしようと思います。とりあえずは、これで終わります。ありがとうございました。

6. 質疑応答

伊東：嘉数さん、どうもありがとうございました。基調講演のあと、また登壇いただきました。では、わたしたちの今の話を受けて多分いろいろと感じられたと思いますので、皆さんからご質問を受けたいと思います。マイクをご用意しておりますので、どうぞ。いかがでしょうか。

質問者1：新しい能力試験には「課題遂行能力以外に異文化理解能力が加わっている」ということに関してもう少し具体的に説明していただきたい。

嘉数：異文化能力を測るのは、実は難しいですよね、言葉では簡単ですけど。ですから、僕たちもいま悩んでいます。悩んでいますけどやっぱり、実際に問題を作る、あるいはテキストを作る、あるいはCan-Do Statements自体を記述する場合に、文化的な日本の背景や社会とか、あるいは日本人の価値観とか社会的な構造であるとか、そういったものが分かりやすいような、それが自然と入るような、あるいはそれがコンテクストとして使えるようなものを工夫していきたいと思います。いまは、その程度しか考えていないんです。あまり異文化能力を強調しすぎると、今度はステレオタイプになってしまって、学習者にとっては逆効果だというところがあって、その辺の判断はかなり難しい部分ですね。いま、うちのスタッフや専門家たちが頭を悩ませています。実は、スタンダードの基本理念が、「相互理解のための日本語」ということをうたっていますから、そのためには、やはり日本人を理解してもらう、日本語の特徴を理解してもらうというところでは、そういった文化的な要素、異文化理解要素は避けて通れないのです。いや、避けるのではなくて、入れなければいけないという観点から考えています。

質問者1：異文化間教育の分野で異文化間能力をabilityではなく、competencyとして捉えるという議論があるように、能力試験においても単なる知識としての異文化能力ではなく、competencyという部分を是非考慮に入れていただきたい。

嘉数：いまおっしゃった通りのことを、うちの専門家も言っています。わたしもそう思いますので、そこは抜かりなくやっていきたいと思っております。ありがとうございました。

質問者2：異文化間能力に対しては独立したものとして出題するのか。それとも、言語の使用に反映された社会言語学的な能力を問うのか。

嘉数：大雑把に言うと、やっぱり社会言語学的な能力と社会言語的な理解力を測らなければいけないし、やっぱり文化というのは、言語あるいは社会と別々にあるわけではありませんからね。語彙にしても、言い回しにしても、あるいはその使い分けや選択にしても社会的なコンテクスト、あるいは文化的コンテクストは確実にありますよね。ですから、そこをどうやって組み合わせるかというのが、実はまた繰り返しになりますが、あまりそこを強調すると、やはりステレオタイプと言うか、「日本人はこうだよ、日本語のこの部分はこうなんだよ」というふうに限定的になってしまうという恐れもあるから、そこは本当に斟酌をしなければならない重要な部分と思っています。

質問者3：指導としてのスタンダードよりも、恐らく香港では日本語能力試験の改定の方が大きく現場に影響を与えると思われる。しかし、たとえCan-Do Statementsの記述があっても、それにあわせて必要な語彙や文型に集中して教えることになれば、結局は同じことが現場で行われてしまうのではないか。

伊東：私も多少新試験にかかわっているので申し上げますと、やはりそこが一番難しいところですね。私たちは従来のような出題基準は新試験では出さないという方向でおります。その1つの理由はそれを出すことによって、やはり語彙数だとか、あるいは漢字の数に惑わされることを極力避けたいという事情がありますので、出さない方向でおりますけれども、現場の先生方には「欲しい」という意見があるのでこれは今後の大きな課題です。全世界で行う試験ですので、試験には必ず制約があります。できることとできないこと、その制約の中でどれだけ課題遂行能力を測定するかがわたしたちに課せ

られた大きな問題で、それがどれだけ可能か、これは私たちにとっても挑戦であるとご理解いただきたいと思います。よろしいですか。

質問者3：とてもよく賛同できるが、今「JLPTが変わるんだからそれに合わせてカリキュラムを変えていこう」という話をしても、「しかし今後のことはよく分からないんだから、とりあえず過去問を分析しなおしてコースを作っていくしかないじゃないか」という考えが優勢になるのではないか。問題を公開しない、または基準を明らかにしないという方針が、逆に過去問研究への執着を招く恐れもあると思う。

伊東：まだ問題を作成している段階なので、恐らく最初の1年、2年に関しては、私たちが口で言うよりも実際の試験をご覧になり、傾向をつかんでいただくことが重要かと思います。これから2、3年は過渡期だとご理解いただきたいと思います。そういう意味ではパラダイムシフトとはいかないかもしれないけれども、テストの影響で、教育上いろんな形で対応することは避けられないと思いますね。本当に影響力の大きいテストになっていますので。

嘉数：鋭い質問で、グサっときました。でもおっしゃる通りで、いま伊東先生にお答えいただいたこととあわせてもう1つ。突然変わって「さあ経験しろ」だけじゃ酷いので、一応試験が変わる最短でも1年前には、ガイドブック、つまり新しい試験はこういうふうな構成になり、こういうふうな概念で改定されます、というガイドブックを必ず出します。そうしないと、やはり試験がどう変わるかというのが分からない、右往左往しつつするのは、さっきおっしゃったように学習者にとってだけじゃなくて、もちろん先生にとっても非常な負担になってしまいますから、そういうことがないようにしていきたいと思っております。

質問者4：東京外大のスタンダードはstudyという領域に焦点を当てて構築したということだが、日常生活の日本語はどのように教えていくのか、または教えないのか。

伊東：もちろん、日本で生活している以上、ただ勉強のための日本語だけでは目標を達成できませんけれども、生活の中で結構、自然習得する部分もあるので、そういう意味でわたしたちはあえて生活部分をいわゆる学習領域から外しました。ただ、こうすると、何をゴールに的を絞ったらいいかがぼやけてしまうんですね。で、無視はしないけれども、生活レベルでの日本語はアカデミックな日本語よりもある意味では易しいっていうことと、必然性があって獲得していく日本語であるからあえて教室場面で、というふうには考えませんでした。そのことが海外と日本国内の日本語教育の違いだと思います。一番申し上げたかったのは、やはりスタンダーズやヨーロッパ参照枠を参考にすることはいいと思いますけれども、皆さんの教育機関で、「わたしたちの教育理念は何なのか、目標は何なのか、そのために日々の実践をどうして行くのか、そして結果としての評価をどうするか」ということを議論していただきたい。で、その議論を通してみんなで教育目標を共有化する、そして質の高い教育を実現するという形でのスタンダードを構築していただくことが重要かなと思います。ヨーロッパフレームワークもすごくよくできたものですけれども、あの表面的な Can-Do Statements だけを取り入れても果たしてわたしたちの教育理念だとか、教育の根本的な思いを実現できるかどうか、借り物であってはいけないので、是非自分たちで構築できたらいいと思っております。

　では、最後にパネリストにこのフォーラムのメッセージとして、ひと言ずつお願いします。奥田さんの方からどうぞ。

奥田：スタンダードの構築に関してのメッセージということですけれども、これまで私たち日本語学校側は、皆さんの、つまり香港の学生さんの単なる受け入れ先という存在であったと思います。ほとんどそこには協働も連携もありませんでした。教育の内容や方法、目標や評価を一緒に考えたり情報交換をしたりしてきたかというと、そのようなことはほとんどありませんでした。というより、皆無だったと思います。先程、協働と民主化、教師のパラダイムシフトというようなことを申し上げましたけれども、現状をスタンダードの構築と絡めて考えると、例えばこのフォーラムを1つのチャンスとして、たとえ小さなグループでもいいから、まず、話し合うことを始めたら

どうかと思います。今まで橋が架かっていなかったところに、このフォーラムを縁に橋を架けることを始められたらいいなと思います。以上です。ありがとうございました。

ウォラウット：話を聞いていて、よく分からない部分がどんどん出てきました。例えば日本語能力試験が非公開になるということですね。去年の試験の後まだ1週間経たないうちに、うちの学生が試験問題を持ってきたんですね。中国のウェブサイトに載っていると。非公開になりますとどのサイトが正確かを問題にして騒ぐ人も出てくるかもしれません。また基金の対応はどのようにするか。やっぱり中国の力はすごいなあと思った次第です。

嘉数：ある意味では、日本語教育スタンダードを作ること、それから能力試験の改定、これは本当にパラダイムの転換だと、僕は思っているんですね。これは日本のためというか、僕たち関係者だけじゃなくて、特にこれから日本に入ってくる外国人の人、いずれは日本人になるだろう人、あるいは日本人にならなくても一緒に暮らしていく人たちと、やはり日本語で、少なくともいま日本は、残念ながらまだ多言語社会じゃありませんし、日本語で暮らさなきゃいけない状況ですから。こういう状況で、より日本語が使いやすい、あるいはちょっと変な日本語でもちゃんと使っていいんだ、受け入れるんだっていう環境を作るためにも、実はいろんな意味の国際的な基準とか、国際的な潮流を反映した日本語教育スタンダードを作って、政府の関係者、特に政治家なんかにパラダイムを転換してほしいと思っているんですね。それから個人的な立場から言えば、ウォラウットさんの言うように、訴えられないように民主的に作っていきたいとも思っています。まさに国際交流基金が目指している日本語教育スタンダードの「相互理解のための日本語」という、その基本がやっぱり人権意識だと思います。とりわけ、国際社会は人権意識がなければ何事も問題になるというところで、できる限り裁判に、法廷に呼ばれないように、仲間にも叱咤激励をして作業を進めたいと思っています。どうもありがとうございました。

伊東：どうもありがとうございました。それではこれをもってフォーラムの

方を終わらせていただきたいと思いますが、今回このような貴重な機会を与えてくださった主催者の皆さんに心からお礼申し上げたいと思います。そして登壇した3名の方にももう1度熱い拍手でお礼を申し上げたいと思います。どうもありがとうございました。

日本語教育スタンダードをめぐる議論を終えて

東京外国語大学
伊東　祐郎

1. はじめに

　本フォーラムは、日本語教育スタンダードの構築とスタンダードが教育現場に与える影響や効果等について、実践にたずさわる者が意見交換を行う目的で企画された。国や組織など異なる立場にいる実践者がこのフォーラムで意見交換をして、今注目されつつある「日本語教育スタンダード」の役割と機能について多面的に考察する機会となった。

　スタンダードと称されるものは、異なる名称である「ガイドライン」「フレームワーク」「ベンチマーク」なども含んでいる。例えば、米国においては、"ESL Standards for Pre-K-12 Students"、"Standards for Foreign Language Learning"、"The ACTFL (American Council on the Teaching of Foreign Languages：アメリカ外国語教育協議会) Performance Guidelines for K-12 Learners" があり、カナダにおいては、"Canadian Language Benchmarks"（以下「CLB」）がある。欧州においては、欧州評議会が作成した「ヨーロッパ共通参照枠」"Common European Framework of References for Language: Learning, teaching, assessment"（以下「CEFR」）がよく知られている。なぜ今スタンダードが注目を浴びているのか。そして、スタンダードは、外国語教育において、どのような役割と機能を担っているのか。それらを理解することは、今後の外国語教育のあり方を検討する上でも意義のあることであると考えたい。

　本フォーラムでは次に示すような議題を中心に議論が進行した。
　　○　日本語教育スタンダードとCEFRの共通点と相違点は何か。
　　○　日本語教育スタンダードは日本国外においてどんな意味を持つのか。

- 日本語教育スタンダードは日本語能力試験 (JLPT) にどう影響するのか。
- 大学教育、中等教育、そして一般日本語教育というような指導対象の異なる教育現場において、到達目標や評価の差を日本語教育スタンダードではどう取り扱うのか。
- 日本国内外の教育機関での実践、その取り組みと現場における課題は何か。

以下では、上記の議題に対する解説となるようなフォーラムの総括を試みる。

2. 日本語教育スタンダードと CEFR の共通点と相違点は何か。また、日本語教育スタンダードは日本国外においてどんな意味を持つのか。

この2つの議題に対しては、各国のスタンダード開発における背景と Can-Do Statements（言語能力記述文）が持つ教育的な意味という2項目を再考することによって、解説を進めていきたい。

2.1. CEFR をはじめとする各国のスタンダード開発における背景

CEFR が誕生した経緯には、欧州における EU 統合という動きの中での、現代語教育システムの統一が背景にある。複言語主義 (plurilingualism) に基づく欧州社会の実現を目指して、言語と文化背景の異なる市民の国境を越えた移動にともなう相互理解や共同作業などを円滑に推進することが期待されていたのである。そのために外国語学習と教授法、そして運用力評価を研究対象として、コミュニケーション能力を質的に改善することと、言語教育にかかわる政策面での整備・統合を実現する必要があった。具体的には学習者の学習ニーズ、学習動機、学習内容、学習目標などを包括的に捉え、それらを明示し、言語教育に従事する教師や学習者をはじめ、教育行政関係者、教科書出版社、試験問題作成者などに対して一般性を持たせようとしたのである。ヨーロッパ言語を対象に策定された CEFR ではあるが、教育・学習の

指針としては日本語の置かれた現況においても応用可能である。しかし、当然ながら、CEFR には含まれていない日本語特有の項目がある。たとえば、待遇表現に代表されるような、日本の社会・文化的な特殊性が言語使用に反映された場合の運用能力や、仮名や漢字などの文字・表記については、日本語教育スタンダードでの記載を要する。

　一方、米国の ACTFL（前出）が中心になって開発された外国語の全米標準（National Standards）は、教育改革の一環として学校における外国語教育の目標を明確化し、教育内容やアプローチのあり方を示すものとなっている。そして移民の国カナダにおいて開発された、Center for Canadian Language Benchmarks の CLB（前出）では、言語運用力を段階的に示しているので、英語教師のカリキュラムの策定や評価方法の指針となっている。また、雇用者が移民を採用しようとする際には、標準で示されている言語能力基準を参考にして、移民の言語能力の判定や評価を行うよう奨励されているのである。これら外国で開発された言語指標の社会的背景や教育的意味は、グローバル化における日本語の現在と将来とを客観的に認識する際にも、重ね合わせることができる。

　上記のスタンダードは、国という国境を越えて開発された「インターナショナル（International Standards）」なものから、国内の言語政策と深くかかわりのある「ナショナル（National Standards）」なものとに分けて考えることができる。また、教育機関内部での使用を目的として作られる、インハウス的なスタンダードが存在する可能性もある。スタンダードは開発の目的や使用範囲などの違いから、多様な機能を有すものであると言えよう。外部指標・内部指標というスタンダードの活用特性を考えると、日本語教育スタンダードが持つ参照枠としての意味も、国内・国外を問わず、個々の教育機関によって柔軟な姿勢のもとに捉える必要があるだろう。

2.2. Can-Do Statements の教育的な意味

　次に、CEFR の主軸となり、かつ日本語教育関係者の間で注目されている Can-Do Statements の教育的な意味に焦点を絞って考えてみたいと思う。欧米各国において実現化されているスタンダードを概観してみると、どのスタンダードにも言語能力を段階的に記述する試みがみられる。学習者の言語

能力については、文法能力・語彙能力・発音能力などを細分化して捉えるのではなく、コミュニケーションを機能させる要素を総体的な視点から捉えている。このような傾向の背景には、最近のコミュニケーション活動への興味・関心の高まりとそれらから影響を受けた言語能力の特性の捉え方の変化があると考えられる。これまでの言語知識や言語能力観は、多くの研究者によっていくつかのモデルが提示されてきている。しかしながら、そのほとんどが言語を内的現象とみなす概念的な理論や心理学的な記述を中心に提唱されてきたものであって、決して言語が使用される場面や状況、また社会文化的な要因と関連づけられたものではなかった。その一方で、言語能力の構成概念を外的な社会的機能に焦点を当てて、現実的でより観察可能なものとして捉えようとする取り組みが継続的になされてきたことは注目に値する。Can-Do Statements は、社会学的な観点から新たなコミュニケーション能力のモデルを提示し、教育の方法や評価のあり方への枠組みに新たな解釈の基礎を提供しようとしているのである。

　Can-Do Statements は、コミュニケーション活動にかかわる能力が言語化されたものである。学習者にとっては達成すべき目標が明確になっている。教育者にとっては、言語行動と言語学習に一貫性を持たせられる教育目標の設定が可能で、教育内容と整合させた評価が実現できる。また、テスト開発者にとっては、テスト課題の内容と形式を特定化しやすく、コミュニケーション活動に対する評価の結果の記述が容易になる。このように Can-Do Statements は、これまでの言語運用力を数値ではなく、具体的な運用力の実情と照らし合わせて評価することを可能にしたのである。

　Can-Do Statements の機能をまとめると次のようになる。

① 学習者自らが自分自身の該当する能力レベルと目標言語を使って何ができるか具体的な中身についても把握できるチェックリストとしての機能。
② 診断的試験の開発とともに、言語活動を基本にしたカリキュラム、教材の開発にかかわる基盤としての機能。
③ 外国語の訓練および企業の人材採用にかかわる人々にとって役立つ、活動ベースの言語学的調査を実施する手段としての機能。
④ 異なる外国語間での能力の枠組みを比較検討したり、同じ状況下に存在

する、教育や教材の目的や内容を比較したりする手段としての機能。
⑤外国語学習者への指導や試験にかかわる者に対して、実用的な情報や資料を提供する機能。
⑥試験結果を活用しようとする者が、あるレベルでの試験の認定証の意味をよりわかりやすく解釈できる機能。
⑦日本語学習者が異なる教育機関で継続して学習する場合、学習の接続を有機的なものにし、効率のよい継続学習が実現できる機能。
⑧研修や人事管理にかかわる人にとって、職務内容にかかわる職能を策定する際に、また、新しい職務について外国語能力の必要条件を特定する際の参考情報として活用できる機能。

このような機能に注目して、日本で実施されている言語テストでは、Can-Do Statements を前面に出して、自らの能力判定と得点の解釈が容易に行えるようになっている。大規模テストである TOEFL (Test of English as a Foreign Language) や TOEIC (Test of English for International Communication)、PhonePass (電話で受ける口頭英語テスト、現在は、Versant と呼ばれている)、BJT ビジネス日本語能力テストなどにおいては、得点とともにそれぞれの得点に対応した言語運用力が記述され、受験者は自らの能力水準を理解できるようになっているのである。

Can-Do Statements は、国内・国外を問わず日本語教育実践の場において、(1) 話す・書くという表現活動、および、教師あるいは学習者自身による継続評価に関する到達度基準の記述による学習目標の具現化、(2) テスト項目の内容の特定化・詳細化による評価対象の明確化、(3) 現存のテストにおける熟達度レベルの記述による国際比較や相互認定の実現化、などに少なからず影響を与え、教育関係者の教育実践の見直しの機会をも与えてくれる。

3. 日本語教育スタンダードは日本語能力試験 (JLPT) にどう影響するのか。

日本語能力試験は、非日本語母語話者の日本語能力を測定し、認定することを目的として開発、実施されている試験である。問題項目作成者の参考の

ために作られた「出題基準」ならびに受験生向け「認定基準」は、既に日本語学習者および日本語教育関係者に対して日本語教育の全般的な指針となっていて、教育内容やカリキュラムの策定に少なからず影響を与えている。今では、大規模テストとしては、かなりの影響力を持つ試験として存在しているのである。近い将来、日本語能力試験はこれまでの4段階から5段階レベルの設定になり、名称も1級～4級という呼び方からN1～N5と変わることになっている。それと共に、得点解釈に付加価値を与えるためにCan-Do Statementsが併記される予定である。新たな機能を有した、いわゆる「スタンダード」として進化することが期待される。

　前述のように、最近のテスト開発では、その基盤となる言語能力観、または理論が妥当であるかどうかを検証する傾向が強まっている。妥当性の根拠を示すためにも、またテストの妥当性を高める試みとしても、言語能力を構成する概念を検討することは重要なことである。テスト結果がテスト作成の基盤となった言語能力観、理論と一致するかどうかを証明し、テスト得点を適切に解釈するための手段を提供することは、テストに付加価値を与え、一般社会のテスト利用者である受験者や結果の使用者などに対して有用性を高めることにもなる。

4. 大学教育、中等教育、そして一般日本語教育というような指導対象の異なる教育現場において、到達目標や評価の差を日本語教育スタンダードではどう取り扱うのか。また、日本国内外の教育機関での実践、その取り組みと現場における課題は何か。

　この2つの議題の解説として、フォーラムのなかで紹介されたスタンダード開発の実践例、つまり東京外国語大学留学生日本語教育センター（Japanese Language Center、略してJLC）の例と、日本国内の日本語学校の例を再挙したい。東京外国語大学のJLCでは、教育実践を言葉によって明らかにし、相互に共有したうえで自信と確信をもって教育を実践していこうと、1年の予備教育過程における「JLC日本語スタンダーズ」の構築に取り組んできた。その結果、大学進学に必要な日本語運用力の最終目標が再確認され、習

得すべき運用力とそれを下支えする言語スキルを捉え直すことができた。また、日々の授業内容と評価のあり方に整合性をもたせられるようになってきた。スタンダードを開発する過程を通して、教育の意義や目標が改めて検討され、教育の方法とその成果に対する評価のあり方などについて議論を深めることができた。それとともに、教育・学習の成果と日本語運用力の水準が共有されるに至ったのである。スタンダードを教育実践の中核に取り込もうとする行為そのものが、教育内容の質の向上に繋がっていくことを実感することができたのである。

　日本国内の日本語学校においても、学校独自のインハウス・スタンダードを持ち、それを提示することによって教育や学習の透明性、包括性、そして一貫性を保障する努力がなされている。また、それとは別に国内の日本語学校全体で共有できるようなスタンダードの開発が少しずつではあるが進められている。これは、規模としてはインハウス版とナショナル版の中間に位置するもので、多様な学習者に対応できる共通の教育基盤を作るために、学校、企業、国、地域、学習者が連携して、協働開発されることが期待される。この2例を見ると、異なる教育現場で日本語教育スタンダードがどう使われていくのかという問いに答えるための鍵になるのは、やはり「参照対象」としてのその一般性であることがわかる。つまり、教育の対象や目的に応じた指導や評価の方法をそれぞれの日本語教育機関が決定していく際、スタンダードは絶対的な基準や指導・学習方法を押し付けるものではなく、日本語を使用するグローバルな意味でのコミュニティーにおいて1つの共通した目安になるという理解が大切である。開発に関連したほかの課題として、社会文化的知識・能力を加味した場合の Can-Do Statements の有効範囲、そして現場では、教師による発想の転換と計画的な教師研修の重要性もフォーラムの中で指摘があったことも記しておきたい。

5. おわりに―これからの展望

　スタンダードは固定化された成果物として捉えるのではなく、スタンダードそのものが新たな指針や目安を常に創造していくという機能を有してこそ、その存在と活用の価値が高まるものと思われる。そして、教育者・学習

者・地域・国といった、日本語のグローバル化に何らかの影響を受ける人々が、立場の違いを超えてスタンダードの基本的なあり方への理解を共有する必要がある。それによって初めて、日本語教育スタンダードは、今後さらに進む文化言語面の多様化に対応するための参照枠と成り得るのである。今回のフォーラムは、スタンダードに対する理解の共有に向けての香港での第一歩となったのではないだろうか。

　日本語教育スタンダードは必ずしも「インターナショナル」あるいは「ナショナル」なものである必要はない。また、それらを借用して日々の教育実践に無理やり適応する必要もない。あくまでも「参照枠」すなわち "Reference" として活用することが重要である。むしろ、自らのスタンダードを構築することをおすすめしたい。その開発の過程を通して、今一度、自らの教育実践を振り返り、教育・学習・評価を一貫性のあるものとして捉えることが重要ではないだろうか。スタンダードで提示された言語熟達度に照らし合わせて能力が適切に評価されることによって、異なる学習機関で日本語を学ぶ学習者の言語熟達度が客観的に把握され、学習指導への意味ある接続が可能になるだろう。意味のある日本語学習の継続を保証することは、教育関係者にとって最大の関心事である。学習者の多様化がますます進行する将来に向けて、教育・学習・評価の一貫性・透明性・連続性を確保する意味においても、スタンダードの果たす役割は大きいと言えよう。

言語共通参照枠を参考にした
プログラムスタンダードの構築
― 香港大学日本研究学科必修日本語カリキュラムの例

香港大学日本研究学科
萬　美保

1. はじめに

　グローバル化が画期的なスピードで進み人の移動が容易になるにつれ、香港で日本語を学ぶ学生にとって日本は比較的気軽に行ける近隣諸国の1つとなった。また、過去20年間の日本政府による留学生受け入れ奨励政策や日本国内の大学における国際化の推進とも相まって、日本へ留学する学生の数は年々増加している。香港から日本へという一方向に限られた現象ではない。香港大学では、毎年多くの交換留学生を世界各国の大学から受け入れるが[1]、その中で非専攻学生として日本語コースを履修したいという学生の数も明らかに増加傾向にある。大学当局が発表した新4年制カリキュラムの教育方針では、留学の推進を1つの柱として学習体験のさらなる多様化を勧めており、交流協定を結ぶ大学の数が今後も増える兆しを見せている。そこで必要になるのが、大学間ネットワーク[2]の一端として学習の継続を容易にする体制づくりと単位互換制度の確立である。必然的に、教育機関においては評価を含むカリキュラムの透明性が欠かせない要素となる。

　香港大学日本研究学科では、2007年6月から約1年半かけて必修日本語カリキュラムを改定した。特徴はひとことで言うと、言語運用能力の段階的な発達の考えに基づく教育目標・教授・学習・評価の整合性である。整合性と記述方法の一貫性を保つ目的でヨーロッパ言語共通参照枠（CEFR）を参考にした。以前は、構造文法的に指導項目を並べ時間数によって初級・中級・上級の順に振り分ける、日本語能力試験の出題内容に沿って指導項目を決め級別に振り分けて各レベルの内容を決める、教科書に提示された項目を

レベル別に順に割り振りする…といった基軸の取り方をし、3年間の必修日本語コースのカリキュラムが自然形成されていた。長年の体制と教育指標を根底から変えてしまうほどの大きな流れは、有無を言わせない勢いで多方向から学科全体に振りかかってきたのだが、その1つが教育のグローバル化によるものだということをここで明らかにしておきたい。

本稿は、当学科の日本語プログラムで開講している必修日本語コースのカリキュラムを改定する目的で始まった組織内スタンダード（以下、「プログラムスタンダード」とする）構築の取り組みの記録である。まず、先行研究に言及しながら、旧日本語カリキュラムの見直しをするに至った背景を紹介する。次に、スタンダード構築のプロセスと、作業を担当した教員から寄せられた意見を提示し筆者の考察を加える。

2. 背景

2.1. 大学内のカリキュラム改革

香港の大学は現在3年制を取っているが、2012年以降4年制に変わる。それを契機に教育方針が刷新されることになった。改革を進めるにあたっての指針として、学内のカリキュラム改革推進委員会が提出した基本目標は以下の通りである[3]。

"The four-year undergraduate curriculum aims to enable students to develop capabilities in:
- Critical intellectual inquiry and life-long learning
- Tackling novel situations and ill-defined problems
- Critical self-reflection and greater understanding of others
- Intercultural communication, multicultural understanding and global citizenship
- Communication and collaboration
- Leadership and advocacy for the improvement of the human condition (p.1)"

そして、これらの目標を実現するために示された教授・学習要項のなかには"Common learning experience" として10あまりの提案が成されている。以下に本稿のテーマに直接関連したものとしてその中から2項目挙げる。

- Outcome-based approach to teaching and learning
- International experience

上述した6つの基本目標が一種の"Can-Do Statements"（以下、"CDS" とする）で記されていることにお気づきだろうか。そして、"Outcome-based approach to teaching and learning" 以下、"OBATL" とする）、つまり学習した結果「何ができるようになるのか」を念頭に指導に当たることが求められている。4年制が開始されるのは2012年なのだが、OBATL は、改革計画のかなり早い時期からすでに大学全体で推進していく強力な動きがあった。教員のための多くのワークショップが開催され、OBATL に基づいて一新された学生によるコース・教師・プログラム評価の質問票が2008 – 2009年度にはすでに使用され始めた。また、2010年度には大学の既存コースの50%、2011年度には80%、2012年度には100%をOBATL に書き換えることを目指している。新しいコースを開講する場合は、OBATL に基づく指導計画書を提出しなければ承認されない。

　CDS、そしてOBATL は教育の1つの潮流であろうか。言語教育においても例外ではなく、各国で開発されたスタンダードを語る際には不可欠な要素となっている。伊東（2006a）によると、Canadian Language Benchmark、ACTFL（American Council on the Teaching of Foreign Languages）や ALTE（The Association of Language Testers in Europe ＝欧州言語テスト協会）が開発した言語能力基準、CE（Council of Europe ＝欧州評議会）が作成した外国語の学習、教授、評価のためのヨーロッパ共通参照枠＝ CEFR（吉島・大橋 2004）などのスタンダードの特徴の1つはCDS で、いずれも最終的なoutcome に焦点を当てて記述されている。ACTFL が中心となりアメリカで開発されたナショナルスタンダード（National Standards for Foreign Language Learning in the 21st Century）は、1996年に発表されて以来、幼稚園から高校のレベルにおいて外国語教育の質向上に役立てられている（當作 2006）。

現在国際交流基金で開発が進んでいる日本語教育スタンダードも CEFR の CDS を参照して標準枠組みを策定している（嘉数 2006）。島田ら（2006）による CDS 利用の研究では、日本語能力試験合格者の実際運用能力を CDS によって記述する可能性が報告されていて、これからの日本語教育において、能力達成度の明記が重要性を増すであろうことは予想に難くない。伊東は、日本語教育における CDS、そして到達目標の明確化には意義があり（2006a)、スタンダード策定においては、教育理念を明確にし、教育・学習・評価に一貫性を持たせることが重要だとしている（2006b）。ナショナル、またはインターナショナルな言語能力基準だけではない。教育機関別、つまりプログラムレベルのスタンダード策定の報告もある。伊東は、東京外国語大学留学生日本語教育センターにおける JLC 日本語スタンダード開発（JLC スタンダーズ・ワーキンググループ 2006、JLC 日本語スタンダーズ研究会 2007）の例を挙げ、そのための教員間の話し合いを通して、教育の意義や目標、教育方法と評価について再検討することができたと述べている（伊東 2006b）。一方、旧大阪外国語大学日本語日本文化教育センター（CJLC）においても到達度評価の枠組み構築がされている（真嶋 2007、岸本 2006）。TLC 日本語スタンダードも CJLC 到達度評価制度も CEFR を参照枠としているが、他のスタンダードと比較すると、CEFR は言語運用能力の段階的な記述だけではなく、シラバスやカリキュラムの作成、評価方法など言語教育を全体的に捉えたもの（伊東 2006a）という観点からも、プログラムスタンダードの参照枠としてふさわしいと思われる。

　香港大学 4 年制カリキュラムの教育目標達成を支える項目の 1 つとして "International experience" を既に挙げたが、カリキュラム改革推進委員会では、学生による海外体験プログラム参加を短期から長期に、さらに選択から必修としてカリキュラムに組み込む可能性について検討することを学部や学院に促している。日本語・日本文化を学ぶ学生が集まる日本研究学科にとっては、彼らの日本留学の機会をこれまで以上に増やし、彼らが大学間を移動しやすい環境を作ることが大きな課題となる。そして、複数の教育機関の間での学生の移動は、学習背景の多様化と学習者ニーズの複雑化をもたらす。

2.2. 学生の学習背景の多様化
2.2.1. 留学増加

　必修日本語コースのカリキュラム改定の背景には、大学の教育方針変革に加えて当日本語プログラム内部の動きがあった。これにはまず、学生の学習体験の多様化が進んでいることが挙げられる。その第一の要因として、日本に留学する学生数の増加を指摘したい。当学科には各学年 60 名から 70 名の学生が在籍しており、2 年次が終わった時点で 20 名前後の学生が大学または学科と交流協定のある日本の大学へ交換留学する。10 年ほど前までは留学の機会はごく少数の学生に限られていたが、交流協定校の数の増加に加えて受け入れ留学生数を増やした大学もあり、香港大学から日本へ留学する学生の数は近年増えてきている（表 1）。大学が "International experience" の奨励を打ち出したことで、上向き傾向がさらに強くなることは必至である。この数字の中には、当学科で日本語コースを履修し既習者として日本へ留学する学生だけではなく、他学科から日本語初心者として日本へ行き、留学先の大学で日本語コースを初めて取る学生も含まれている。母校に戻ってからほとんどの学生が日本語の勉強を続ける。また、全員が受け入れ校で取得した単位を母校に移す申請をする。こうして、こちら側のプレイスメントと単位トランスファー承認の手続きが必要となる。

　筆者は学生が日本で履修したコースの「概要」と呼ばれる学生向け配布物に毎年目を通すが、受け入れ教育機関の各コースの内容を正しく理解するための目安となる情報の記述がかなり不足していることに気づいて数年になる。また、2007 年 12 月から続けている学生を対象とするインタビュー調査では、学生によるシラバス内容の理解が受け入れ先教育機関によって差があることがわかってきた。コースの最後に「何ができるようになるのか」の記述が概要になく、担当教師による口頭での説明もない場合が多いために、学生は学習の目的を自覚する

表 1　香港大学から日本へ交換留学した学生

年　度	合計人数 （　）は日本研究学科以外の学科から留学する学生数
2004－2005	19（0）
2005－2006	16（2）
2006－2007	33（9）
2007－2008	26（7）
2008－2009	44（17）

ことなく授業に出ているといった実態があるように思う。以下、コースの内容が判断しにくい「概要」に見られる特徴を挙げる。

- コースの対象を「学習時間数 200 時間程度の学生」または「日本語能力検定試験 2 級合格程度の学生」といった表現で規定している。
- 到達目標が書かれていない。
- 上級、中級などのことばで目標設定がされていて、具体的な能力記述がない。
- 評価方法と内容が書かれていない。
- 評価基準が書かれていない。

コースの対象と目標が不明確であることの結果として、履修している学生の能力と授業内容の合致にも疑問が生じることは避けられない。評価基準に至っては点数と A、B などの成績の関連を明記しているものはいくつか見られるが、具体的な言語運用力と成績の関連を明記しているものは皆無といってよい。留学先の大学でのプレイスメントと成績の内容に確信が持てないということは、取得単位を母校に移すための学生からの申請を承認するときに確信が持てないという結果になる。トランスファー可能な単位数合計が学内で定められているとはいえ、学生は最終的には母校の学位を取得して卒業していくのであるから、留学先で取得した単位の内容を無視することはできない。

既述した旧大阪外国語大学の CJLC 到達度評価制度は、まさにこの問題への解決を図り、将来加速するであろう教育の流動化に対応する可能性を持っている。平尾は、CJLC 到達度評価制度の構築は「…留学の環境や前提、目的が大きく変じつつある時代の流れの中で、大学が持つ一定の社会的な役割を担いつつ、いかに日本語日本文化教育の内容や方法を進化させることが可能か」(2006: 60) という教育課題のもとに進めたと述べている。そして、世界的な大学間教育連携の広がりの中で、「日本語日本文化教育における諸大学の異なるカリキュラムや授業の到達度との『比較対照を可能する方法』の模索」(平尾 2006: 62) に取り組んだとしている。教育のグローバル化により学習背景の多様性と学習者ニーズの複雑性が増す国際社会において、受け

入れ機関・送り出し機関を問わず、教育主体それぞれがカリキュラムと評価の比較対照を容易にする体制を作っていかなければならない時代が来たと言っても過言ではないだろう。

2.2.2. 既習者の増加

　学科内に起きていたもう１つの動きとして、大学に入学する時点での既習者の増加がある。以前は１年次で日本語Ｉを取る学生のほとんど全員が初心者であったため、カリキュラム作成上このコースを取る学生の能力差を考慮する必要がなかった。しかし、中等教育の段階で日本語を学び始めた学生、そして香港内の短期大学などで日本語を勉強してから新たに大学に入る学生の数が増えたことが主な要因となり、こちらが既習者の受け入れ側としてプレイスメントを考える必要が生じた。適切なプレイスメントをするためには、プログラム内各レベルのコース内容が明確に把握され、レベル間の違いと繋がりがシラバスに論理的に反映されていなければならない。しかも、その内容が毎年変わるようなものであっては、プログラム内の学生の能力水準を長期間保つことは難しい。

　既習者の増加に付随した問題を別にしても、レベル間の教育内容の差と繋がりという点で、当学科の日本語カリキュラムには見直しの対象とすべき部分が多かった。先に述べたような、留学生として当学科の学生を受け入れてくれる交流提携校の日本語プログラムにははっきりした目安がないのだろうか、その結果としてコース概要の記述に不明部分が多いのだろうか、という問いはそのままのかたちでこちらにも跳ね返ってきた。また、既習者を受け入れる側として、当学科のプレイスメントも不確かなものに思えた。それに加え、留学から戻ってくる学生のための必修コースとしては日本語Ⅲしかなく、非留学経験者と一緒に授業を受けさせるより方法がなかった。これも不適切なプレイスメントであり、ついに我々は日本語コースのカリキュラムを根本から見直す必要性に迫られたのである。2007年度に開講した日本語Ⅳはその問題を解決することと、学生達にさらに高い到達度を目指す機会を提供することが目的でデザインされたコースである。したがって当学科で新構築したカリキュラムは、日本語Ｉ（前期・後期）、日本語Ⅱ（前期・後期）、日本語Ⅲ（前期・後期）、日本語Ⅳ（前期・後期）の８つのレベルが対象になっ

ている。

3. HKU日本語プログラムスタンダード

3.1. 構築の流れ

　必修日本語コースのカリキュラム改定プロセスは、議論と検討を重ねながら一定の項目を表に記載することで一連のマトリックスを作成しながら進めた。日本語プログラムが使用したマトリックスは、学内で使われているもの[4]よりもさらに細分化されたマトリックスで、行動目標、スキル、指導項目、テーマ・教室活動、指導方法、評価方法の6要素で構成されている（表2）。

表2　マトリックスの例　日本語I前期「書く」

行動目標	身近な事柄について自己表現としての簡単な文が書ける。 日本語の文字・文を書くことに慣れる。
スキル	カタカナで名前・地名などが書ける。 文字を写し取ることができる。 音・語・短文を聞いて書き取りができる、など。
指導項目	ローマ字・かな・漢字（中国語の漢字との違い）。 日本語表記のルール。 時間・指示語・接続詞・疑問詞など。
テーマ・活動	日記など、自分の日常生活について丁寧体で簡単な文章を書く。 はがきなどの通信文に自分のことや身近な話題について書く、など。
指導方法	日本語表記に慣れさせるための書く練習（書き取り練習）。 宿題：課題短作文、作文添削、など。
評価方法	宿題、テスト

　ここで指摘したいのは、カリキュラムは指導と学習の骨子であり、教育機関や現場で層を成すあらゆる部署の理念と方針と現実的実情が反映されたものであることが望ましいということである。そして、実施（implementation）可能なものでなければ意味がない。実施の段階で、個々の教師が日常的に深く関わっていくガイドラインでもあり、自分たちが納得できるものを自分たちで手作りすることが重要である。改定の段階で教師間の話し合いを繰り返

すことによって、コースデザイン、教材開発、評価法開発のための強い土台となり得るのである。このような考えのもとに、少数の教師が一方的に決めたカリキュラムに全員が単純に従う、という一見して効率のよさそうな方法を取らずに、当学科では敢えて遠回りの方法を選択した。香港大学（以下、"HKU" とする）日本語プログラムスタンダードを構築するためのカリキュラム改定は、まず旧カリキュラムを明文化して細部にわたり検討・反省することから始め、話し合いを効率的に行うために、2007年秋に8つのレベル別（横割り）班と5つの技能別（縦割り）班を形成した。作業内容に応じて班単位で集まり、話し合いの結果を記録して常にほかの班にも報告するようにした。レベルは厳密には8つあるが、前期と後期継続して教える担当教員が班を形成したので、実質的には4つの横割り班が作業にあたっている。一方、技能別には読む、書く、聞く（独話）、話す（独話）、聞く・話す（会話）の5つに分け、各縦割り班は各技能を全8レベル通して検討する（表3）。レベル別横割り班、技能別縦割り班ともに3人程度で構成されているが、人数的な限界があるので必修日本語コース担当教師のほとんどが、複数の班に入ることになった。確かに仕事量は多くなるが、自らが授業を担当するレベルだけではなく技能面で全レベルのカリキュラムとシラバスの内容を検討する機会が得られるのは、大きな利点である。

表3　形成した班の種類

（網目部分は、例として、書く班が担当したレベルと日本語II班が担当した技能を示している。）

レベル別横割り班＼技能別縦割り班	読む	書く	聞く（独話）	話す（独話）	聞く・話す（会話）
日本語I（前期・後期）					
日本語II（前期・後期）					
日本語III（前期・後期）					
日本語IV（前期・後期）					

旧カリキュラムのマトリックス作成、問題点の指摘、改定案提示、その検討、旧カリキュラムのへの加筆・訂正という作業の繰り返しによって、プログラムスタンダードを構築することとなったが（図1）、1つ1つのプロセス

に想像以上に時間がかかり、技能別縦割り班が各レベルのシラバスとコース概要をもとに旧カリキュラムの記述を完了させ、レベル別横割り班に対して問題点を指摘し改善の提案を出し終えたのは作業を開始してから約1年後であった。それを受けたレベル別横割り班は、まず前期分のカリキュラムを書き換え技能別縦割り班に渡して意見を聞く、必要があれば再度書き換えて両者の間で合意を得てから教室で実施する。学期の最後には、さらに実施の結果を技能別縦割り班に報告し、問題点などの検討を重ねる。というように、一見完成したかに思われるマトリックスは実際には開発の途中段階にあり、教室での指導において実施可能なものであるのかどうか、学習効果はあるのかどうか、何重にも繰り返される内容の検討と書き換えを通して教師全員が納得のいくスタンダードが作られるのである。作業開始から約1年半後に8レベル・5技能の全40マトリックスの記述を終了したという事実からもわかるように、プログラムスタンダードの構築の際、マトリックスの記述にかなりの時間が費やされる。

```
旧カリキュラムのマトリックス作成………技能別縦割り班
  ↓
問題点指摘・改善提案………技能別縦割り班 ←──┐
  ↑↓                                         │
新マトリックス作成………レベル別横割り班       │
  ↓                                           │
実施………レベル別横割り班 ←─────────────────┘
```

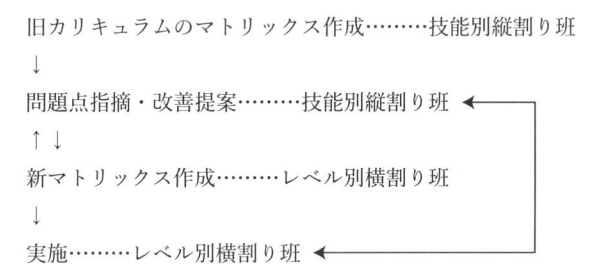

図1 HKU日本語スタンダードの構築におけるカリキュラム記述作業の流れ

プログラムスタンダードは単独コースを対象にするものと異なり、学習者が数年間をかけて履修する複数のコースからなる1つの大きなカリキュラムを表したものである。そのため、個々のレベルの個々の技能が独立したコースと同様にマトリックス項目間の繋がり（Alignment）を持ち、さらに全レベルに亘るマトリックス間の繋がり（Articulation）を持っている。これらの繋がりは、教師の実践経験と教授法の知識、学習理論、日本語言語学の知識など、あらゆる情報を総動員して簡潔明瞭なことばを使って表現される。当日本語プログラムでは、教師全員が記述のための共通言語を持つこと、そして

汎用性のある「尺度」を認識することを主な目的として、CEFR の日本語訳を参考にした。始めに共通参照レベルの全体的な尺度をもとに、当学科の学生に対して期待すべき相対的な能力が何であるかレベル別に絞り込んだ。その後は、参照枠のレベルに照準を合わせながら、カリキュラム内のレベル別に指導の際使用可能なものを Alignment と Articulation 両側面からの繋がりを考えながらマトリックスに加えていくという方法をとった。行動目標とスキルの記述には CEFR をかなり参考にしたが、教師がふさわしいと判断した場合は、特に CEFR を意識せずにほかの記述も加えた。なお、CEFR の中には各技能言語領域の把握や教材を含む指導法の検討、評価方法の検討に参考になる部分が多いので、レベル尺度に注意しながら使うとコースデザインの情報源としても有用である。目標言語としての日本語独自の記述が必要な部分は当然ながら CEFR は参照していない。日本語 III と日本語 IV における待遇表現や漢語の扱い方などについては、日本語用の記述がすでにある ACTFL のガイドラインも参考にした。

3.2. コースマトリックス内の Alignment

　各コース（ここでは「各レベル」と同じ）内の Alignment についてであるが、繋がりは行動目標を出発点にして全項目に及ぶ。つまり、習得すべき言語運用力としての行動目標、それに到達するのに必要な言語スキル、スキルを習得するのに必要な言語項目、目標にふさわしくスキル習得に効果的なテーマと活動、効果的な指導方法、そして目標と学習方法・学習内容に合った評価方法を明文化することが要求される。今回学科内の日本語教師が進めた作業のうち、討論の部分を観察すると、必ずしも行動目標が出発点にはなっていないようであった。今まで教科書の内容中心に教えてきた教師は、文型や語彙中心の言語項目から始める傾向がある。初心者向けコースを担当する教師にこの傾向があると、行動目標を考える場合にでも「文型と語彙が少ないのだから学生が自発的にできることは所詮限られている」と言ってドリルを運用練習の代用にして終わらせてしまうことがしばしばある。何のために一定の言語項目を教えるのか、教えた結果どんなことに使えるようになるのか、また、それらの項目を導入することが学生の言語習得プロセス全体においてどんな意味があるのか、という問いを繰り返しながら Alignment を

追求することは、教科書にある情報を選んで使うようにもなり教授に対する積極性に繋がる。一方、日本語 III や日本語 IV といった上のほうのレベルを教えることの多い教師は、テーマと活動から出発する傾向が見受けられる。これも上に挙げた問題意識をもって学習活動を選択しなければ、シラバスのどこかに無駄や不足を生じることが多い。

3.3. レベル間の Articulation

　各コースにおけるマトリックスの Alignment は、プログラムスタンダードを構築する際、レベル間のつなぎ目としての Articulation を確認しながら行われる。上述したように、各コースマトリックスの Alignment は学生の言語習得プロセス全体を考慮する必要がある、という意味では、独立したコースであっても「プログラムの内容全体の Articulation が存在しないところには有効なコースマトリックスは存在しない」とも言えるのではないか。どんな日本語プログラムにとっても、それほど重要な意味を持つレベル間の繋がりであるが、次に当学科で行った改訂作業における Articulation について一言述べておきたい。

　レベル間のつなぎ目が適当なものであるのかどうか判断する中心的な材料になったのは、個々のレベルに設定された行動目標とそれに必要なスキルの記述である。この2項目は「何々ができる」という CDS で記載されていて、プログラムに入ってきた時点で日本語使用能力ゼロであった学生がどんなプロセスを経て最終的にどんなことができるようになるのかが一目でわかるようになっている。また、行動目標とスキルは、指導内容全体の基となるものであるから、カリキュラムにおけるこの2項目の整合性に納得がいかないままマトリックスを完成させることだけに集中していると、あまり意味のないプログラムスタンダードができあがる恐れもある。

　では、繋ぎ目をどのように整合させていったかというと、日本語 I 前後期、日本語 II 前後期、日本語 III 前期までの流れは、最終ゴールからトップダウン式に行う引き算方式よりもむしろ下から順番に積み上げる加算方式の色彩が濃い。それに対して、日本語 III 前期と後期の間、そして日本語 III 後期から日本語 IV 前後期までの流れは、トップダウンの引き算をさらに強く意識した積み上げ加算方式になった。その理由は、以下のとおりである。

日本語 III 前期までは、文型や語彙などの言語項目の導入順序に配慮しないと指導内容に効率性を欠く可能性が強いために、積み上げ加算の度合いが強くなるのだろう。レベルが進むと、使用可能な言語項目をさらに増やしていくことが指導の中心になる。また、当日本語プログラムでは、学生の能力に応じて最終学年に日本語 III 前後期または日本語 IV 前後期を履修させる。卒業する学生に対して、どちらの場合も多くの学生が最終ゴールに到達するように、卒業の近い学生が履修するコースの目標設定においてはゴールを意識する度合いが強くなった結果だと思う。プログラムの最終的なゴールは、確かにカリキュラムのほかの部分と切り離して設定するわけにはいかないのだが、社会的な期待やプログラムのもつ歴史的背景、さらに学内における役割を加味するといった、実際の指導や学習プロセスに直結した事柄以外の要素が加わることも事実である。

4. 教師の反応

今回のプログラムスタンダード構築は、必修日本語コースを担当する教師全員が通常の仕事の合間を縫って協同で行った。かなりの時間数を要したということはすでに述べたとおりであるが、誰もが長いキャリアのなかで初めて経験する作業となり、スタンダード構築の意図そのものと仕事内容に対しての彼らの反応をある程度把握することで、今後別なスタッフが加わった場合や、さらに改定を続ける場合に参考になるのではないかと考えた。意見収集の方法として簡単な質問紙を準備し、質問に対して自分に当てはまる項目の選択をしてもらい、自由回答欄も設けた。構築にあたった教員 8 人のうち 6 人が回答した[5]。質問は以下の 3 つで、最後に「その他のコメント」としてこれら 3 つの質問に関連した内容以外にも意見を書いてもらった。寄せられたコメントは実に示唆に富んでおり、プログラムスタンダードの意味と策定の作業における難しさに始まって同僚との関係や教師としての心的な問題へとさまざまに考えさせられる結果となった。

1 HKU 日本語プログラムスタンダードの構築には意味があると思いますか。

言語共通参照枠を参考にしたプログラムスタンダードの構築　85

 2 HKU 日本語プログラムスタンダードの構築作業で何が一番難しいですか。
 3 CEFR や ACTFL などのガイドラインを参考にしていますか。

次に回答結果を紹介し、質問項目ごとに筆者の考えを述べる。ごく小規模だということもあり、あくまでも当学科の教師の反応に対する考察に限られている。

4.1.　プログラムスタンダードの構築には意味があるのか─教師の反応 1

　この質問には選択肢があり、「はい」5 人、「どちらともいえない」1 人、「いいえ」0 人の内訳で、回答したほとんどが「意味がある」と考えている。以下に全コメントを列挙する（下線筆者、英語での回答については翻訳筆者）。

- 理想実現のため、<u>効果的な指導のために必要</u>なプロセスだ。
- 目標がはっきりしているので、そのために何が必要なのか<u>シラバス・教材・評価が設定しやすく</u>、教えていることに<u>自信</u>がもてる。
- 「はじめに教科書ありき」という考え方から脱することができる。
- <u>教師間の意見交換を進める</u>。
- <u>教師間で共通</u>の目的やガイドラインが持てる。
- 担当コースが変わるときなど<u>コミュニケーションが容易になる</u>。
- ほかの教育機関でも実施されている。
- 効果があるかないかはまだわからない。
- 技能別にここまで詳細な記述をする必要はないように思う。

　このように、教員達は意義を見出しながら概ね(おおむ)ポジティブな姿勢でプログラムスタンダードの構築を進めていると考えられる。はっきりと目標を定め、それに基づいて提示された一貫性のある指導の内容と方法は、学生への最終的な期待や理想を実現するために必要であるだけではなく、教師としての自信にもつながる。この自信は、指導行為の各部分に対して理由づけができるということだけではなく、「全体における細部の役割が不明のまま単に教科書そのものを教える」という受身的なあり方から脱した自由な存在とし

ての教師の自己イメージから生まれるものかもしれない。また、意見交換によって教師間で共通の目的を持つことが、一連のコースから構成されるカリキュラムに不可欠だということを自覚していなければ、プログラムスタンダードの構築作業は始めから困難を極めるに違いない。

構築に意味があるのかどうかを考える際、結果としての学習効果の良し悪しを見て判断しようとしても、すぐに答えは出せないかもしれない。スタンダード構築とは改良を重ねるための土台作りであり、マトリックスを作り終えても実施・反省・検討を経てまた手直しをするというサイクルの繰り返しで、1度作って完了するということはないからである。とすれば、長いプロセスのなかで少しずつでも学習の効果を上げながら常に自省し、指導の改善を続けていくという地道な姿勢が次第に大きな差を生み出すのだとも考えられる。このことはプログラムの成長に重要な意味を持っている。

4.2. プログラムスタンダード構築の作業で何が一番難しいか―教師の反応 2

この質問は自由回答のみで、選択肢はない。以下に全コメントを紹介する（下線筆者、英語での回答については翻訳筆者）。

- すでに意識・把握していた内容を他者が理解できるように項目ごとに言語化すること。頭ではわかっていてもいざ言葉にするのは難しい。
- レベル別・技能別の目標を決めること。
- マトリックスの中のレベル間のつながり、評価方法の関連性。
- 現実と理想のギャップを埋めるための客観的視点をどこに求めたらいいのか悩む（CEFR は助けになる）。
- 教師間で目指す目標や尺度が違っている場合、同意に至るまでの過程が難しい。
- 構築の意味や目標を始め、各項目の意味内容に教師間で共通理解を持つこと。個々の項目の内容検討より、共通理解を促すのに時間がかかることがある。
- 単にチャートを埋めることだけが目的化してしまうことがある。
- 時間がかかる。
- すべて難しい。

スタンダード策定の困難さは、細分化された項目の記述と教師間の共通理解に関するものに絞られるようだ。このことについて筆者は、プロとしての教育者が経験に基づく己の教育理念と長年蓄積してきた専門知識を問われるという状況の手ごわさを実感する。自分なりの方法で指導内容を決め教材を準備してきた経験が豊かな教師達だが、それを平易な表現でしかも詳細に的確に記述するとなると、自らの方法論、言語観、言語能力観、教育観そのものをあらためて問い直さざるを得ない。言語運用能力の詳細な分析を試みそれを教授法に反映させるだけではなく、教室という限られたスペースで限られた時間数を使い、外国語として日本語を教える環境で現実的にどこまで指導できるのか考える。しかも、カリキュラムにおける全体と部分の関連性を常に考慮しなければならない。同僚との話し合いの段階にもスタンダードのマトリックス作成の段階にも、抽象的な概念を明文化する能力が要求される、まさに「考える」作業なのである。矛盾や不足部分を見つけ大きな軌道修正が必要になることがしばしばある。時としてほかと意見が異なり、途中で投げ出したくなることもある。話し合いを重ねてもお互いに譲れないのは、言語観や教育観が教師としての信念の根本になるものだからであろう。同僚の意見が理解できず、1度聞き役に収まってしまうと、スタンダード策定への関心が薄れ、時間だけがただ過ぎていくように思えてくる。確かに苦しい。どの教師も正面から向き合わなければならなかったのは、今回の教育改革において自らの経験や知識が試され、場合によっては教育者としての信念のパラダイムシフトが要求されるという、キャリアを積んだ者にとっては苦い現実だったのではないだろうか。自省し、必要とあれば古い殻を脱ぎ捨て常に新しいことにアンテナを張る、という柔軟性がないと状況改善は難しい。とくに協同作業ではなおさらのことである。

4.3. CEFR や ACTFL などのガイドラインを参考にしているか―教師の反応3

これについては、CEFR を参考にしている人が5人で、「かなり」2人、「ある程度」3人、「参考にしていない」1人という内訳であった。ACTFL を参考にしている人は、回答者の中にはいなかった。

CEFR は英語版・日本語版ともにオンラインでの参照が可能で、手軽にアクセスできる。記述は詳細を極め、言語能力の理解、評価を含む指導、学

習に至るまでリソースとしては優れているのだが、残念なことに使いやすいとは言いがたいのが実状である。分類方法は実に論理的で段階的、小項目が延々と続く。しかし全体像が掴みにくく、そのまま読み進んでいくとページを開いた最初の目的が何であったかわからなくなってしまうことがある。質問紙で「かなりCEFRを参考にしている」と回答した教員は、目的を見失わず必要な情報を的確に得ているのだと思う。参考にしたくてもできない人の中には、おそらく情報に対するアプローチの仕方が総体的で、CEFRにあるような連続的連鎖的な提示方法では混乱してしまう人が多いのではないだろうか。当学科の教師からも、マニュアル刊行を期待する声、あるいは情報提示の方法を変えてはどうかという声が上がっていた。

　CEFRなどの参照枠を使う利点の1つは、そこで示されている尺度に沿って教員の間で共通理解を持ち、カリキュラムの一貫性を保つことが可能になるということである。1つのプログラム内で活用されるだけではなく、ほかの教育機関と同一のことばで言語使用能力や指導・学習について情報を交換し合うための有用な手段にもなる。また、「学習者の日本語運用能力開発」、「習得の促進」などのテーマで議論をする際にも、共通の尺度を持つことでそれらのことばが運用能力全体との関係においてこれまで以上に具体的に語られるようになるのではないだろうか。

　国際交流基金が策定中のCEFRを参考にした日本語教育スタンダードが強制的なものになるのではないかという危惧が一部に見られるが、人間の言語活動の複雑さと日本語学習環境の多様性、そして教育機関それぞれの教育理念の多様性を考慮すると、その心配はない、というよりはそれは不可能だと思われる。いかなるインターナショナルスタンダードが構築されても、それが情報交換のツールや参考、またはガイドラインの域を出るとは考え難い。どんな学習者がどんな環境でどんな目的をもって目的言語を学ぶのか、目的言語が社会でどの程度どんな人たちに何の目的で使われるのか、などは共時的に見ても十分多種多様だが通時的にはさらに変化に富んでいて、長い時間をかけて完成させたインターナショナルスタンダードが柔軟性を欠くものであれば、すぐに使われなくなるに違いない。

4.4. 教師の反応―その他のコメント（下線筆者、英語での回答については翻訳筆者）

- 日本語III以降の<u>文法・文型・語彙指導</u>がおろそかになる恐れがある。
- 現行の<u>評価法</u>（点数化、相対評価）との矛盾を感じる。
- スタンダードを作っても、それを実行する<u>教師に自覚や心構え</u>がないと無駄になってしまう。
- スタンダード完成後は、それを<u>実行できる有能な教師</u>が不可欠だ。
- 構築の作業は学期中は無理、夏休みや冬休み中に取り組みたい。

4.4.1. 初中級文法終了後の文法・語彙指導の省略

　質問紙の最後に設けた「その他のコメント」欄にも、プログラムスタンダードの策定と実施において留意しなければならない貴重な指摘があった。まず、当学科の必修日本語コースでは、日本語IIで教科書を使いながらの基本文型導入を終え、日本語IIIでは機能語・文型・語彙を増やしながら運用力を伸ばしていく工夫がなされる。それと同時に生教材が増え、文の構成要素を細かく見ていくことよりも、内容の大意を掴み、それについてディスカッションしたり作文を書いたりといった学習活動が増える。日本語IIまでのレベルと比較するとすでに習った日本語を使ってできることが増えてくるので、変化に富んだ教室活動が可能になってくる。それもあって、上の方のレベルになると、教師側ではテーマ・活動の内容を先に決めてしまい、あとの項目との Alignment が手薄になることがあるのではないか。極端な言い方だが、新しい言語項目を導入しなくても学生はかなりついてくる。学生の方も運用力が伸びてくるとそこで満足して、新しい表現や使ったことのない表現を使おうとしないいわゆる「居心地のいい領域」から出ようとしない者も中には出てくる。

　また、運用力のレベル別到達目標は指導の柱になるのだが、そこだけ見て「もうすでになんとなくできるようだから、新しい言語項目は導入しなくていい」と指導部分を省略することがあってはならないと思う。そのためには、「何ができる」だけではなく、「どんな場面でどんなふうにできる」まで考え、初めから明確な評価基準の記述を心がけることが有用だと思われる。なぜなら、評価基準を記述するためには、特定レベルの学生に何を期待する

か考え、その期待の妥当性を確認するというプロセスを経るのだが、それを可能にしてくれる専門知識や経験が、学生が学ばなければならない言語項目をシラバスのなかに適切に組み込もうとする際にも生かせるからである。

4.4.2. 評価

　評価方法と評価基準にはまだまだ課題が多い。必修日本語コースでは成績を評定するために、各コースにおける学生のパフォーマンスを点数化しているが、数値と行動目標の関係も数値とA、B、…などの成績の関係も明文化するところまでは至っていない。行動目標達成度を示すという観点から数値に意味を持たせるためには多くの方法があると思うが、無理のない範囲で行うには現行では次の2つの方法が考えられる。1つは、宿題やテストなどそれぞれのタスクに到達度を示す基準を設けそれに基づく成績をつけて学期最後に合計を算出する方法、もう1つは、個々のタスクには到達度に基づく成績をつけず、教師からのアドバイスやコメントなどを提示するだけにして、コース全体の行動目標到達度に基準を設け学期の最後に成績をつける方法である。1つ目のやり方では、学期途中に出た数字を最後に合計して得られる数値が果たしてコースが終わる時点の目標達成度を示すのに妥当かどうかという疑問が残る。2つ目では、文字評価や点数評価に慣れた学生が、学期の途中で渡されるパフォーマンスの評価にA、B、…の文字や点数がないと納得してくれない場合が多い。

　また、大学内の方針としてほとんどのコースに相対評価が求められているという現実がある。既述したように、学生の能力・知力をあらかじめ設定した目標にできるかぎり近づけるよう指導する、というのがOBATLの中心的な考えである。それにもかかわらず成績が目標達成度を反映していなければ、教育を具体化する一連の行為に整合性が欠如していることになり、大学の新しい教育方針は形だけのものになってしまう。

4.4.3. 実施 (Implementation)

　加えて、「その他のコメント」の中に実際指導との関連で共通した内容のものが2つ寄せられた。スタンダードの記述が済んだ時点は、終了ではなく開始であるということは選択の余地のない事実である。教師からの指摘のと

おり、記述された内容を教師がどのように理解し、どのように指導に生かしていくのかが成功、不成功を決める1つの鍵になる。そのためには教師間の定期的な話し合い、互いのモニター、個々人の自省、ワークショップへの参加、報告書作成の奨励などによって、策定を始めたころのモメンタムをできるだけ維持する努力がいるだろう。

4.4.4. 教師の反応—まとめ

　概略すると、当学科でプログラムスタンダード構築にあたった教員は、構築作業は容易ではないが意義のあるものだと考えている。また、スタンダードの本来の意味において彼らが重要視しているのは、構築の目的と内容の理解を教師間で共有すること、そしてスタンダードの記述内容を実際指導に生かすということである。すべての段階において教師が持つ役割の重要性を意味しており、各教師の能力や信念の違いが何らかのかたちで障害となる可能性を示唆していると言ってよい。事実今回の取り組みを通して、マトリックスの各項目の意味内容の理解度に個人差がある、話し合いの参加度に個人差がある、記述内容を実行しない、あるいは実行できない教師がいる、長年培った習慣や教育理念がチームワークとしてのスタンダードの実行に要求される内容と一致しない、などの状況が観察された。教育改革にあたって、制度そのものの改革だけではなく人の考え方の改革にも取り組む必要がある（Whitaker 1993）という指摘には筆者も同感である。

5. おわりに—今後の課題

　カリキュラムは目標・教授・学習・評価全体を含む包括的な体系であり、しかも長年継続されてきたものであればなおさらのこと、変える場合は計画的に教員間の同意のもとに実行に移さなければならない。当学科においても多少の困難はあったが、プログラムスタンダードのマトリックスができ上がり、実施を通してスタンダードの内容が妥当なものなのかどうかを再検討する段階にたどりついた。前に述べたように、できあがったマトリックスは検討の結果必要であれば改訂し、実施し、また検討するというサイクルを繰り返して指導・学習効果を上げていくことに利用される。いくつものサイクル

の中で、学科独自の教育目標と指導、そして評価に整合性を持たせた効果的な学習環境を整えるという、プログラムスタンダードの本来の目的を見失わないようにするためには、学科内の体制づくりも肝要である。実行の現状を把握するためのモニター、学生の目標達成度のモニター、教師間の定期的な話し合い、大学全体の動きを考慮した短期・長期両方のカリキュラム見直し計画作成、そして教師トレーニングと、質のいい日本語プログラムを作るためにもすべてが重要な意味をもつ。

　しかしながら、大学という教育機関の一部として当学科が策定したスタンダードの教育目標・指導・評価の整合性という観点からいうと、大学側が相対評価の要求を全面的に取り下げないかぎりは、「評価」がマトリックス内のAlignmentを妨げる要素になることは明らかである。評価基準は教える側と学ぶ側が共有して初めて意味をもつのであるから、提示の仕方に矛盾があれば学ぶプロセスに混乱が生じる。大学がOBATLと大学間ネットワークの強化をうたうのであれば、その事実を看過することはもはや許されないのではないか。そして、学生の卒業後もあらゆる場面で社会による評価の対象となる成績表は、彼らの能力を示す絶対的な目安に基づいたものでなければならない。それは、民主的な社会の最高学府に課された責任でもある。

　学科内のもう1つの関心事として、今回のスタンダード策定の対象となった必修日本語コースにほかのコースをどう関連づけていくか、という問題がある。既存の選択日本語コース、日本語媒体の日本文化のコースの中にはコースマトリックスを持たないものも数多く残っているので、まずその作業から開始することになるだろう。必修・選択を問わず学科内のコースをこのようなかたちで見直すことは、学科が提供する教育の質を向上させたり大学全体で奨励されるOBATLの動きに対応したりするためだけではない。共通参照枠を参考にしたスタンダードが将来的に多くの教育機関で利用されるようになれば、留学や転入などでプログラム間を移動する学習者や日本語の既習者に対して、インターナショナルな尺度に基づいた能力評価をすることが可能になる。結果的には、「意味のある学習の継続」（伊東2006b: 24）を促し学習効果を上げることにもつながる。グローバル化と教育機会の均等化が進む環境で日本語を学ぶ人々の学習背景の多様化に対応する用意は、これからの日本語教育機関に不可欠な要素になるだろう。当学科のプログラムスタ

ンダード構築はそのための第一歩である。

謝辞

香港大学日本研究学科必修日本語のプログラムスタンダード構築のための洞察となり、現在に至るまでご指導ご鞭撻と暖かい励ましのことばを惜しみなく提供してくださった東京外国語大学の伊東祐郎教授に心から感謝いたします。

注

1 香港大学発表の 2007 – 2008 年度統計によると、"non-local students" の数は 1,939 人。全学生数の 14.5%。
2 大学間ネットワークは、学生の国際的な移動だけではなく国内や香港市内の大学間移動によっても生じる。
3 4-Year Undergraduate Curriculum Steering Committee が 2007 年に発行した文書、"4-YEAR UNDERGRADUATE CURRICULUM REFORM THE UNIVERSITY OF HONG KONG. 4-Year Undergraduate Curriculum and ADP for 2009-12 Triennium" による。
4 学内で一般に使われているマトリックスは、コース目標・指導／学習活動・評価タスクから成る。
5 回答しなかった 2 人のうち 1 人は退職のため回答不能、もう 1 人は筆者。

参考文献

平尾得子 (2006)「大学間教育連携の推進と外国語教育の教育課題― CJLC の日本語教育に於ける到達度評価策定の歩み―」『平成 17 年度大阪外国語大学学内特別研究費 II 活動報告書―語学教育における到達度評価制度確立のための調査・研究』pp. 59–69. 大阪外国語大学教育推進室語学教育ワーキンググループ.

伊東祐郎 (2006a)「外国語教育におけるスタンダーズ―最近の動向と波及効果について」『平成 17 年度大阪外国語大学学内特別研究費 II 活動報告書―語学教育における到達度評価制度確立のための調査・研究』pp. 49–58. 大阪外国語大学教育推進室語学教育ワーキンググループ.

伊東祐郎 (2006b)「評価の観点から見た日本語教育スタンダード」『日本語学』25 (11): pp. 18–25. 明治書院.

JLC スタンダーズ・ワーキンググループ (2006)『JLC シンポジウム報告書―日本語スタンダーズを考える』東京外国語大学留学生日本語教育センター.

JLC 日本語スタンダーズ研究会 (2007)『JLC 日本語スタンダーズ―中間報告』東京外国語大学留学生日本語教育センター.

嘉数勝美(2006)「ヨーロッパの統合と日本語教育— CEF(「ヨーロッパ言語共通参照枠」)をめぐって」『日本語学』25(11): pp. 46-58. 明治書院.
岸本恵美(2006)「CJLC における「日本語能力証明書」発行までの取り組み(研究発表要旨)」『平成 17 年度大阪外国語大学学内特別研究費 II 活動報告書—語学教育における到達度評価制度確立のための調査・研究』pp. 71-81. 大阪外国語大学教育推進室語学教育ワーキンググループ.
真嶋潤子(2007)「言語教育における到達度評価制度に向けて— CEFR を利用した大阪外国語大学の試み—」『間谷論集』創刊号.
島田めぐみ、三枝令子、野口裕之(2006)「日本語 Can-do-statements を利用した言語行動記述の試み—日本語能力試験受験者を対象として」『世界の日本語教育』16: pp. 75-88.
當作靖彦(2006)「アメリカにおける外国語教育学習基準」『日本語学』25(11): pp. 34-45. 明治書院.
吉島茂・大橋理恵(訳・編)(2004)『外国語教育 II —外国語の学習、教授、評価のためのヨーロッパ共通参照枠』朝日出版社.
Whitaker, Patrick. (1993) *Managing Change in Schools.* Buckingham, UK: Open University Press.

アカデミックな分野における「聴解」シラバス
— 「日本語教育スタンダード」へ向けて

国際交流基金関西国際センター
林　敏夫

1.「聴解」指導の難しさ

　日本語教育全体の中で、「聴解」の指導は難しいと言われている。これには様々な背景が考えられるが、まずは、教える側にとっても、学ぶ側にとっても、着実なステップで「聴解」能力が向上していると実感しにくいということがある。筆者の外国語学習の経験から考えても、聴解の場合、学習曲線のプラトーが他の技能に比べて長期間続くように思われるし、一方で、ある日突然に聞き取れるようになったという話も学習者からよく聞く。文法や漢字の学習とは異なり、新規の学習項目が導入され、応用練習を経て定着、という過程が明示されにくいのも、聴解指導の難しさの大きな要因である。こうしたことから、聴解の場合、総合シラバスのもとでも、副次的な扱いがされることが多く、その結果、日本語能力試験でも点数を伸ばしにくい科目になっている[1]。

　ところで、その日本語能力試験であるが、その認定基準においては、文法、漢字、語彙、会話、読み書き、については記述があるが、聞くことについてはまったく記述がない。1級の認定基準は、「高度の文法・漢字（2,000字程度）・語彙（10,000語程度）を習得し、社会生活をする上で必要な、総合的な日本語能力（日本語を 900 時間程度学習したレベル）」[2] となっており、聴解については、「社会生活をする上で必要な、総合的な日本語能力」の中に含まれる形をとっている。文法については「高度の」、漢字・語彙については「2,000 字」・「10,000 語」という具体的な数字まで示されているのとは対照的である。2級の場合は、「やや高度の文法・漢字（1,000 字程度）・語彙（6,000 語程度）を習得し、一般的なことがらについて、会話ができ、読み書

きできる能力（日本語を600時間程度学習し、中級日本語コースを修了したレベル）」[3]で、文法、漢字、語彙については、1級と同様の基準が示されており、「一般的なことがらについて、会話ができ、読み書きできる能力」の部分で、「読み」については言及がなされているが、聴解については、「会話」という中に含まれているとしか考えられない。3級の場合も、「基本的な文法・漢字（300字程度）・語彙（1,500語程度）を習得し、日常生活に役立つ会話ができ、簡単な文章が読み書きできる能力（日本語を300時間程度学習し、初級日本語コースを修了したレベル）」[4]ということで、2級の場合と同様に、「日常生活に役立つ会話ができ」という中に聴解の要素を読み取らなければならない。4級も、「初歩的な文法・漢字（100字程度）・語彙（800語程度）を習得し、簡単な会話ができ、平易な文、又は短い文章が読み書きできる能力（日本語を150時間程度学習し、初級日本語コース前半を修了したレベル）」[5]という認定基準で、「読み」については、「平易な文、又は短い文章が読み書きできる能力」と、比較的具体的な記述があるのに対して、聴解については、「簡単な会話」の中に含まれるものとしか考えられない。以上の点を確認したうえで、再度、「聴解」の基準を検討した場合、文法・漢字・語彙で言及された具体的な基準をすべて聞き取ることができるのが基準であるとする見方も可能であろうが、現実的には、例えば1級レベルで、高度の文法と10,000語の語彙を駆使した話を聞き取ることは、かなり難しいであろうし、そのような現実の場面に遭遇することも滅多にないことであろう。日本語能力試験の「類別」の中に、時間的にも配点的にも全体のほぼ25%を占める「聴解」という項目を設置していながら、そこで具体的な基準が明示されていないために、何を目標に学習を進めて行ったらよいかがわかりにくいということがある。

　こうした問題を解決するために、現在、国際交流基金では「日本語教育スタンダード」を開発しつつあり、その成果がやがて日本語能力試験にも反映されることになるであろうが、実際の日本語教育の現場においては、指導・学習のための明確な目標を持つことに対してもう少し自覚的になる必要があるのではなかろうか。それぞれの教育現場においては、様々な形でシラバスが作成されているわけであるが、そこに「スタンダード」的な視点を導入することで、新たな展開が可能になるのではないか。

本稿では、その1つの取り組みとして、国際交流基金関西国際センターにおける聴解指導の一例を紹介する。なお、この取り組みは、現在国際交流基金が開発中の「日本語教育スタンダード」とは直接関係はなく、むしろこの「スタンダード」に先んじて、コース独自の基準を作成してきた例として取り上げる。

2. 国際交流基金関西国際センターの専門日本語研修

　国際交流基金関西国際センターでは、1997年の設立以来、世界各国の外交官、公務員、日本研究者、司書等を対象に専門日本語研修を実施してきた。このうち、研究者・大学院生日本語研修（8ヶ月コース）と司書日本語研修（6ヶ月コース）については、2003年から2008年まで、主要科目を合同で実施している。なお、2008年度からは、司書日本語研修は研究者・大学院生日本語研修に吸収され、2009年度以降はこれに学芸員も加え、「文化・学術専門家日本語研修」という形で実施されることになる。

　本稿で言及する研修は、2008年5月まで実施されたもので、「聴解」のクラスも10月から3月までの6ヶ月間で30時間が割り当てられている。2007年度に関しては、研究者・大学院生日本語研修には、韓国、中国、フィリピン、ベトナム、カナダ、米国、ウクライナ、ハンガリーの8カ国、14名が参加し、司書日本語研修には、韓国、中国、モンゴル、フィリピン、カザフスタン、ドイツ、ロシアの7カ国、10名が参加した。

　当該コースでは、「研究活動または司書業務に必要な日本語能力の習得」が目的として掲げられており、それぞれの研修で、「①研究活動に必要な日本語能力の習得、②日本での研究活動の支援、③日本の文化・社会への理解」（研究者・大学院生日本語研修）、「①司書の職務に必要な日本語能力を高める、②日本の図書館事情についての理解を深める、③日本の社会・文化に対する理解を深める」（司書日本語研修）という目標が設定されている。

3. 「聴解」シラバス作成のコンセプト

　研究者・大学院生日本語研修と司書日本語研修のコースデザイン[6]を行う

にあたっては、まず、研修全体のコンセプトとして、「聞く・話す・読む・書く」の4技能をベースにするのではなく、「情報」をキーワードに、①情報収集、②情報交換、③情報整理・発信、の3つの側面を構造化することから始めた。(図1)

　図の中心に「基礎的な日本語能力」をイメージし、そこから外延に向かうにしたがって、専門家としての現実の場面に近づくように必要な能力を配置した。つまり、最も外側の部分が現実の「研究活動」(そして、そのかなりの部分が司書業務とも重なる)で、基礎的な日本語能力から、その研究活動へ至る過程に日本語学習に特化した形で、「研究活動に必要な日本語スキル」を、情報収集、情報交換、情報整理・発信の3つの観点から区分けして配置したのである。

　実際の研修参加者は、「初級終了程度」のレベルということで募集するのであるが、研修開始の時点では、参加者によって基礎的な日本語能力にかなり差があることがほとんどであるため、最初の3ヶ月で核の部分の「①基礎的な日本語能力」を充実させ、次の段階の3ヶ月で「②研究活動に必要な日本語スキル」を、そして最後の2ヶ月で実際の「③研究活動」にまで進むという、研修の時間的な流れもこの図には取り入れている。

　研究者・大学院生日本語研修の場合は、2007年度までは、2ヶ月コース、4ヶ月コース、8ヶ月コースと、3種類のコースがあったため、2ヶ月では「①基礎的な日本語能力」、4ヶ月では「②研究活動に必要な日本語スキル」まで、8ヶ月で「③研究活動」までというコース自体の区分けも考慮していた。

　前述のように、このコンセプトは「日本語教育スタンダード」とは全く関係なく構想されたものであるが、研究活動へ向けた指針を作成するという点では、結果的には限定的なスタンダードを提供することになったともいえるであろう。

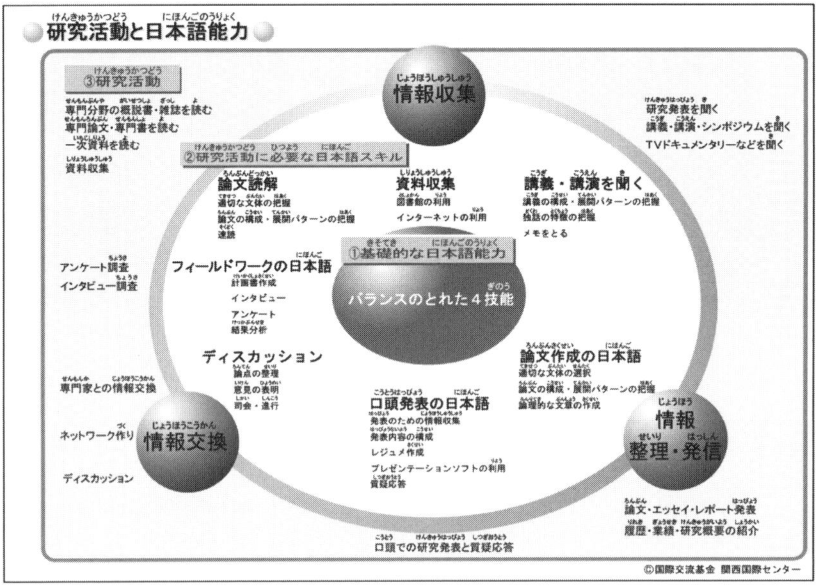

アカデミックな分野における「聴解」シラバス 99

[図1: 研究活動と日本語能力の概念図]

図1

4.「聴解」シラバス

「聴解」クラスについても、このコンセプトに基づいたシラバスが作成されている。

対象は、前述のように、研究者・大学院生及び司書で、初級終了程度ということになっている。応募の時点で、日本語能力試験3級以上という目安を示しているが、実際には様々なレベルが混在し、学習歴も国や年代によって随分と異なる。そのため、2007年度のように、24名ではレベル別で原則的には3クラス、実際の研修が始まった段階で、急遽初級クラスを設置というケースもある。

「聴解」クラスの目標については、レベル別に調整してあるが、「講義を聞くためのスキルを使って、講義形式・会話形式の学術的な内容を理解し、メモをとり、報告することができる」というものが最終目標になっている。

「聴解」クラスの時間数は、週1回（2時間）×15回で、計30時間となっている。

研修開始の時点で、日本語能力にかなりの差があるため、プレイスメント

テスト実施後にクラス分けを行うが、全体のスケールとして次の6レベル（表1　日本語能力向上度評価スケール：「聴解」）を設定し、研修参加者ごとに、8ヶ月の研修を経て、1～2段階のレベルアップを目標にする。ただし、このスケールはあくまで研修全体の動向を確認するもので、研修参加者には直接提示することはない。

　1～3レベルが、一般的な日本語能力で、4～6レベルが、専門的な場面ということになる。

表1　日本語能力向上度評価スケール：「聴解」

レベル	6	5	4	3	2	1
聴解	講義を聞くためのスキルを使って、講義形式・会話形式の学術的な内容を理解し、メモをとり、報告することができる	レベル6の内容を70%達成している	レベル6の内容を50%達成している	・短い解説や挿話を聞いて、大意がわかる ・様々な場面の日常会話を聞いて、大意がわかる	レベル3の内容を70%達成している	レベル3の内容を50%達成している

表2　「聴解」クラスの目標

(1)	中級初～中：B	「講義を聞くためのスキルを使って、講義形式・会話形式の一般的・社会的な内容を理解し、メモをとり、報告することができる」 ・説明的モノローグでよく使われる文型や語彙・表現を理解し、予測しながら聞く基本的技術を身につける
(2)	中級中～後：C	「講義を聞くためのスキルを使って、講義形式・会話形式のやや学術的な内容を理解し、メモをとり、報告することができる」 ・大事な情報を取り出し、全体的な内容を把握し、簡単にまとめる ・インタビューの会話を聞き、質問の仕方、答え方を身につけ、予測し、意見の展開を把握する
(3)	中級後～上級：D	「講義を聞くためのスキルを使って、講義形式・会話形式の学術的な内容を理解し、メモをとり、報告することができる」 ・大事な情報を取り出し、全体的な内容を把握し、簡単にまとめる ・インタビュー・ディスカッションの会話を聞き、予測し、意見の展開を把握する

2007年度の研修では、「聴解」クラスとしては3クラスであった。それに加えて初級レベルのクラスを設置したが、ここでは総合的なシラバスを適用し、「聴解」を独立した科目としては扱わなかった。各クラス（Bクラス～Dクラス）の目標は前頁表2のとおりである。

　なお、本研修においては、「聴解」を単に聞き取るところにとどめず、内容を要約したり、さらにはそれを報告したりすることまで含めて構成している点が大きな特徴ということができる。これは、研修全体のコンセプトとしての「情報収集」、「情報交換」、「情報の整理・発信」というポイントを、各科目においても常に意識的に実現できるようにしていることが背景にある。

5. 「聴解」クラスの実際

　こうしたアカデミックな分野における「聴解」のクラスでは、どうしても教材の内容が重要なものになってくる。20歳代後半以降の研究者や司書に対して、より実質的な内容ということで、様々な形で情報取りができるような内容を優先して取り上げている。

　上級レベルに至った段階で、インタビュー、さらには講義調のモノローグという場面を想定し、テレビやラジオのインタビュー番組、解説番組、大学講座等を取り上げ、聞き取りと内容の要約、報告を実施している。内容も、日本の社会や文化を読み解く鍵になるようなものを厳選し、研修参加者の興味を引き出せるよう配慮している。

　実際の授業で使用する教材は、市販のものや生教材を学習目的に沿った形で選択し、抜粋したりしながら使用している。例を挙げると、総合教材からの抜粋としては、『文化中級日本語』、『J-Bridge』、聴解教材からの抜粋としては、『聴解ストラテジー』、『聴くトレーニング』、『インタビューで学ぶ日本語』、さらに生教材としては、時事問題、NHKの「視点・論点」、講座番組等々である。時間数の関係もあり、専門的な部分に向かうにしたがって、講義調の内容を多くするように配置している。そのため、教材によく取り上げられているキャンパス内での大学生同士の会話やビジネス場面での会話などは扱わず、生教材の場合もニュースよりは1つのテーマで話をするような内容に重点を置くことになる。

授業の進め方としては、以下のような手順を踏む。
① ポイントディクテーション（前回の授業で重要なフレーズだと言われた内容について、簡単なディクテーションを行う）→Ｂ・Ｃクラス
② 導入：聞き取りのための背景知識、語彙、表現を確認する
③ 聞き取りタスク：大事な情報を聞き取る→メモ
④ 内容について話し合う
⑤ 全体の内容を把握し、簡単にまとめる

ここでも、既述した研修全体のコンセプトを実現する目的で、③〜⑤のように、メモとりや情報交換、さらには情報の発信といった具体的な行動に結びつけながら授業が進められる。

6. 聴解能力の評価基準

この目標に到達できたかを、学習したスキルということで、「1. 基礎的な発音の聞き分けができ、自分で発音することができる」、「2. 日常的な場面における簡単な会話を聞き、必要な情報を聞く」、「3. 日常的な場面における簡単な会話を聞き、大意を理解する」、「4. 短い説明を聞きながら的確にメモをとり、大意を簡潔に要約する」、「5. 社会問題などの話題についての説明を聞きながら的確にメモをとり、大意を簡潔にまとめる」というようなCan-Do Statements 的な記述文で提示し、それぞれの項目について4段階で到達度を評価している。評価には★印を用い、「よくできる：★★★★★」、「できる：★★★★」、「もう少し：★★★」、「がんばろう：★★」で4段階を示している。

こうした取り組みは、現在、議論されている「日本語教育スタンダード」をアカデミックな分野に限定する形で実現しようと試みた1つの評価方法として考えることもできるであろう。

この評価のほかに、全体のグレード評価ということで、出席10％、平常課題30％、テスト60％ということで、Ａ〜Ｅの5段階を研修参加者に提示する。（Ａ：100〜85％、Ｂ：84〜75％、Ｃ：74〜65％、Ｄ：64〜50％、Ｅ：50％未満）このグレード評価は、あくまでそれぞれのクラス内での成果を反映するもので、全体的なスケールでの評価ではない。

7. 研修参加者の反応

　研修参加者に対しては、コース終了後にアンケートを実施している。日本語科目については、時間数、内容、満足度の3点について、それぞれ4段階（とても満足、まあ満足、やや不満、とても不満）の評価を実施しているが、2007年度の場合、時間数については73%、内容については91%、満足度については73%が、満足と回答した。実際の声としては、「日本が初めての研修参加者が多いので、もっと時間数が必要」、「講義やシンポジウムによく参加する研究者には必要な科目で、必修にした方がよい」、「特に初〜中級のクラスで、場面や文脈から聴き取る内容がほしい」等が寄せられた。他の科目に比べて、どうしても評価が低くなりがちなのは、本稿冒頭で言及したとおり、学習曲線のプラトーが他の技能に比べて長期間続くということや、学習過程が明示されにくいというような点が背景にあるものと考えられる。

8. 今後の課題

　研究者・大学院生・司書を対象に実施してきた「聴解」指導であるが、今後の課題としては、①能力の伸びに対する教師による客観的な評価結果と研修参加者による自己診断の結果の差に対応する、②初〜中級レベルで、まとまった内容の聴き取りができるようなリソースをそろえる、③日本研究のための「聴解」用のデータベースを整備する、等が挙げられる。①については、これまでも週1回の個別授業や各学期末の学習相談において、きめ細かに対応はしているものの、さらに具体化されたチェックリストを用意する等、明示化された基準が有効になるのではなかろうか。

　学習者自身が「スタンダード」的な発想に馴染んでいない現段階での1つの取り組みとして、専門日本語研修のコース・スタンダード作成の一例を紹介した。このような現場での事例が、「参照枠」としての「日本語教育スタンダード」とどのような関係で展開していくことになるかは、今後さらなる検討と実践の積み重ねが必要になってくるであろう。

注

1 海外の学習者にとって聴解学習が持つ意味については、国際交流基金(2008)『国際交流基金日本語教授法シリーズ第5巻「聞くことを教える」』ひつじ書房、pp.9–10。
2 http://www.jees.or.jp/jlpt/jlpt_guide.html
3 同上。
4 同上。
5 同上。
6 羽太園、林敏夫、品川直美(2004)「海外の日本語学習者への支援——国際交流基金関西国際センターの現場から——第15回研修事業の評価　専門日本語研修の成果を測る試み」『日本語学』3月号第23巻第3号、明治書院、参照。(図1)についても同稿を参照。

参考文献

島田めぐみ・三枝令子・野口裕之(2006)「日本語Can-do-statementsを利用した言語行動記述の試み：日本語能力試験受験者を対象として」『世界の日本語教育』(16)東京：国際交流基金.

横山紀子(2008)『非母語話者日本語教師再教育における聴解指導に関する実証的研究』東京：ひつじ書房.

第二章　言語体験のグローバル化と日本語学習者

日本への留学経験が与える影響
—広東語を母語とする学習者の断り行動を例に

香港大学日本研究学科
吉川　貴子

1. はじめに

1.1. 研究の背景

　多文化・多言語社会である香港に住む人々は、新しい言語を学習するのに躊躇(ちゅうちょ)を覚えることが少ないといわれる。また、そのための学習機会にも恵まれた環境にある。その中でも、日本語は人気のある言語の1つで、教育機関もプライベートレッスンから、民間の語学学校、大学、そして大学に付属する成人教育の日本語コースに至るまで、多種存在し非常に充実している。その結果として、学習者と学習目的、さらに学習機会の多様性が香港の日本語教育における特徴となっている。また、香港と日本は地理的距離、文化社会的距離が近いこともあり、日本に関する知識や文化情報が手に入りやすく、香港・日本間の人々の移動も盛んである。

　このような状況において、近年、個人レベル、教育機関レベルにかかわらず、日本に留学する日本語学習者が増えている。筆者が所属する香港大学でも、海外の大学機関との交流を推進しグローバル化を図るという大学の方針に伴い、交換留学制度などを通して、大学在学中に日本の大学に留学する日本研究専攻の学生が増加し、年間20〜30人の学生が15の日本の大学機関に1年留学するという現状にある。留学を終えた学生は香港大学に戻ったあと、卒業に必要な単位を取得するまで1年ないし2年、さらに日本語学習を継続するケースがほとんどである。また、個人レベルでも、日本の語学学校などに留学し、高い日本語能力を習得して香港に戻ったあと、さらなるブラッシュアップを図るため、あるいは香港内の日系企業で働くビジネスマンとして必要なスキルを身につけるために、成人教育の日本語コースに参加す

る学習者も多い。

　しかし、日本への留学を経験した学習者を受け入れるにあたって、彼らの日本語能力や学習目的に配慮した特別なコースが準備されていることは稀である。多くの場合、留学経験のある学習者とない学習者とが混在し、両者の日本語能力の差から生じる学習上、指導上の問題に対し、教師も学習者自身も困惑しているのが現状だといえよう。しかし、日本へ留学する学習者が増加するにつれ、このような状況は今後ますます一般的になると予想される。

1.2. 研究の目的

　留学経験のある学習者の言語運用能力を留学の前後で比較した場合、個々人で差があるのは当然としても、一般的に留学後の会話能力に伸びが見られることを教師は経験として知っている。しかし、日本への留学経験を得て、何がどのように上手くできるようになるのか、またはならないのか、客観的かつ具体的に説明するには詳細な検討が必要である。そのために、ある特定の言語行動を取り上げ、学習者がどのように目的を遂行していくかを観察することは1つの手段となるだろう。目的を遂行するために、私たちは様々な方略を用いるが、その中でも、断り行動は相手の意向に反する行動であることから、互いの関係に生じる気まずさを緩和するため、相手への配慮が必要とされる。そのような言語行動には、言語形式のみならず、社会言語能力の知識も問われることから、日本語母語話者との接触場面の有無による学習者の学習背景が大きく影響するのではないかと考えた。

　そこで、本研究では、依頼に対する断り行動を取り上げ、留学経験のある学習者と留学経験のない学習者を比較し、その相違を明らかにすることで、留学経験が及ぼす影響について考察することを目的とする。そして、その結果から、留学経験のない学習者、すなわち、日本語母語話者との接触場面が少ない日本語学習者に対する会話教育において、教師として留意すべき点についてもあわせて考えてみたい。

2. 先行研究

2.1. 留学経験の影響についての先行研究

　留学経験が学習者に与える影響について調査した研究には、母語、及び学習言語を問わず、被験者の言語能力が留学の前後でどのように変化するか、筆記テストや OPI などを用いて分析したものが多い。Marriott (1995) は、オーストラリアで日本語を学ぶ高校生を対象に、ポライトネスの観点から、スピーチスタイル、依頼行動、内・外の関係の相手に対する呼称の使い分けについて、1年間の日本留学前後の変化を調査している。留学経験のある学習者とない学習者を比較した研究には Lafford (1995) がある。Lafford (1995) は、アメリカの大学のスペイン語コースでスペイン語を学ぶ学習者を被験者とし、スペイン、メキシコの大学に1学期間留学したグループとアメリカの大学で教室指導のみを受けたグループに分け、コース終了時点で、被験者の用いるコミュニケーション・ストラテジーを OPI によって評価した。具体的には、美術館への行き方を聞くという設定でロールプレイを行い、用いられたストラテジー、表現、フィラーなどについて分析を行い、その結果、教室指導のグループよりも留学グループにそれらのバリエーションと適切さが観察されたと述べている。そして、留学経験が会話におけるストラテジーのレパートリーを増やすために有効であると結論付けている。

2.2. 断り行動に関する先行研究

　一方、断り行動に関する研究には、Beebe et al. (1990) が用いた意味公式 (semantic formulas) を分析の枠組みとした流れを汲む研究が多い。意味公式とは、「理由」「謝罪」「代案提示」など、人がものを断るときに使う言語表現を構成する要素を、その内容によって分類したものである[1]。Beebe et al. (1990) は日本語を母語とする英語学習者の英語による「要請・招待・申し出・提案に対する断り」を意味公式に分類し、その出現順序・頻度・内容を英語母語話者と比較し、学習者の断りに語用論的転移が存在することを指摘した。同様の研究手法を用いて、日本語学習者の断りを分析した調査が生駒・志村 (1993) である。その結果、アメリカ人日本語学習者に日本人があまり用いない「直接的な断り」が見られたとし、英語から日本語への語用論

的転移を指摘した。

　その他に、意味公式を用いた断り行動の研究には、馬場・禹(1994)、藤森(1995)、加納・梅(2002)、文(2004)、ルンティーラ(2004)などが挙げられる。このうち、日・中の対照研究及び中国語を母語とする日本語学習者を対象に行った研究に関しては次のようにまとめられる。まず、中国語では「理由」の意味公式の出現頻度が他の意味公式より高く重視される(藤森1995、文2004)が、日本語では「理由」の他に「不可」「詫び」も高い頻度で現れること(文2004)、そして、発話行為のストラテジーを選択する際に、上下の人間関係よりも親疎関係を重視する傾向があり(馬場・禹1994、加納・梅2002)、また、表現形式については、加納・梅(2002)の調査から、日本語母語話者の表現形式はバリエーションが豊富だが、中国人日本語学習者は「〜はちょっと…」のように中途終止文で終わることが多いという結果がでている。筆者の管見では、日本語と広東語との対照研究、あるいは、広東語を母語とする学習者を対象にした断りの研究は行われていないが、広東語母語話者の断り行動を考える上で、これらの中国語や中国語を母語とする日本語学習者の断り行動の研究結果を参考にしたい。

2.3. 先行研究における問題点

　しかし、これらの先行研究は、データ収集方法が談話完成テスト[2](以下、DCT)によるため、その結果が実際の会話を反映しているとは必ずしもいえないことが問題点として指摘されてきた。これに対し、熊井(1993)はロールプレイによって会話データを収集し、断りを依頼者の行為要求から相手が依頼を打ち切るまでの「断り行動の談話」と位置づけ、日本に滞在する外国人留学生の断り行動を待遇表現の観点から分析した[3]。その分析にはBeebe et al.(1990)の意味公式が用いられたが、ロールプレイを手法にした場合、例えば情報要求などの、意味公式の分類に当てはまらない発話がなされることがあるため、熊井はBeebe et alの意味公式の枠組みにそれらの新しい要素を追加する必要性を指摘している。

　その他にも、実際の会話には現れるが、DCTによる結果に反映されていない発話があると予想される。例えば、実質的な発話内容を伴わない「うーん」のような発話は、それだけでも相手に断りの意思を暗示させる機能を持

つことができ、断り行動において重要な働きを持つ要素といえるが、これまでの先行研究ではカノックワン(1997)以外、重視されてこなかった。カノックワン(1997)は、実際の断りの会話で観察されることの多い、「ええ、うーん、用事があるので」の「うーん」のような自分の気持ちを暗示する形式も、相手に対する配慮を示し、対人関係を良好に保つために重要な役割を果たす断りの方略になっていると指摘し、これらの形式を否定マーカーとし、学習者が会話の中でそれらを用いる場合に、「うーん」よりも「あのー」「えーと」を多用する傾向があると述べている。

　また、被依頼者の発話だけを取り上げて分析を行っても、依頼－断りという会話が展開される中で、被依頼者の発話が依頼者に対してどのような働きかけがなされているのかを論じることはできない。会話の相手や場面によって用いる方略や表現が変わり、それによって相手への配慮が示される日本語では、やはり依頼者と被依頼者の実際のやり取りを見ながら、被依頼者の断り行動が依頼者に与える影響を考察する必要があるだろう。

　以上のような問題点を踏まえ、本研究では、データ収集にロールプレイの手法を用い、被依頼者の発話を可能な限り意味公式に分類して分析を行う。そのために、Beebe et al.(1990)、生駒・志村(1993)が用いた意味公式を一部改良したものを分析の枠組みとし、意味公式に分類された被依頼者の発話が依頼者に対してどのような働きかけがなされているのか、実際の会話例を見ながら検証する。そして、これまで重視されてこなかった「うーん」のような実質的な内容を伴わない発話にも焦点を当てて分析を行いたい。

3. 調査方法

3.1. 被験者と調査時期

　被験者は香港在住の香港大学に在籍する大学生(20～23歳)とし、次の4グループに分ける。

① 広東語を母語とする日本語学習者で日本への留学経験がある学習者(以下［留有］)
10名(男性2　女性8)
調査時期：2007年11月(留学から戻って1～2か月後)

② 広東語を母語とする日本語学習者で日本への留学経験がない学習者（以下［留無］）

  10名（男性4　女性6）

  調査時期：2007年5月～6月（3年終了時点）

③ 日本語母語話者（以下［日母］）　5名（男性2　女性3）

  調査時期：2007年5月～6月

④ 日本語学習経験のない広東語母語話者（以下［広母］）　5名（男性4　女性1）

  調査時期：2007年8月

本研究では、［留有］と［留無］に見られる相違を中心に考察を行うが、日本語、広東語それぞれの母語話者の断り行動と比較するために、［日母］［広母］各5名に対しても［留有］［留無］と同様の調査を行った。

3.2. 被験者の学習背景

［留有］と［留無］どちらも、必修言語科目として同時期に日本語学習を始めた。2年目まで同じ課程で約315時間学習した後、［留有］は3年目の1年間日本の大学に留学し[4]、香港に戻った後、香港大学で日本語学習を継続した。一方、［留無］は3年目も香港大学でもう1年約120時間の日本語学習を継続し卒業した[5]。調査時期は、［留有］は留学が終わり香港に戻ってから1、2か月後、［留無］は3年間の日本語必修全課程終了直後であった（図1参照）。

	1年目	2年目	3年目	4年目
［留有］	香港	香港	日本に留学	香港
［留無］	香港	香港	香港	

約170時間　約145時間　約120時間　調査実施

図1　［留有］と［留無］の日本語学習背景

調査を実施するにあたり、［留有］［留無］のグループ間で日本語能力に大きな差が生じないよう、2年終了時の日本語コースの成績を参考に、［留有］［留無］それぞれのグループとしての日本語能力の平均が同程度になるよう配慮

して被験者を選択した。

一方、[日母]は調査実施時期に日本からの交換留学生として香港大学に在籍していた日本語母語話者、[広母]は日本語学習暦のない香港大学に在籍する広東語母語話者である。

3.3. データ収集方法

データ収集には、日本語母語話者からの依頼に対して被験者が断るという設定で、ロールプレイの手法を用いた。なお、ロールプレイ実施に当たっては、依頼者として香港在住の日本語母語話者に協力をしてもらい、先生役を30～40代の女性（教師経験者）、先輩と同学年役を20代で香港大学に在籍する[日母]以外の大学生にお願いした。ロールプレイは全て録画し、音声を文字化[6]した資料をもとに分析を行った。ロールプレイ終了後、被験者のうち[留有]6名、[留無]7名に対して筆者と1対1によるフォローアップインタビューを行った。

依頼者、及び依頼場面の設定には実際に起こりうる場面を重視し、表1のように依頼者を先生、先輩、同学年の学生とし、それぞれ被験者との関係を親と疎の2種類設定して、合計6つの依頼場面を設定した。依頼内容は香港の大学生活に特有な内容ではなく、香港と日本のどちらの大学生活においても想定しやすい内容を設定した[7]。なお、[広母]のロールプレイでは依頼者も広東語母語話者で、広東語で行った。

表1　ロールプレイの場面設定

	依頼者	親疎	依頼内容
A1	先生	親	翻訳のアルバイトをやってほしい。
A2	先生	疎	セミナーの受付係をしてほしい。
B1	先輩	親	クラブの次期会計係を1年間やってほしい。
B2	先輩	疎	Open Day（大学祭）の手伝いをしてほしい。
C1	同学年	親	授業のプレゼンの発表の順番を変わってほしい
C2	同学年	疎	クラブの行事のポスター張りを手伝ってほしい。

3.4. 分析方法

本研究では、依頼-断り会話の中で、依頼者が依頼に関する話題を開始した時点から、被依頼者の断りを受け入れ会話が終了するまでの部分を分析の対象とした。分析の枠組みとしてはBeebe et al.(1990)、生駒・志村(1993)の用いた意味公式を基盤に、得られた会話データに現れた発話に基づいて、以下の4点で改良を加えた。

① 「否定マーカー」の追加（次の3種類に分類）
・「否定マーカーA」　いいよどみ　「うーん」「あのー」[8] など
・「否定マーカーB」　沈黙
・「否定マーカーC」　呼気

但しこれらの否定マーカーは被依頼者の発話中に、単独で出現、または他の意味公式に分類された発話の開始直前に出現しているものについてのみ取り上げる。

「否A」は言葉が出てこないときのいいよどみと区別するため、明らかに否定を意味するいいよどみではないと判断できる場合は除いた。音調的には低めで長く伸ばして発話されるという特徴を持っているものを取り上げた。

② 「否定的感情表明」の追加
依頼に対する話者の否定的な感情をさらに強く表現する働きを持ち、上昇調で長めに発音される「えー↑」という発話。

③ 「情報要求・確認」「情報提供」「代案提示受諾」「激励」「笑い」「誘い」「お願い」の追加

④ 「好意的反応表明」
Beebe、生駒・志村らの意味公式の「願望」と「好意的な反応の表明」を「好意的反応表明」という1つの意味公式にまとめた。

改良の結果、得られた会話データから合計22の意味公式が観察された。また、それらの意味公式の発話内容が、実質的な発話を伴うものとそうでないものに分け、前者を実質的意味公式、後者を非実質的意味公式として分類した[9]。分類された意味公式において、まず、その出現頻度の結果から、断り行動を構成する要素に［留有］と［留無］で相違が見られるか概観する。しかし、出現頻度だけでは、それらの意味公式が実際の会話でどのように用

いられているか、実態はわからない。そこで、本稿では、現れた意味公式の発話内容、表現形式に注目し、データ中の会話例を挙げながら、[留有] と [留無] に見られる相違について考察することに焦点を当てたい。

4. 調査結果

4.1. 意味公式の出現頻度

本節では、6場面全体における意味公式の出現頻度の結果から、被依頼者の発話に現れた意味公式の種類とその頻度における [留有] と [留無] の相違を概観する。但し、各意味公式の出現頻度について、場面別の結果を含めた詳細な考察は別稿に譲ることとし、ここでは、各被験者グループの断り行動全体における傾向を探り、[留有][留無] に見られた顕著な相違を述べるにとどめる。なお、本節で述べる出現頻度の数値は、意味公式に分類された被依頼者の発話を被験者グループ別に6場面全部で総計し、その中でそれぞれの意味公式が現れた割合をパーセンテージで示したものである[10]。

4.1.1. 実質的意味公式の出現頻度

実質的意味公式の出現頻度について [留有] と [留無] はどちらも「理由」を最も多用し、続いて「謝罪」「断り」が高い頻度で現れた。しかし、グラフ1を見てもわかるように、それぞれの出現頻度の数値には [留有][留無] 間で差異はほとんど見られない。その他に使用された意味公式に「情報要求」、「情報提供」、「回避（反復）」、「相手を思い止らせようとする試み」（以下、「相手思止」）、「代案提示」などがあったが、やはり、それぞれの数値の差異は小さかった[11]。このことから、実質的意味公式の出現

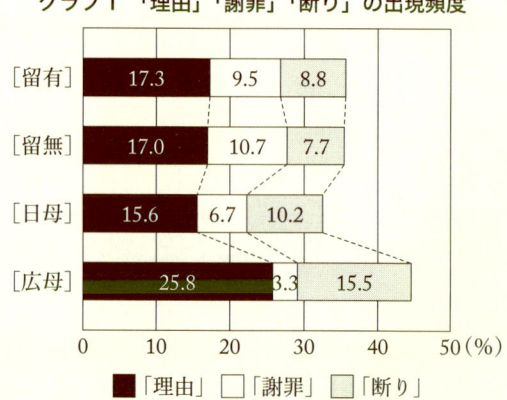

グラフ1 「理由」「謝罪」「断り」の出現頻度

	理由	謝罪	断り
[留有]	17.3	9.5	8.8
[留無]	17.0	10.7	7.7
[日母]	15.6	6.7	10.2
[広母]	25.8	3.3	15.5

頻度に関しては［留有］と［留無］の間に明確な相違は見られず、断り行動において、どちらも同じ意味公式を同じような頻度で使用していることがわかる。

しかし、［日母］［広母］と比較すると、［広母］は「理由」「断り」の出現頻度が高い一方、「謝罪」が低い特徴があり、［日母］との相違が顕著であるが、［留有］［留無］の「理由」「断り」「謝罪」の出現頻度は［日母］に近いことがわかった。つまり、［留有］［留無］どちらも、母語である広東語と学習言語である日本語の断り行動に相違があることを認識し、日本語で日本語母語話者に断るときは日本語のやり方で断ろうとしていることがうかがえる。この点は、フォローアップインタビューに参加した［留有］［留無］ほとんど全ての被験者が、日本語では曖昧に断るので、なるべく直接的に断らないようにしたとコメントしたことからも推察できる。［留有］［留無］と［日母］の比較では、「相手思止」で［日母］に比べて［留有］［留無］の数値が低いという特徴があった［留有］2.4％［留無］2.3％：［日母］7.7％）。しかし、その他に現れた意味公式の種類は［留有］［留無］と同じで、数値の差異も小さかったことから、全体的な傾向としては相似しているといえるだろう。

4.1.2. 非実質的意味公式の出現頻度

［留有］［留無］が最も多用した非実質的意味公式は「否定マーカーA」（以下、「否A」）であった。しかし、その出現頻度の数値は［留有］が13.1％だったのに対し、［留無］では22.7％と顕著な相違が認められた（グラフ2参照）。また、［日母］［広母］と比較しても、［留無］の数値が約10％高いことから、［留無］が「否A」を過剰に使用していることがうかがえる。特に、［留無］

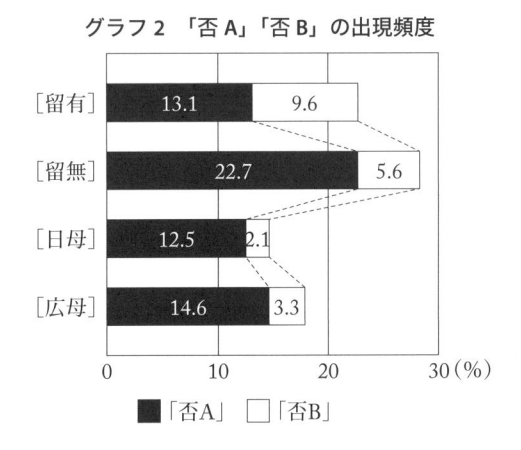

グラフ2 「否A」「否B」の出現頻度

	否A	否B
［留有］	13.1	9.6
［留無］	22.7	5.6
［日母］	12.5	2.1
［広母］	14.6	3.3

は会話例1のように、「断り」や「謝罪」「理由」などを述べる前に、常に「あのー」と発話する過剰使用の例が多く見られた。

会話例1 ［留無］の場面A1（先生・親）における会話の抜粋
　　　　AJ: 依頼者（女性）　N1: 被依頼者（男性）
　15 AJ:　えっとねーま、ちょっと急ぎなんでー
　16 AJ:　あの急いでやってもらいたいんだけどー
　17 AJ:　A4サイズ5枚
　18 N1:　5枚ですか↑
　19 AJ:　うん5枚//、大丈夫よ
　20 N1:　あー　　　　　　　　←「否A」
　21 N1:　あのー//すみません　←「否A」
　22 AJ:　　　　　うん
　23 N1:　あのーこのごろーあの、あのー宿題がたくさんあって//ー　←「否A」
　24 AJ:　　　　　　　　　　　　　　　　　　　　　　うん
　25 N1:　あのしめ、締め切りもー//あのちかいごろ//ーですか//ら
　26 AJ:　　　　　　　　　　　うん　　　　　うん　　　うん
　27 N1:　あのー、ちょっとーー、←「否A」
　　　　　　　　　　　四角で囲んだ太字部分を←で表した意味公式に分類

　一般に、学習者は教科書で何か言いにくいことを切り出すときに使うという説明で「あのー」を習うことが多いと思われる。会話例1ではこれを忠実に実行して会話が冗長した例だといえる。これに対して、［留有］の「否A」の数値は［日母］［広母］と差異がなく、会話例1のような「否A」の過剰使用は見られなかった[12]。その例として、会話例1と同じ場面の［留有］の会話例2を挙げておく。

会話例2 ［留有］の場面A1（先生・親）における会話の抜粋
　　　　SJ: 依頼者（女性）　Y7: 被依頼者（男性）
　13 SJ:　すごくあの上手に書いてくれるんじゃないかなと私が見てもわかんないんでねーお願いしたいんだけどどうでしょう
　14 Y7:　あのー　　　←「否A」
　15 SJ:　すごく条件いいの

16 Y7: (1.4) でも既に１つアルバイトを(0.4)やってますのでー　←「否B」

4.1.3. 意味公式の出現頻度のまとめ

　以上、意味公式の出現頻度の結果から、断り行動で使用される意味公式の種類、頻度について、実質的意味公式では［留有］［留無］に相違は見られなかったが、非実質的意味公式では「否A」の出現頻度で相違が顕著であった。本研究で非実質的意味公式に分類した発話や非言語行動は、これまでの断り行動に関する先行研究ではあまり重視されてこなかった。しかし、［留有］［留無］間でその使用状況が異なることから、それらが実際の会話の中で、どのような機能を持つのか検討する必要があるだろう。また、出現頻度に相違が見られなかった実質的意味公式についても、会話中の具体的な発話を観察し、依頼者に対してどのような働きかけがなされているのか検証する必要がある。次節からは、発話内容、表現形式に注目し、その実態について、［留有］［留無］に相違が見られた意味公式を取り上げて考察を試みる。

4.2. 発話内容

　［留有］［留無］で異なる発話内容が観察された意味公式に「断り」、「否A」がある。また、「好意的反応表明」の内容では、［日母］［広母］との比較で［留無］に特徴的な内容の相違が見られた。

4.2.1. 「断り」

　［留有］［留無］に現れた「断り」の発話内容は①「ちょっと」、②「難しい」、③「無理」、④「だめ」、⑤「できない」、⑥「したくない・やる気がない・興味がない」、⑦「その他」の７種類に分類することができる。グラフ３は［留有］［留無］の「断り」発話で①〜⑦が使用された割合を示したものである。

　これによると、［留無］の各発話内容の使用頻度数が2.1%から42.6%までの開きがあるのに対して、［留有］はほとんどが15%から25%の間に収まっており、しかもそれぞれの間に大きな差異がない。このことから、［留有］に現れた発話内容は［留無］に比べてバリエーションが広いことがうかがえる。それに対して［留無］は①「ちょっと」が最も多く、全体の42.6%

を占めていた。しかし、[留有]の発話内容で多かった③「無理」、④「だめ」、⑤「できない」などの内容は非常に少ない（2.1〜4.3％）。一方で、[留無]は⑥「したくない」という内容が多いが、これは日本語では不適切になる可能性が高い発話内容といえるだろう。[留無]がどの場面で「したくない」という

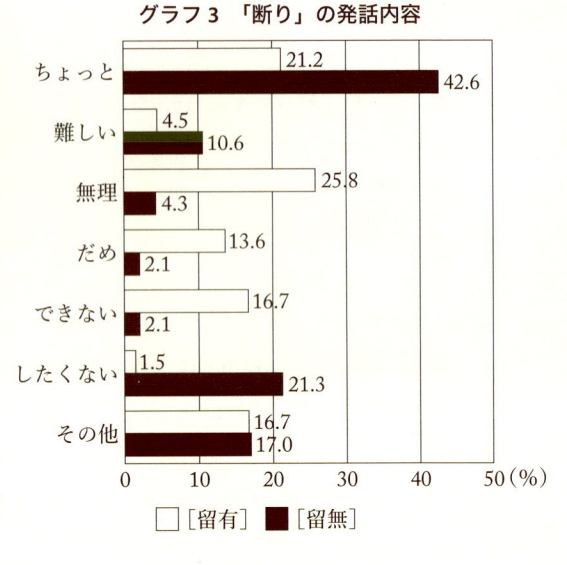

グラフ3　「断り」の発話内容

	[留有]	[留無]
ちょっと	21.2	42.6
難しい	4.5	10.6
無理	25.8	4.3
だめ	13.6	2.1
できない	16.7	2.1
したくない	1.5	21.3
その他	16.7	17.0

内容の発話をしているかを見ると、A1（先生・親　翻訳のアルバイト）、B1（先輩・親　クラブの会計係）で多いことがわかった。次の会話例3は、[留無]の場面A1で「したくない」という「断り」発話を行った例である。

会話例3　[留無]の場面A1（先生・親）における会話の抜粋
　　　　HJ: 依頼者（女性）　N7: 被依頼者（女性）
05　HJ：　あのさー、あたしの友達がー、あの日本語からー広東語にー翻訳するアルバイトをしてほしいって言ってるんだけどー
06　N7：　はい
07　HJ：　やってくれないかなあ
08　N7：　でもねー（笑）
09　HJ：　うん
10　N7：　うん、したくないです　　←「断り」
11　HJ：　したくないのー//ー↑＝

　特に目上の相手に対して「したくない」と自らの感情をストレートに表す方法は、親しさの度合いにもよるが、日本語では一般的でないといっていいだろう。しかも、会話3の被依頼者N7が10N7の「したくないです」を発話したときの音調は、平板的で淡々としていて、ぶっきらぼうに聞こえたた

め、その影響からも不適切さが増したようである。依頼者HJは11HJの後、食い下がって2回目の依頼をしたが、同じように「したくない」と断られたため、「したくないなら仕方がないね。じゃ、いいです。」と言って依頼をあきらめ、会話を終了させた。

　次の会話例4は会話例3と同じ場面の［留有］の例である。

会話例4　［留有］の場面A1（先生・親）における会話の抜粋
　　　　　NJ: 依頼者（女性）　Y2: 被依頼者（女性）
　27 NJ:　でもアルバイト料はちょっといいみたいなんだけどどうかな
　28 Y2:　んーすみません やっぱりーちょっと難しいと思います ←「断り」

　会話例4の28Y2の「断り」は、［留無］の会話例3の「断り」に比べて「難しい」という内容に加え、その前に「やっぱり」、「ちょっと」という緩衝表現が付加され、さらに間接性が高められている。「断り」の前に付加される緩衝表現は、［留無］では「否A」がほとんどだったが、［留有］では「否A」の他に、「ちょっと」、「多分」、「やっぱり」も多く使用されていた。

　このように、「断り」の発話内容については［留有］と［留無］に大きな相違が見られた。［留有］の発話内容にはバリエーションがあり、直接的な内容であっても緩衝表現を付加することで直接性が緩和された内容になっているのに対し、［留無］では「〜はちょっと」の使用が多く、「したくない」のような断りの意思を直接的に表す発話も見られた。

4.2.2.「好意的反応表明」

　「好意的反応表明」（以下、「好意反応」）とは相手の依頼を引き受けることに対して被依頼者の好意的な気持ちを表すために用いられる。例として「本当は引き受けたいのだが…」、「できればいいのですが…」のような発話がある。「好意反応」は［留無］の場面A1（先生・親）に多く用いられていた。次の会話例5は［留無］の場面A1に現れた「好意反応」の例である。

会話例5　［留無］の場面A1（先生・親）における会話の抜粋
　　　　　TJ: 依頼者（女性）　N10: 被依頼者（女性）

120　第二章　言語体験のグローバル化と日本語学習者

29 TJ:　んーけっこうねー悪い条件じゃないみたいなんですけどー
30 TJ:　むりです、かー↑
31 N10:　そーー↑
32 N10:　それはほんとにーーー、助けたいんですがー　←「好意反応」
33 TJ:　んーーー
34 N10:　多分無理だと思いま // す

　会話例5のように、［留無］のA1に現れた「好意反応」の発話内容は全て「本当は先生を手伝いたい・助けたいのですが」であった。同様の発話内容は［留有］では1例にとどまっている。［留無］とのフォローアップインタビューに、先生からの依頼に対してはたとえ断りの正当な理由があってもなるべく引き受けるようにするというコメントが多くあった。中国人は「自分（の力）に対する相手の信頼や期待」に応えるという「威信」を発話行為のストラテジー選択の判断基準の1つとして重視するという（山口1997）。［広母］のA1の会話でも5人中2人に、「我都好想幫你、但係…」（＝本当に手伝いたいのですが…筆者訳）という発話が見られたことから、［留無］の発話内容に母語の影響が強いことがわかる。一方、同じ場面で［日母］に現れた「好意反応」の発話内容に「手伝いたい」は見られず、「興味はある」のように依頼者に報いたいというよりは、依頼内容に対する自分の思いについて言及していた。Brown and Levinson (1987)のポライトネス理論では、どちらもポジティブポライトネスの範疇に入る発話だが、日本語母語話者からみた場合、違和感を覚える発話内容かもしれない。その点では、語用論的転移の可能性も示唆できるだろう。

4.2.3.「否A」

　「否A」には、①「あのー」、②「うーん」、③「あー」、④「えー・えーと」、⑤「その他」の5種類の発話内容が観察された。グラフ4は「否A」に分類された発話において、それぞれの内容が使用された割合を示したものである。［留有］［留無］に見られる最も顕著な差異は①「あのー」で、［留有］が7.9％と低い割合なのに対して、［留無］は53.4％と「否A」の半分以上を占めていた。逆に②「うーん」は、［留有］が39.5％、［留無］が21.1％で、［留無］の割合は［留有］の約2分の1にとどまっている。③「あー」も［留

有]が多用しているのに対して、[留無]の割合は低く、[留有]との間に15％の差異が見られた。また、⑤「その他」では、[留有]に「いやー」、「まあー」などの発話が見られたが、[留無]では使用されていなかった。

グラフ4 「否A」の発話内容

	[留有]	[留無]
あのー	7.9	53.4
うーん	39.5	21.1
あー	25.4	10.6
えー	13.2	11.2
その他	14.0	3.7

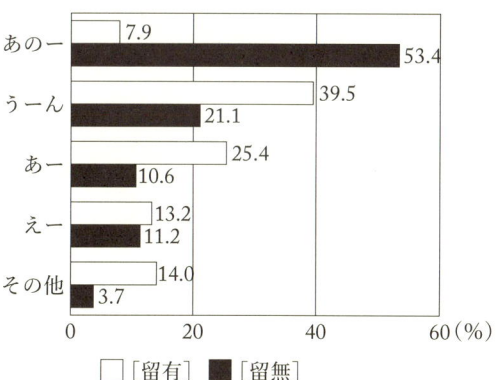

否定マーカーは単独で発話されたり、「理由」「断り」などの実質的意味公式の前のクッションとして発話され、相手に断りの意思を暗示し、それによって依頼者の選択する方略にも影響を与えることから、断り行動において重要な働きを持つ。「あのー」「うーん」がどのような機能を果たすかについて、カノックワン(1997)は、日本語母語話者が「うーん」を多用するのに対して、学習者は「あのー」「えーと」を多用し、それが間継ぎという感じにしか聞こえないため、否定的な感じを前もって示す役割をあまり果たしていないと述べている。「あのー」「えーと」が間継ぎにしか聞こえないというのは疑問のあるところである。それが会話の相手に対して、どのような音調で、どのように発せられたかによっては、十分否定的な感じを示す働きもあると思われる。[日母]の発話内容に、①「あのー」23.3％、②「うーん」38.3％、③「あー」28.3％の3種類が多用されている結果を見ても、「あのー」が否定マーカーとしてではなく、単なる間継ぎのためだけに使用されているとはいえない。しかし、確かに、「あのー」「えーと」などが、間継ぎのためにも多用されることを考えれば、「うーん」のほうがより強い否定的な感じを示すといって差し支えないだろう。また、4.1.2で挙げた会話例1から、「あのー」が何回も繰り返されるほど否定的な感じが弱まり、否定マーカーとして十分機能しなくなることもわかる。

「あのー」「うーん」が以上のような機能を持つことを考えると、[留有]の「否A」には「うーん」が多く、断りの意思を暗示する否定マーカーとしての機能が有効に働いているのに対して、[留無]の「否A」では「うーん」

よりも「あのー」が多く、また、それを繰り返して使用するため、否定マーカーとしての機能が十分に果たされていないといえるだろう。

さらに、「否A」が否定マーカーとして有効に機能するためには、その内容だけでなく、それが発話される際の音調の影響も無視できない。本研究では音調に関して詳細なデータ分析は行わなかったが、全体的に［留有］の音調は［留無］に比べて日本語母語話者に近い自然な音調だったといえる。しかし、［留無］では「否A」以外に「否定感情」でも音調の不自然さが見られ、発話内容や表現形式、あるいはスピーチスタイルなどで、丁寧度が高く、相手に対する配慮が感じられる会話の中で、突然強い音調で「否定感情」を発し、相手に対して発話者が意図しないほどの脅威を与える結果になってしまった例があった。私たち日本語母語話者は、発話意図に応じて微妙に音調を変えているが、学習者にとってこのような音調の調節は非常に難しいといえるだろう。

4.3.「断り」の意味公式に用いられた表現形式

各意味公式に分類された発話の表現形式には、それぞれ［留有］［留無］に相違が見られた。その中で、その表現形式の違いによって相手に示す配慮に差が現れるものに「断り」が挙げられる。そこで、本節では「断り」の表現形式に焦点を当てて、4.2.1の発話内容と関連付けて、［留有］［留無］の相違について考察する。

「断り」における文末の表現形式を見ると、［留有］［留無］では使用状況が異なった。本研究の会話データから得られた文末形式には①「中途終止」、②「と思う」、③「言い切り」、④「けど」、⑤「よ」、⑥「ね」、⑦「かな」、の7種類が観

グラフ5　「断り」の文末の表現形式

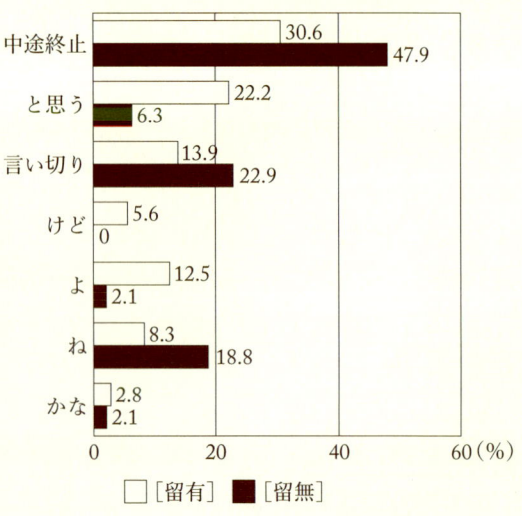

	［留有］	［留無］
中途終止	30.6	47.9
と思う	22.2	6.3
言い切り	13.9	22.9
けど	5.6	0
よ	12.5	2.1
ね	8.3	18.8
かな	2.8	2.1

察された。①「中途終止」は「ちょっと」を含め、「断り」が言い差しの形で終わるものを指す。②「と思う」は、4.2.1で分類した発話内容に、「と思う」が付加された形である。③「言い切り」には、②「と思う」や終助詞が付加されることなく、言い切りの形で終わるものが含まれる。また、④「けど」は①の中途終了に分類される形式ではあるが、［留有］と［留無］の使用状況に差異があったため、あえて①「中途終止」には分類せず、1つの種類に数えることとした。④「けど」、⑤「よ」、⑥「ね」、⑦「かな」が①「中途終止」あるいは②「と思う」の後に付加された場合は、それぞれが1回使用されたこととして数えた。グラフ5は、その使用状況の割合を示したものである。

　その結果、［留無］は文末形式の半数近くが①「中途終止」で、［留有］との差異が大きかった。また、［留無］の①「中途終止」のほとんどが、「～はちょっと…」だったが、これは加納・梅（2002）の調査と同様の結果となった。［留無］で次に多い文末形式は③「言い切り」で、これも［留有］より10％近く多く使用されている。一方、②「と思う」は［留有］が多く使用していたのに対して、［留無］はこの形式をあまり用いていないことがわかった。④「けど」、⑤「よ」、⑥「ね」の使用に関しても差異が顕著に見られた。④「けど」は［留有］がA先生に対する場面で使用し、依頼者との関係で「けど」を使い分けていることがうかがえるが、［留無］には「けど」を使用した「断り」は1例も観察されなかった。また、終助詞の使用については、［留有］が⑥「ね」より⑤「よ」を多く使用しているのに対し、［留無］は⑤「よ」をほとんど使用せず、逆に⑥「ね」の使用が［留有］に比べて多かった。しかし、［日母］に見られた「かな」や「よね」の使用は［留有］［留無］とも少なかった。

　では、以上のような文末形式で表現された「断り」発話が、実際の会話の中でどのように行われているのか、また、依頼者に対してどのような働きかけがなされているのか、例をいくつか見ながら検証したい。

　まず、［留無］で最も多かった①「中途終止」で「～はちょっと…」が使用された会話例6を見たい。

124　第二章　言語体験のグローバル化と日本語学習者

会話例6　［留無］の場面C1（同年代・親）における会話の抜粋
　　　　KJ: 依頼者（女性）　　N8: 被依頼者（女性）
　08　KJ:　え↑、○○かわってくれないかなー
　09　N8:　えー↑来週ー↑
　10　N8:　(1)あのでも来週はー他のプレゼンテーションがー、あるよー
　11　N8:　(1.3)でもですからーあのー忙しいですねー
　12　KJ:　え○○いつも勉強ちゃんとやってるし大丈夫かなって思ったんだけど
　13　N8:　そーれはーーー(笑)
　14　N8:　あのーでもー来週も他の宿題があるんですけどー
　15　N8:　(2.4)　それはちょっとー　(笑)　←「断り」

「〜はちょっと…」という断り方は、それに続く直接的な断り発話を敢えて避け、婉曲に断ることで相手に対する配慮を示す断り方である。しかし、逆に言えば、自分の気持ちを前面に押し出したくないという発話者の感情が見え隠れするため、相手と一定の距離を保ちたい場合に使われるという側面もある。会話例6の依頼者はC1同年代の親しい友人で、設定した6場面の中では最も丁寧度や配慮が要求されない相手であった。そのような相手に対して、15N8の「それはちょっとー」という断り方が果たして適当であったのかは疑問である。また、この「断り」発話以前に09N8、10N8、11N8、14N8で依頼を引き受けられない「理由」を述べ、断りの意思、妥当性を強い調子で表明しているにもかかわらず、最後に婉曲的に「それはちょっとー」と断ったことで、会話の展開上、アンバランスな感じがすることは否めない。山本他（2005）も指摘しているように、「〜はちょっと…」という断り方は日本語の教科書の中で「直接的な表現を用いることなく、断りが伝えられる便利な表現」と扱われ、断りの最初の例として初級の段階で導入されることが多い。その後、教科書や教室活動でその他の断りの表現が導入されない限り、特に日本語母語話者との接触場面の少ない［留無］にとっては、断り表現のバリエーションはなかなか増えない。そのため、依頼者との人間関係や依頼内容などの場面に関わらず、便利な「〜はちょっと…」で断る傾向があるように思われる。

　一方、同じC1の場面で［留有］と［日母］に現れた「断り」には「〜はちょっと…」は用いられていなかった。次の会話例7は同じ場面の［留有］

の例である。

会話例7 ［留有］のC1（同年代・親）における会話の抜粋
    UJ: 依頼者（女性）　Y4: 被依頼者（女性）
14 UJ:　教授がアメリカに帰っちゃってるから来週にずれ込んじゃってあたし、プレゼンが2つなんてだ、できないの
15 Y4:　えーー わたしもできないよー 　←「断り」
16 UJ:　（笑）

会話例7の15Y4の「断り」は「できない」という直接的な発話内容に、⑤「よ」が付加されたことによって、依頼を引き受けられないという被依頼者の気持ちを依頼者に強く訴えかける働きを持つ発話となっている。しかし、この場合、依頼者が同年代の親しい友人なので、被依頼者が断りの気持ちを強く表明することに違和感はない。［日母］の同じ場面に現れた「断り」発話にも、「無理だよー。」「私も厳しいんだよ。」のような例が見られた。たとえ「断り」で強く断りの気持ちを表明しても、「笑い」「謝罪」「代案提示」など他の様々な方略を用いて配慮がなされるので、人間関係に摩擦が生じる危機は回避されるのである。

「～はちょっと…」に代表される中途終止の表現形式以外に、［留無］では「言い切り」の形式も多く見られた。次の会話例8は［留無］の「断り」に現れた発話で、日本語では不適切になる恐れのある例である。

会話例8　［［留無］のC2（同年代・疎）における会話の抜粋
    KJ: 依頼者（女性）　N2: 被依頼者（女性）
14 KJ:　あ全部じゃないです
15 KJ:　えと○○さんにはーなんか、○○さんに行ってもらう場所を○○さんには、えっとーどこかわからない、ですけど大学の中のどこかに貼りにいってもらったりすると思います
16 N2:　そうですかー、んー
17 N2:　でもー、そーそんそんな、あのー仕事はーあのー興味にー 興味、がありませんー 　←「断り」
18 KJ:　(1)あーそっかー(2.8)

会話例8の「断り」発話17N2は、「興味がない」という直接性の高い発話内容が、③「言い切り」の形式で表されたため、依頼者に対する働きかけの度合いが低くなり、依頼を引き受けることができるならば引き受けようという気持ちが感じられない発話となってしまっている。依頼者が18KJで沈黙が続いていることからも、この被依頼者N2の発話が予期されない発話だったと推測できる。

その他に、［留有］と［留無］で使用状況が異なった形式に④「けど」がある。会話例9は［留有］で「けど」が使用された会話例である。

会話例9　［留有］の場面A1（先生・親）における会話の抜粋
　　　　　　NJ: 依頼者（女性）　Y2: 被依頼者（女性）
　29 NJ:　内容もそんなに難しくないと思うんだけどどうかなー
　30 Y2:　えーとーんーこのー2週間はちょうどーレポートとー(0.6)あのテストの時期なのでーー
　31 NJ:　あーそうーかー
　32 Y2:　急いでー、るんだったらー
　33 NJ:　んーー
　34 Y2:　ちょっとむずかしいと思うんですけど　　←「断り」
　35 NJ:　あっそう

「けど」が使用されたのは依頼者がA先生（親・疎）の場面だけであったことから、［留有］が丁寧度や配慮が要求される目上の依頼者に対して「けど」を選択していることがわかる。一方、［留無］に「けど」が使用された発話はなかった。

この会話例9、そして前に挙げた会話例7の「よ」の使い方などから、［留有］は依頼者との人間関係によって、「断り」の文末形式を適切に選択し、丁寧度や配慮の程度を上げたり、自分の気持ちを強く表明したりすることに成功しているといえる。それに対して、［留無］は依頼者との人間関係によって、用いる表現形式に違いがあまり見られなかった。また、「と思う」の使い方に関しても、［留有］が多用しているのに対して［留無］の使用は少なく、相違が見られた。浅野(1996)は日本語の「思う」が「自分の状況に対する把握の仕方が、他人の評価と関わってくる場合」に使用されると述べて

いる。その意味で、［留有］は「と思う」によって断りを断定することを避け、それが受け入れられるかは相手の判断にゆだねることで配慮を示す断り方をしているといえる。しかし、［留無］はこのような「と思う」の使い方がまだできていないといっていいだろう。このように、［留有］が直接的な断りの発話内容でも、用いる表現形式によって相手に対して様々な配慮を示しているのに対し、［留無］は断りの表現形式にバリエーションが少なく、「〜はちょっと…」という婉曲的な断り表現を多用する傾向があり、その他の表現を用いて、依頼者に対して配慮を示しながら断ることはそれほどできないことがわかった。

5. まとめと今後の課題

　本研究では、依頼に対する断り行動について、ロールプレイで得られたデータを意味公式に分類し、出現頻度を概観した上で、実際の発話内容、表現形式に焦点を当てて、留学経験のある学習者とない学習者で比較し、その相違点について考察を行った。明らかになった相違点は次のとおりである。

① 断り行動を構成する実質的意味公式の種類と出現頻度について、［留有］［留無］間に相違は認められなかった。また、［日母］［広母］との比較から、［留有］と［留無］のどちらもが、母語である広東語から学習言語の日本語のやり方にシフトしていることがわかった。

② 実質的意味公式の発話内容では、「断り」で［留有］によるバリエーションが多く、「できない」「無理」などの直接的な発話内容を、「ちょっと」「多分」「やっぱり」などの緩衝表現を用いて、直接性を和らげていたのに対し、［留無］はバリエーションが少なく、また、「したくない」という日本語では不適切になる可能性の高い内容も見られた。その他に、［留無］の「好意反応」に「本当に先生を助けたいのですが、」という語用論的転移の可能性が示唆される発話内容が見られた。

③ 表現形式では、「断り」の文末形式に相違が認められ、［留有］が「と思う」「けど」「よ」を相手との関係によって適切に選択しながら、依頼者に配慮を示しているのに対して、［留無］にはそのような表現形

式の使用自体が少なく、依頼者や場面に関わらず「〜はちょっと…」を多用する傾向があった。

④ 非実質的意味公式では［留無］の「否定マーカーA（うーん、あのー）」の出現頻度が高く、［留無］がそれらを過剰に使用する傾向が見られた。また、その発話内容も［留有］［留無］で異なり、［留有］の方が「うーん」を多用して、断りの意思を暗示するために否定マーカーを有効に用いているのに対し、［留無］は「あのー」を何度も使用することで、否定マーカーとして十分機能していなかった。

以上の相違点から、留学経験の有無が及ぼす影響について次のように考えられる。

まず、学習者の母語と日本語の断り行動のパターンが異なる場合、留学経験のない学習者でも母語のパターンをそのまま適用するのではなく、日本語のパターンを意識して対応できるといっていいだろう。しかし、相手の依頼を断ることで生じる気まずさを緩和しながら会話を展開していくためには、実際に用いる表現が重要になってくる。とりわけ断り行動では、依頼者との関係や依頼内容に対応した細かい配慮が必要とされる。この点については、Lafford（1995）の結果と同じように、留学経験によって表現のバリエーションが広がり、それらを場面に即して適切に選択できるようになることがわかった。特に文末形式のバリエーションを見ると、留学経験の有無で相違が大きく、峰他（2002）[13] の調査でも明らかなように、言語接触環境の影響が大きいことがわかる。また、否定マーカーの使用についても同じことがいえ、その習得に日本語母語話者からのインプットとそれを使用する頻度が大きく関わっているといえるだろう。

では、これらの表現上の習得において、日本国外での学習環境には限界があり、留学経験に期待するしか術はないのだろうか。まず、学習者の母語の影響を受け、日本語で不適切になる恐れのある発話内容や表現については、広東語の断り行動に関し詳細な調査をした上で、日本語と広東語における相違について学習者に気づきを促す必要があるだろう。表現のバリエーションを増やすためには、教科書や教室活動の中で、学習段階に応じて必要な表現を提示していかなければならない。そして、それらを使用する状況を創出するために、様々な可能性を考えることこそが教師の役割であると考える。

幸い、香港には多くの日本人在住者がいる。これまでにも、ビジターセッションやインタビュープロジェクトなどの教室外活動を通して、学習者が日本語母語話者と交流できる機会を設けてきたが、さらに細かく設定した学習目的のもとに、日本人の協力を得て自然習得環境を取り込む教室活動も考えられるだろう。このような教室活動の報告に宮崎(2003)がある。宮崎は聞き手の行動としてのあいづち、うなずきを取り上げた教室活動で、日本人ボランティアを招いて学習者とロールプレイを行い、その中で学習者のあいづちがどのように行われたか、日本人ボランティアに評価、コメントをしてもらうという活動を行っている。これは日本語母語話者の協力を得て行う教室活動として、非常に参考になる活動で、他にも、例えば、断り行動における否定マーカーを取り上げて、同じような活動を行うことができるかもしれない。

　日本国外の接触場面の少ない学習環境で学ぶ学習者にとって、習得上の限界は当然考えられる。しかし、それぞれの社会環境に応じて可能な接触場面を学習者に提供する努力は必要だろう。そして、そのような学習機会を通して学習者の学習意欲を高め、さらに言語能力の向上につながることを期待したい。

　本稿では、［留有］と［留無］に見られた断り行動における相違の一部を取り上げたに過ぎない。その他に、場面別に選択される方略の違い、各意味公式に用いられる表現形式、スピーチスタイル、音調など、観察された相違は多岐にわたる。また、依頼者、依頼内容などの場面が変われば、用いられる方略や表現も異なることはいうまでもない。日本語、広東語それぞれの母語話者の断り行動を含め、さらに詳しい分析を行うことを今後の課題としたい。

注
1　例として被依頼者が「すみません、その日は用事があるので、無理だと思います。」と発話した場合は、「謝罪」、「理由」、「断り」の３つの意味公式に分類されることになる。

2 談話完成テストとは設定された状況で被験者がどのように断るか空欄に書き込むものである。
3 熊井 (1993) と同じく依頼に対する「断り」行動を談話レベルから分析した研究に、台湾人と日本人の大学生を対象にそれぞれの母語話者同士の自然会話を扱った施 (2005) がある。
4 日本での留学先機関と日本語学習の内容は被験者によって異なる。
5 香港の大学は現在 3 年制である。
6 文字化に際して使用した記号は以下のとおりである。
    //　：「//」の後の発話が次の番号の発話と同時に発せられたことを示す。
    ＝　：「＝」が連結する発話の間に空白が認められないことを示す。
    ↑　：上昇のイントネーションで文が終了することを示す。文末に記号がない場合は下降イントネーションで文が終了したことを意味する。
    ー　：「ー」の前の音節が長く延ばされて発話されたことを示す。
    、　：短い沈黙を示す。
    (1)　：沈黙の長さを示す。
    (笑)：笑い
    ～　：波線が施された部分が笑いながら発話されたことを示す。
    ○○：人名
7 その結果として、被依頼者に対する依頼内容の負担度については、親しい相手からの依頼については比較的重く、親しくない相手からの依頼については軽い傾向になっている。しかし、ロールプレイの中で、依頼者は被依頼者に 1 度断られた後も再度依頼をしており、緊急度は高い設定になっている。
8 Beebe et al. (1990)、生駒・志村 (1993) の意味公式の分類では、「うーん」「あのー」などの発話は断りへの付随物 (それ 1 つでは成り立たず、断りとして働かない付随的な発言) の中で間を持たせる表現として分類されていた。
9 本研究で使用した意味公式の種類については資料 1 を参照
10 意味公式 A の出現頻度の平均値＝ 6 場面全部の会話に現れた意味公式 A の総数÷ 6 場面全部の会話で意味公式に分類された発話数の総数
11 「情報要求」([留有] 4.8%［留無］6.3%)、「情報提供」([留有] 6.0%［留無］4.9%)、「回避 (反復)」([留有] 3.1%［留無］4.6%)、「相手思止」([留有] 2.4%［留無］2.3%)、「代案提示」([留有]［留無］2.3%)
12 [留有] では「否 A」の他に「否 B」も 9.6% の割合で現れたが、[日母] の「否 B」の数値は低かった (2.1%)。非実質的意味公式を用いる頻度については、[留有] と [日母] で全く同じともいえないようである。
13 峰他 (2002) では、文末表現の習得を自然習得者と教室習得者で比較している。その中で、日本以外で日本語を学んだ学習者 (中上級レベル) が、来日直後は文末表現のバリエーションが少ないが、来日後 8 か月もすると文末表現も増加することから、文末表現の習得には自然習得環境の方が有利に働くと述べている。

参考文献

浅野裕子(1996)「「情報なわ張り」と日英の文形選択基準：「と思う」を中心に」『世界の日本語教育』6: pp.169–184. 国際交流基金日本語国際センター.

馬場俊臣・禹永愛(1994)「日中両語の断り表現をめぐって」『北海道教育大学紀要. 第一部 .A, 人文科学編』45 (1): pp.43–54. 北海道教育大学.

Beebe, L.M., Takahashi, T. and Uliss-Weltz, R. (1990) Pragmatic Transfer in EFL Refusals. In Scarcella, R., Andersen, E. and Krashen. (eds.) *Developing Communicative Competence in a Second Language.*, New York: Newbury House.

Brown, P. and Levinson, S. (1987) *Politeness : Some universals in language usage.* Cambridge: Cambridge University Press.

文鐘蓮(2004)「断り表現における中日両言語の対照研究 ―意味公式の発現頻度を中心に」『人間文化論叢』7: pp.123–133. お茶の水女子大学大学院人間文化研究科.

藤森弘子(1995)「日本語学習者にみられる「弁明」意味公式の形式と使用 ―中国人・韓国人学習者の場合」『日本語教育』(87): pp.79–90. 日本語教育学会.

生駒知子・志村明彦(1993)「英語から日本語へのプラグマティック・トランスファー：「断り」という発話行為について」『日本語教育』(79): pp.41–5. 日本語教育学会.

加納陸人・梅暁蓮(2002)「日中両国語におけるコミュニケーション・ギャップについての考察 ―断り表現を中心に―」『言語と文化』15: pp.19–41. 文教大学大学院言語文化研究科付属言語文化研究所.

カノックワン・ラオハブラナキット(1997)「日本語学習者にみられる「断り」の表現 ―日本語母語話者と比べて―」『世界の日本語教育』7: pp.97–112. 国際交流基金日本語国際センター.

熊井浩子(1993)「外国人の待遇行動の分析 -2- 断り行動を中心にして」『静岡大学教養部研究報告 人文・社会科学篇』28 (2): pp.266–277. 静岡大学教養部.

Lafford, A. Barbara. (1995) Getting Into, Through and Out of a Survival Situation: A Comparison of Communicative Strategies Used by Students Studying Spanish Abroad and 'At Home' Freed, Barbara F. (ed.) *Second Language Acquisition in a Study Abroad Context*, Amsterdam: John Benjamins Publishing Company.

Marriott, Helen. (1995) The Acquisition of Politeness Patterns by Exchange Students in Japan. Freed, Barbara F. (ed.) *Second Language Acquisition in a Study Abroad Context*, Amsterdam: John Benjamins Publishing Company.

峰布由紀・高橋薫・黒滝真理子・大島弥生(2002)「日本語文末表現の習得に関する一考察―自然習得者と教室学習者の事例をもとに」平成 12-13 年度科学研究費萌芽的研究 課題番号 12878043 研究代表：長友和彦『第二言語としての日本語の自然習得の可能性と限界』: pp.65–85. お茶の水女子大学.

宮崎幸江(2003)「「聞き手の行動」をどう教えるか―サマーコース中級クラスでの指導例」『ICU 日本語教育センター紀要』: pp.45–62. 国際基督教大学日本語教育センター.

ルンティーラ・ワンウィモン (2004)「タイ人日本語学習者の「提案に対する断り」表現における語用論的転移—タイ語と日本語の発話パターンの比較から」『日本語教育』(121): pp.46–55. 日本語教育学会.

施信余 (2005)「依頼に対する「断り」の言語行動について—日本人と台湾人の大学生の比較」『早稲田大学日本語教育研究』6: pp.45–61. 早稲田大学.

山口和代 (1997)「コミュニケーション・スタイルと社会文化的要因 —中国人および台湾人留学生を対象として—」『日本語教育』(93): pp.38–48. 日本語教育学会.

山本直美他 (2005)「断りの「Xはちょっと…」に関する考察—日本語教科書の分析から」『待遇コミュニケーション研究』(3): pp.47–61. 早稲田大学待遇コミュニケーション研究会.

資料1　意味公式分類表

		意味公式	本文中表記	発話例（一部）
実質的意味公式	1	断り	「断り」	たぶん無理だと思います。日曜日はちょっと…。
	2	謝罪／残念な気持ち	「謝罪」	すみません／ごめん
	3	理由／弁明	「理由」	その日は用事があって。
	4	好意的反応表明	「好意反応」	興味はあるんですが。
	5	代案提示	「代案提示」	友達に聞いてみましょうか。
	6	将来や過去になら承知したという条件提示	「条件提示」	先週なら大丈夫だったんですけど。
	7	将来承知するという約束	「将来約束」	今度はやりますから。
	8	信念	「信念」	私はそういう人間じゃない。
	9	相手を思い止らせようという試み	「相手思止」	急に言われても困るよ。
	10	回避　1. 話題転換	「回避(話)」	
		回避　2. 冗談	「回避(冗)」	
		回避　3. 依頼の反復	「回避(反)」	A4、5枚ですか。
		回避　4. 延期	「回避(延)」	考えておきます。
		回避　5. 言葉を濁す	「回避(言)」	わからないなあ。
	11	感謝／謝意	「感謝」	光栄です。
	12	代案提示受諾	「代提受諾」	わかりました。じゃ、きいてみます。
	13	情報提供	「情報提供」	
	14	情報要求・確認	「情報要求」	日曜日の何時ですか。
	15	激励	「激励」	がんばってね。
	16	共感	「共感」	大変だねー。
	17	誘い（関係修復部にのみ）	「誘い」	今度飲みにいこう。
	18	お願いします（関係修復部にのみ）	「お願い」	よろしくお願いします。
非実質的意味公式	19	否定マーカー(A)いいよどみ	「否A」	うーん／あのー
		否定マーカー(B)沈黙	「否B」	
		否定マーカー(C)呼気	「否C」	{息を吸う音}
	20	否定的感情表明	「否定感情」	えーーー↑
	21	笑い	「笑い」	
	22	断りの働きをする承諾　1. 曖昧な答え	「曖昧承諾」	はいー。

資料2　ロールプレイタスクカード（中国語版は割愛）

A-1（依頼者）

あなたの役割	：大学の教師
依頼する相手	：学生（あなたの学科の学生で、あなたの授業を何度もとっているのでよく知っています。授業以外にもあなたのオフィスに相談に来ますし、今学期もあなたのクラスをとっています。）
状況	：授業が終わった後でこの学生を呼びとめます。
依頼内容	：知人から英語の資料を広東語に翻訳するアルバイトができる人を探してほしいといわれています。 資料はA4サイズで5枚程度です。 この学生に、このアルバイトを引き受けてほしいと依頼してください。 アルバイトの詳しい条件はわかりませんが、それほど悪い条件ではないようです。 しかし、先方はできるだけ早くやってほしいと思っているようです。

A-1（被依頼者）

あなたの役割	：大学生
会話の相手	：同じ学科の親しい先生（あなたの学科の先生で、あなたはこの先生の授業を何度もとっているのでよく知っています。授業以外にも先生のオフィスによく相談に行きますし、今学期もこの先生のクラスをとっています。）
状況	：この先生の授業が終わった後で、先生に呼びとめられました。
会話内容	：先生に翻訳のアルバイトをやってほしいと頼まれました。 この依頼を断ってください。（断る理由は自由に決めてください。）

A-2（依頼者）

あなたの役割	：大学の教師
依頼する相手	：学生 （あなたの学科の学生ですが、今まで教えたことはありませんでした。今学期初めてあなたの授業をとっている学生です。この授業以外では話したこともありません。）
状況	：授業の後質問に来た学生を呼びとめます。
依頼内容	：再来週あなたの学科で学外からゲストを招いてセミナーを開催しますが、当日会場で受付係をしてくれる人を探しています。今まで何人かに聞きましたが、引き受けてくれる人がいません。この学生に受付係りをしてほしいと依頼してください。

A-2（被依頼者）

あなたの役割	：大学生
会話の相手	：同じ学科の先生（あなたの学科の先生ですが、あなたはこの先生の授業を今学期初めてとりました。名前は知っていましたが、今まであまり話したことはありませんでした。今もこの授業以外では話すことはほとんどありません。）
状況	：授業の後、質問に行った後で先生に呼びとめられました。
会話内容	：先生に再来週行われる学科のセミナーの受付係をしてほしいと頼まれました。 この依頼を断ってください。（断る理由は自由に決めてください。）

B-1（依頼者）

あなたの役割	：大学生
依頼する相手	：同じ学科の後輩（同じ学科で、同じクラブにも所属している1年下の後輩です。クラブ活動以外でも一緒に食事に行ったりする親しい後輩です。）
状況	：クラブ活動が終わった後で後輩を呼びとめます。
依頼内容	：あなたは今年1年間クラブの会計係をやっていました。来年から下の学年の誰かにやってもらうことになっています。そこで、この後輩に来年1年間会計係をやってほしいと依頼してください。 会計係の仕事はお金に関することなのでそれほど楽なものではありませんでした。

B-1（被依頼者）

あなたの役割	：大学生
会話の相手	：同じ学科の先輩（同じ学科で、同じクラブにも所属していて1年上の先輩です。クラブ活動以外でも一緒に食事に行ったりする親しい先輩です。）
状況	：クラブ活動が終わった後で先輩に呼びとめられました。
依頼内容	：この先輩に、来年1年間クラブの会計係をやってほしいと依頼されました。 この依頼を断ってください。（断る理由は自由に決めてください。）

B-2（依頼者）

あなたの役割	：大学生
依頼する相手	：同じ学科の後輩B（同じ学科の1年下の後輩ですが、今まで話したことはありません。今偶然あなたがよく知っている後輩Aと一緒にいるところに会い、同じ学科の後輩だと知りました。）
状況	：食堂で偶然よく知っている後輩Aに会い挨拶をされました。その後輩は友人（後輩B）と一緒だったので少し話をしたところ、同じ学科の後輩だとわかりました。
依頼内容	：再来週大学のOpen Dayがありますが、当日あなたは学科の展示会場の責任者の一人になっています。 できるだけたくさんの人手が必要です。そこでこの後輩Bに当日手伝いに来てほしいと依頼してください。

B-2（被依頼者）

あなたの役割	：大学生
会話の相手	：同じ学科の先輩（同じ学科の1年上の先輩ですが、今まで話したことはありません。今偶然この先輩を知っている友人と一緒にいるところに会い、同じ学科の先輩だと知りました。）
状況	：友人Aと一緒に食堂にいたところ、Aの親しい先輩に会ったので少し話をしました。そのとき同じ学科の先輩だとわかりました。
依頼内容	：再来週大学のOpen Dayがあります。先輩に当日学科の展示会場に来て仕事を手伝ってほしいと頼まれました。この依頼を断ってください。（断る理由は自由に決めてください。）

C-1（依頼者）

あなたの役割	：大学生
依頼する相手	：同じ学科で同じ学年の親しい友人（同じ学科で、同じ学年の友人です。今学期も先学期も同じ授業をとっていて、授業以外でも一緒に遊びに行ったりする親しい友人です。）
状況	：授業の後で話しかけます。
依頼内容	：この授業では学生が一人ずつ順番にプレゼンテーションをしなければなりません。 あなたのプレゼンの順番は来週です。でも、まだ準備に時間がかかりそうなので、この友人に発表の順番を変わってほしいと依頼してください。この友人のもともとの発表は2週間後です。

C-1（被依頼者）

あなたの役割	：大学生
会話の相手	：同じ学科で同じ学年の親しい友人（同じ学科で、同じ学年の友人です。今学期も先学期も同じ授業をとっていて、授業以外でも一緒に遊びに行ったりする親しい友人です。）
状況	：授業の後で友人に話しかけられました。
依頼内容	：この授業では学生が一人ずつ順番にプレゼンテーションをしなければなりません。あなたのプレゼンの順番は2週間後で、あなたの友人の順番は来週です。ところが、この友人に発表の順番を変わってほしいと依頼されました。この依頼を断ってください。（断る理由は自由に決めてください。）

C-2（依頼者）

あなたの役割	：大学生
依頼する相手	：同じ学科で同じ学年の学生（今まで同じ授業をとったことがなく、話したこともありませんでした。今学期初めて同じ授業をとって、同じ学科で同じ学年の学生だと知りました。）
状況	：最近授業で隣の席に座るので、授業の後で話しかけます。
依頼内容	：あなたは学会のメンバーです。来週から学会の行事があり、今週中にその行事の案内のポスターを学内のいろいろなところにできるだけたくさん貼らなければなりません。しかし学会のメンバーだけでは人手不足なので、学会のメンバーでない学生にも協力をお願いしたいと思っています。そこでこの学生に金曜日の授業の後、ポスターを貼るのを手伝ってほしいと依頼してください。

C-2（被依頼者）

あなたの役割	：大学生
会話の相手	：同じ学科で同じ学年の学生（今まで同じ授業をとったことがなく、話したこともありませんでした。今学期初めて同じ授業をとって、同じ学科で同じ学年の学生だと知りました。）
状況	：最近授業で隣の席に座っているこの学生に授業の後で話しかけられました。
依頼内容	：来週学会の行事があります。あなたは学会のメンバーではないので、仕事をする必要はありません。 学会のメンバーであるこの学生に、行事の案内のポスターを学内のいろいろな所に貼るのを手伝ってほしいと依頼されました。この依頼を断ってください。（断る理由は自由に決めてください。）

日本語学習におけるインターネット利用の現状調査―広州の日本語専攻大学生を対象として

広東商学院日本語学部
梁　燕碧

1. 研究の背景

　近年、中国の大学では教育のIT化が進められ、インフラ整備としてハードウェアの建設が大規模に行われた結果、図書館や教室だけでなく、学生寮でもインターネットに常時接続できるようになっている。接続環境の整備により、インターネットはすでに大学生の生活の一部になっているといえよう。中国インターネット情報センター（CNNIC）の調査によると、中国のネットユーザーは2008年6月末時点、2億5300万人に達している。パソコンの普及率はまだ19.1％に過ぎないが、ネットユーザーの中で、おもに大学生を中心とした18～24歳の若手ユーザーの割合は30.3％と一番高く、注目を集めている。周知のように、インターネットは情報収集や受発信のプラットフォームで、利用目的に合わせてあらゆる情報を得ることができる。大学生にとって、膨大な情報やさまざまなサービスを提供しているインターネットは娯楽の場でもあれば、学習の場でもあるといえよう。

　日本語教育においても同様で、インターネットの普及は今までリソースに乏しかった日本語教育の分野に大きな利便性をもたらしてきた。近年、中国の日本語教育は、その規模が拡大され、新規で日本語学科を設立した大学も急増している。こういった大学にとって、一番の悩みは日本語学習に必要な参考書や資料が不足していることである。中国国内では日本のラジオやテレビ放送を直接視聴することが困難だという事情もあり、学習リソースが足りないという状況を余儀なくされている。そのような中で、インターネットには生の日本語が溢れており、情報検索はもちろん、新聞・テレビ・ラジオのニュースもリアルタイムで受信できる。数年前までは考えられなかったほ

ど、日本に関する情報が身近なものになったのである。

　この状況を踏まえて、韓（2005）は日本語の学習・研究に役立つウェブサイトを集め、読解材料、音声材料、ビデオ材料、オンライン辞書、コーパス・研究文献検索に分類した上で、豊富なリソースをリストの形で紹介している。また、呉・楊（2007）は聴解・読解・作文支援のリソースの分類を韓（2005）による分類に新しく加えると同時に、それを活用した教授法の検討も試みている。

　一方、大学生のインターネットアクセスによる学習行為の現状はどうなっているであろうか。徐（2005）は河北、江蘇、山東三省の5箇所の大学で、さまざまな分野の専攻学生総計350名を対象にしてアンケート調査を行った。結果として、大学生がインターネットを使う主要な目的はやはり娯楽で、学習のためにインターネットを利用する時間は少ないことがわかった。そして、インターネット学習もまだ無秩序な状況に置かれているようであると指摘している。無秩序の原因として、①インターネットリソースが膨大で繁雑すぎる、②インターネットに接続する時間が限られている、③専門的な学習サイトが少ない、④インターネットリテラシーが未熟である、⑤教師の指導が欠けているなどを挙げている（徐2005）。そのほか、毛（2007）はインターネットを利用した英語学習の現状調査を行った。結果は上述した徐による研究とほぼ同じで、インターネット学習のメリットが認識されたとはいえ、学習の意識がまだ薄く、教師からの指導も十分ではないことを指摘している。日本語の場合は、李（2007）が行った概況的な調査により、インターネットを利用した日本語学習はずいぶん遅れている状況が窺える。しかし、李の調査は具体的な学習の内容や学習の効果について触れていないため、さらに詳しい調査研究の必要があると思われる。

2.　研究の目的

　グローバル化が進む現在、インターネットというメディアは知識・文化の国際的交流に大きな役割を果たしている。それと同時に、教育や学習のあり方までも変えつつある。大学教育のレベルでは、遠隔教育やeラーニングがすでに教育システムの一環として取り入れられている。また教師による実際

指導のレベルでは、インターネットの活用によって授業内容の豊富化・高度化や、授業時間以外の学習支援も進められている。しかし、日本語教育の現場に関して言うと、インターネットの利用度がまだ低く、日本語専攻の学生にとって、大学側や教師が提供するインターネットによる学習支援は限られている。そのために、インターネットリソースの利用においては自主学習が中心なのではないかと予測できる。

　本稿では、自主学習の実態を把握することに焦点をしぼりたいと思う。日本語学習者が学習の目的に合わせて、自分のペースでインターネットにおけるさまざまな資料あるいはツールを利用して自主学習を行うことを、ここでは「インターネット学習」と簡略化して呼ぶことにする。グローバル化の一端としてのインターネット学習は日本語学習にどんな影響を与えたか。また、この時代に求められる人材を育成するために、教育者としての我々はどのように学生のインターネット学習を指導するべきか。以上の疑問に答えるために、筆者は日本語専攻の大学生を対象にして、インターネット学習の現状についてアンケート調査を行った[1]。本稿では調査の結果を報告するとともに、新時代の日本語の学習方式と教授法について考察する。

3. 調査の概要

【調査内容】
1) インターネット利用の概況―パソコンの普及度、インターネットの利用頻度、インターネット利用の目的、日本語学習の割合など。
2) インターネット利用の内容―読解・会話・書く・聴解能力などの日本語能力を高めるためにどのようなインターネットリソースを利用しているか。
3) インターネット利用の効果―学習の効果、存在している問題、教師指導の有無など。

【調査対象】日本語専攻の大学生240名
1) 日本語教育の歴史が古い大学：広東外語外貿大学、華南師範大学の学生各60名
2) 日本語教育の歴史が浅い大学：広東商学院、広東工業大学の学生各

60 名
【調査期間】2008 年 4 月～6 月
【調査方法】質問紙によるアンケート調査
【集計結果】回答は 203 票得られた。その中有効回答が 179 票であった（有効回答率 74.6%）
【分析方法】統計ソフト SPSS を使ってデータを入力・集計・解析する

4. 調査の結果

4.1. 回答者の基本属性

　回答者は主として日本語専攻の 2 年生と 3 年生で、ほとんど女性（91.1%）である。全体のうち日本能力試験 2 級合格者が 60.3%で最も多く、1 級合格者は 28.5%である（図 1）。すなわち、このアンケート調査に協力した学生のほとんどが中級以上の日本語能力を持っていることになる。

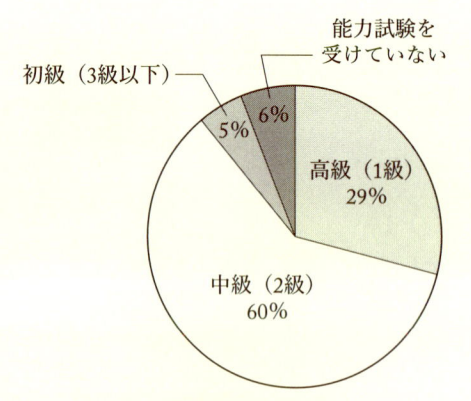

図 1　回答者の日本語能力

4.2. インターネットの利用概況

　この部分の調査結果を見ると、学生のパソコン保有率は 92.7%となっており、普及率はかなり高いと言える。そして、主要な利用場所は学生寮（88.8%）である。これは既述した中国国内の大学におけるインターネット接続環境の整備をよく反映している。このような恵まれた条件下で常時接続が可能になり、利用頻度も高く、57%の学生は「1 日 2 時間以上」インターネッ

トを利用すると答えた(図2)。

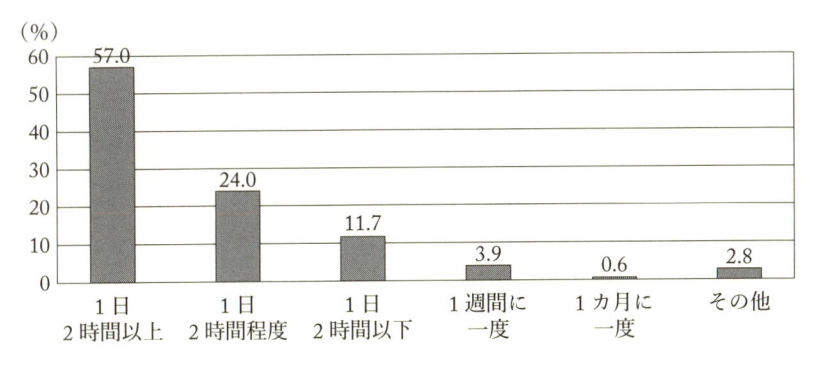

(%)

項目	割合
1日2時間以上	57.0
1日2時間程度	24.0
1日2時間以下	11.7
1週間に一度	3.9
1カ月に一度	0.6
その他	2.8

図2　インターネット利用頻度

　また、利用用途で最も多いのが「音楽・動画・画像などのダウンロード・視聴」(93.3%)で、これは大学で使用できないテレビの代わりに、インターネットで映画、ドラマそして音楽を楽しんでいる可能性を示す。ほかに、オンラインゲーム以外のツールも高い割合で利用されていることから、学生のインターネット利用の範囲の広さがわかる(図3)。一方、日本語学習に関わるインターネット利用の割合はという問いに対しては、40.3%の回答者が「10%～30%」を選び、「10%以下」の答えも14.5%あり、約半分の学生はインターネット利用時間をおもに学習以外の娯楽に費やしていると考えられる(図4)。

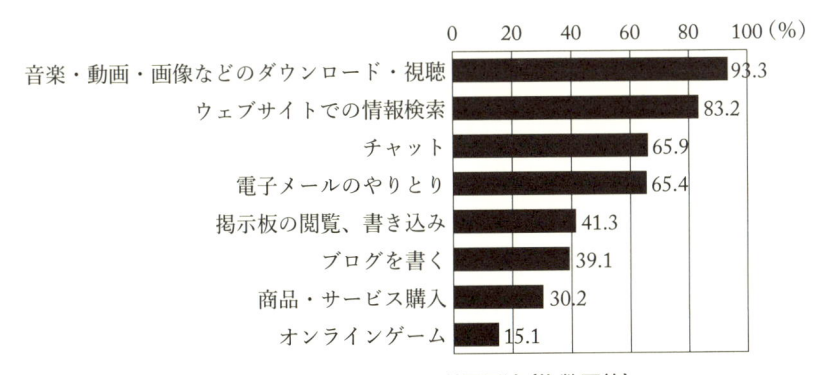

用途	割合(%)
音楽・動画・画像などのダウンロード・視聴	93.3
ウェブサイトでの情報検索	83.2
チャット	65.9
電子メールのやりとり	65.4
掲示板の閲覧、書き込み	41.3
ブログを書く	39.1
商品・サービス購入	30.2
オンラインゲーム	15.1

図3　インターネットの利用用途(複数回答)

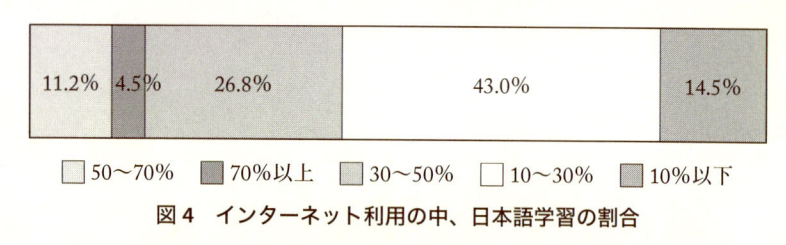

| 11.2% | 4.5% | 26.8% | 43.0% | 14.5% |

☐ 50〜70%　■ 70%以上　☐ 30〜50%　☐ 10〜30%　☐ 10%以下

図4　インターネット利用の中、日本語学習の割合

4.3. インターネットを利用した日本語学習

　インターネットには膨大な情報や生の語学資料が満載されているが、そうとはいっても、すべてが日本語学習に適しているわけではない。専門の語学学習サイトのほかに、学習者が自分の目的に合わせて情報を主体的に選択して利用しなければならない。筆者は、先行研究を踏まえ、日本語学習に適した主なインターネットリソースを学習の目的に基づいて分類した。そして、アンケート調査票を作成しそれぞれの分類におけるリソースの利用実態についての質問項目を設け、協力者に回答してもらった。

4.3.1. 情報検索

　まず、日本語に関する情報を検索するとき、2種類のサイトがよく学習者に利用されているようである。1つは中国国内の日本語学習サイトである。それは文法説明、会話・聴解・読解資料、そして各種試験の問題集など、語学に関するさまざまな情報がそろっている語学学習の専門サイトで、中国語が使われているので初心者にも分かりやすい。もう1つは検索エンジンを主要なサービスとした日本の大手ポータルサイトである。そこでは語学だけでなく、日本の社会・文化についてのあらゆる情報が手軽に閲覧できる。しかし、このような日本語サイトでの情報検索や閲覧は一定の日本語能力を要求する。

　調査の結果を見ると、中国の日本語学習サイトを使っている回答者が72.6%であるのに対して、日本のポータルサイトを使っている割合は82.7%ともっと高い（複数回答）。前者の中で、最も多く使われているのは「コーヒー日本語」(26.3%)、「貫通日本語」(18.4%)、「滬江日本語」(17.3%)の順番である（表1）。このことは、中級程度の日本語能力を持つ学習者が、日本語学習サイトで選ばれた学習情報をもとに勉強するだけではなく、もっと広

い範囲で生の日本語情報を自分の手で選択し利用したいという傾向を示している。

表1　日本語学習サイトの使用ランキング

日本語学習サイト	使用率
コーヒー日本語 (http://www.coffeejp.com)	26.3%
貫通日本語 (http://www.kantsuu.com)	18.4%
滬江日本語 (http://jp.hjenglish.com/)	17.3%
和風日本語 (http://www.jpwind.com/)	5.0%
そのほか	5.6%
利用していない	27.4%

表2　日本大手ポータルサイトの使用ランキング

日本ポータルサイト	使用率
Yahoo!JAPAN (http://www.yahoo.co.jp)	52%
Google (http://www.google.co.jp)	25.7%
MSN Japan (http://jp.msn.com/)	2.2%
エキサイト (http://www.excite.co.jp)	1.7%
goo (http://home.goo.ne.jp/)	0.6%
そのほか	0.6%
利用していない	17.3%

　一方、日本の大手ポータルサイトの利用は、「Yahoo!Japan」(52％)と「Google」(25.7％)に集中している(表2)。その利用用途としては「情報検索」の割合が最も高く(40％)、次いで「ニュース閲覧」(31.9％)、「オンライン辞書」(19.4％)、「掲示板」(6.9％)、「ブログ作成」(1.9％)となっている。(図5)

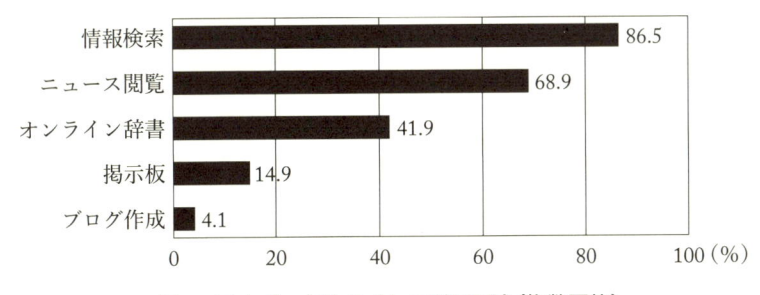

用途	%
情報検索	86.5
ニュース閲覧	68.9
オンライン辞書	41.9
掲示板	14.9
ブログ作成	4.1

図5　日本ポータルサイトの利用用途(複数回答)

4.3.2. オンライン辞書

情報検索のほか、ポータルサイトが提供する無料のオンライン辞書も外国語学習の便利なツールとなっている。しかし、調査の結果を見ると、回答者のオンライン辞書使用率は予想ほど高くない(52.5%)。オンライン辞書の中で最も多く使用されているのが「Excite 辞書」(22.9%)で、ほかの「Goo 辞書」(8.4%)「Yahoo! 辞書」(6.7%)などの使用率は割に低い(表3)。原因としては、日本語サイトのオンライン辞書が提供しているのはほとんどが国語・英和・和英辞書で、中日・日中辞書が揃っているのは「Excite 辞書」だけだということが挙げられるだろう。

表3　オンライン辞書の利用状況

オンライン辞書	使用率
Excite 辞書 (http://www.excite.co.jp/dictionary/)	22.9%
goo 辞書 (http://dictionary.goo.ne.jp/)	8.4%
Yahoo! 辞書	6.6%
BitEx 中国語辞書 (http://bitex-cn.com/)	4.5%
Infoseek マルチ辞書 (http://dictionary.www.infoseek.co.jp/)	3.4%
BIGLOBE 辞書 (http://search.biglobe.ne.jp/dic/)	2.2%
そのほか	4.5%
利用していない	47.5%

オンライン辞書は電子ファイルやウェブサイトを閲覧する時に便利であるとはいえ、インターネットに繋がることを前提としているので、教科書を使った勉強の時はやはり従来の紙質辞書や電子辞書のほうが便利だと思われる。調査結果によると、それにもかかわらず、学生は従来の国語辞書よりもインターネットの中日・日中辞書を使用する傾向のほうが強いようである。

4.3.3. インターネットリソースによる4技能の向上

外国語学習の補助手段として、問題を解決するためにウェブページで情報検索したり、オンライン辞書を引いたりするほか、読む・聴く・書く・話すという言語4技能のトレーニングを目的にしてインターネットリソースを有

効的に利用しつづければ、言語能力の向上に繋がる可能性があるだろうと思われる。まず、インターネットでは、あらゆる文体の文章を読むことができるので、ウェブページの閲覧により読解能力が高められると同時に知識面も深められる。読解能力を高めるために、一番よく読んでいるインターネットリソースを尋ねたところ、「ニュース記事」(49.7%)が最も多く、次いで「朝日新聞の天声人語」(12.3%)、「他人のブログ」(10%)、「青空文庫などでの文学作品」(7.3%)、「ほかの読解資料」(4.5%)であるが、「インターネットでの資料が読解能力の向上にあまり役に立たないと思う」人は意外に高く、16.2%となっている（図6）。それは、パソコンで文章を読むことが容易でなく、とくに長い文学作品などを読むのには使われていないという実情を示唆していると考えられる。

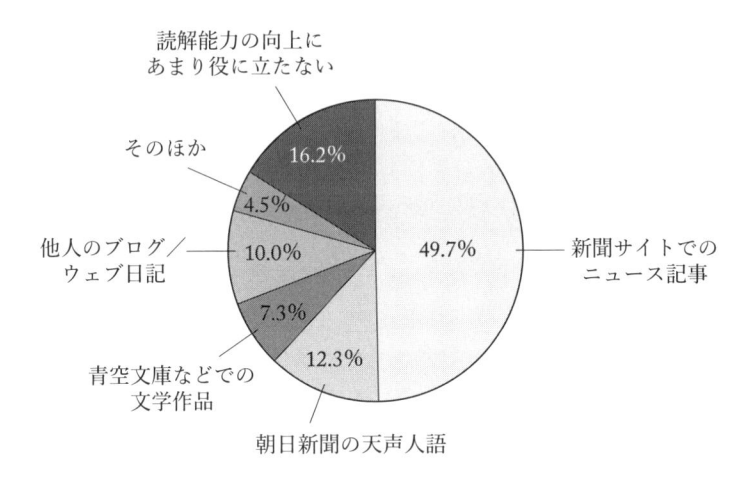

図6　インターネットリソースによる読解能力の向上

また、聴解資料の利用についても、14.6%の回答者は「あまりインターネットの音声資料を利用していない」を選んだ。利用している人のうち、50.3%が「NHKオンラインラジオニュース」を聴いており、32.4%が「日本語学習サイトでの音声資料」をダウンロードして聴き、17.3%が「YouTubeなどで日本語のビデオ」を見ながら聴解練習をしている。ほかの音声資料、たとえば「声の花束（http://www.koetaba.net/index.html）」や「音声図書館（http://www.onsei.jp/）」の利用率はまだ低い。（図7）

146　第二章　言語体験のグローバル化と日本語学習者

```
NHKオンラインラジオニュース    50.3
日本語学習サイトでの音声資料    32.4
YouTubeなどで日本語のビデオ    17.3
ほか                          6.7
声の花束                       5.0
音声図書館                     2.8
```

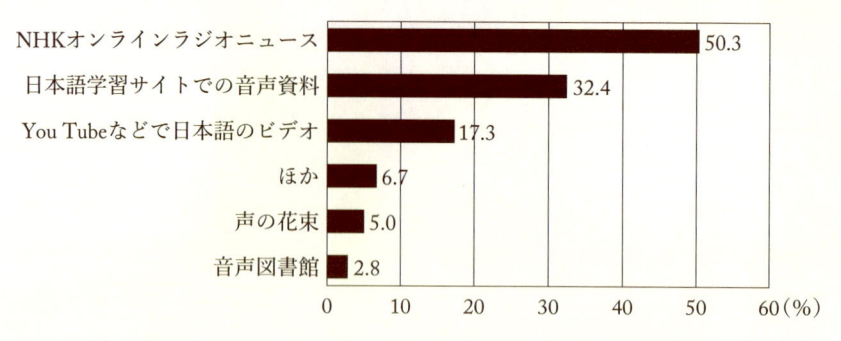

図7　インターネットにおける音声資料の利用（複数回答）

　読解・聴解と異なり、人と対面できないインターネットで会話能力を高めるのは一見不可能に思われるが、インターアクティブなリソースが実際にある。まず、電子掲示板の発言は書き言葉より話し言葉で書かれたもののほうが多いので、生の会話資料となっているともいえる。また、QQやMSNなどのメッセンジャーのチャットを通して、リアルタイムにオンラインのテキスト会話だけでなく、音声会話も実現できる。したがって、日本人のネットフレンドをつくって日本語会話を練習することが可能になる。調査の結果を見ると、このようなインターネットサービスを利用し会話練習の機会を得ている回答者は68.3％となっており、そのうち、「日本語の掲示板で発言を読んだりコメントの書き込みをしたりする」者が24.6％であり、「キーボードから入力して日本人とテキストチャットする」のが24.1％、「MSNメッセンジャーなどを利用して日本人と直接音声でしゃべる」のが10.1％となっている。（図8）

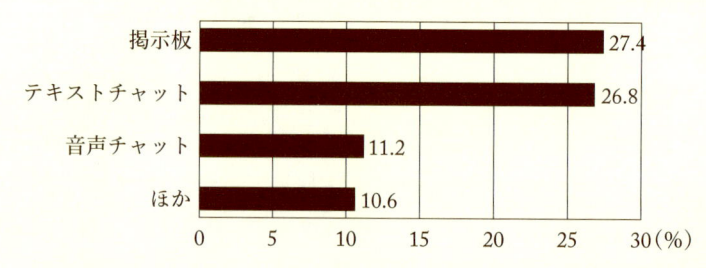

```
掲示板           27.4
テキストチャット  26.8
音声チャット     11.2
ほか            10.6
```

図8　インターネットサービスによる会話能力の向上（複数回答）

　よく利用している掲示板を尋ねたところ、179人中21人（11.7％）が回答

した。日本語学習サイトのBBSのほか、日本語掲示板は「2ch」と「Yahoo!掲示板」を主としている。また18人(10.1%)は「インターネットで知り合った日本人の友だちがいる」と答えた。

さらに、作文能力の向上は、インターネットで書き方の説明を調べたり、例文あるいは模範文章を参考にしたり、また自分でウェブログつまりウェブ日記を付けたりすることを通して可能である。調査結果を見ると、71.1%の回答者が上述のサービスを利用している。そのうち、ウェブログを付けている人は今回23.5%の42人であったが、ウェブログの普及により、この利用方法は今後いっそう増える見込みがある。(図9)

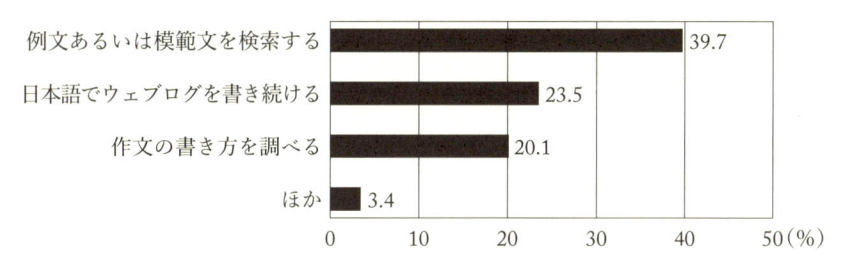

項目	割合(%)
例文あるいは模範文を検索する	39.7
日本語でウェブログを書き続ける	23.5
作文の書き方を調べる	20.1
ほか	3.4

図9　インターネットサービスによる作文能力の向上(複数回答)

4.3.4. 学習の効果

最後に、インターネットリソースによる日本語学習の効果や問題などについて尋ねた。学習の効果として、回答者は、インターネットの利用が「聴解能力」(36%)や「日本文化への理解」(33%)に最も効果的であり、次は「語彙の拡充」(12%)や「読解能力」(10%)にも少し役に立ち、「作文能力」や「会話能力」にはあまり効果がないと答えた。(図10)

また、78.8%の回答者は日本語学習にインターネットの利用が「とても必要だと思う」を選び、「どちらかといえば必要だと思う」の割合も19%となっている。学習者のほとんどがその必要性を認識していると見られる。しかし実際の使用にはまださまざまな問題が存在するようである。最も問題視されているのは「情報の量が膨大すぎで、相応しい資料を探すのに時間がかかる」(34.9%)であり、次いで「学習資料をたくさんダウンロードしたが、その資料を処理したり消化したりする時間がない」(27.7%)、「先生の指導が少なく、自分で情報を検索するのが難しい」(19.3%)、「インターネットをする

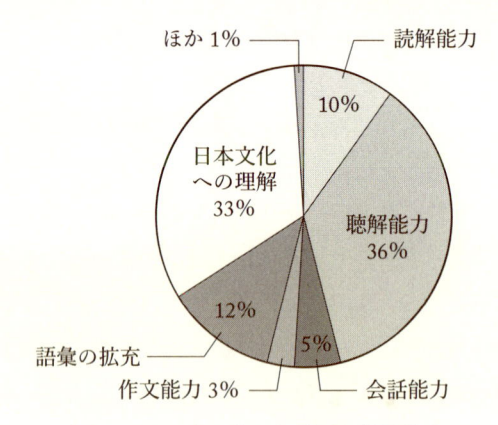

148　第二章　言語体験のグローバル化と日本語学習者

図10　インターネット利用の学習効果

時間が限られている」(10.5%)、「インターネットリテラシーが未熟だ」(7.2%)との回答もあった。

　実際に、学習者のインターネット利用に対して教師の指導は少ないと見られる。「あなたの先生たちが日本語学習に役立つインターネット利用方法を紹介してくれますか」と尋ねたところ、「ごく一部の先生が紹介してくれる」と答えたのが最も多く48.6%であり、「ほとんどの先生が紹介してくれない」の割合も21.2%となっている(図11)。また、教師が推薦したインターネット利用方法に対しても67%の学習者が「時々利用してみる」に過ぎないのである。

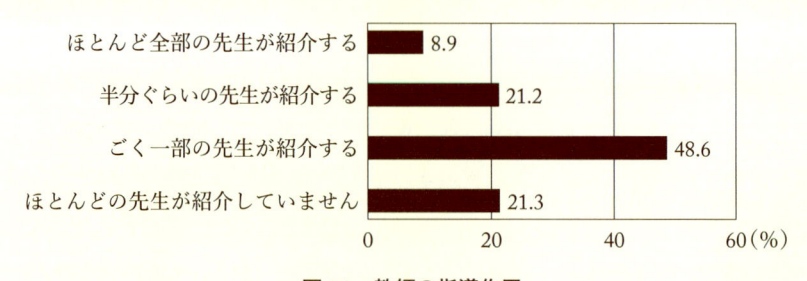

図11　教師の指導作用

4.4.　調査結果のまとめ

　以上の結果から、広州の日本語専攻大学生のインターネット学習について

の現状が窺（うかが）える。インターネットの利用が大学生活に普及し、インターネット学習はすでに大学生の日本語学習において一定の割合を占めている。が、その一方、学習の意識、方式、効果はまだ十分だとは言えない。まとめると、以下のようになる。

(1) 日本語学習者のインターネット利用はかなり普及しているが、おもに娯楽関連のコンテンツであり、日本語学習に利用される時間の割合はあまり高くない。
(2) 全体としてインターネット利用の意識はある程度見られるが、利用の際の目的意識はあまり強くない。
(3) インターネット利用は主に「情報収集」「情報受信」であり、「コミュニケーション」や「情報発信」の方は少ない。
(4) 学習効果は「聴解能力」と「日本文化への理解」に偏っており、インターネットを活用しながら読む・聴く・書く・話す4技能をバランスよく伸ばすには至っていない。
(5) インターネット学習の必要性が学習者に認識されている一方、教師の指導が不足している。

5. グローバル化時代とインターネット学習

　今日の世界においては、社会・経済・文化のグローバル化がすでに進んでおり、国境を越えた国際交流が盛んに行われている。とくにインターネットの普及によって、情報のグローバル化が加速している。さらに、ヴァーチャルな情報交換はすでに利用者の参加度が高いWeb2.0時代に入り、利用者の積極的な情報発信や知的創造性が要求されている。こうした地球的規模の高度情報化社会は、専門的知識に加え、語学力とIT能力が揃った複合型人材を求めている。したがって、日本語学習者にとって、言語能力・コミュニケーション能力・異文化理解能力のほか、情報処理能力の育成も大切である。では、インターネットリソースを活用した自主学習はこれらの能力の育成にどんな役割を果たすことができるか。ここでアンケート調査の結果と合わせて論じたいと思う。

5.1. 日本語によるコミュニケーション能力の育成

いうまでもなく、国際交流には言語を駆使する能力が重要である。語学能力はグローバルな知識や情報を吸収・発信し、対話、討論するための基本的な能力であるといえる。アンケート調査で分かったように、学習者たちはかなり積極的にインターネットリソースを利用して言語知識を身につけるようにしている。たとえば日本語学習サイトの利用や、ウェブ閲覧による読解能力の向上や、聴解資料のダウンロードや、作文模範文の参考などの試みが見られる。

一方、掲示板・チャット・ブログなどのインターアクティブなコミュニケーションツールはもっと多く使用する必要がある。言語能力を身につけてから日本人とコミュニケーションするより、コミュニケーションしながら日本語能力を身につけたほうがより効果的であると考えられるからである。広州の大学生にとって、現実生活で日本人と接触してコミュニケートする機会は少ないが、インターネットのサイバーコミュニティでは実現可能となる。したがって、学校教育の補足としてのインターネット学習は、日本語の実際使用に重点を置くべきだと思う。

5.2. 異文化理解の促進

グローバル時代は多文化共生の時代でもある。異なる歴史的・文化的背景や価値観を持つ人々と共生していくためには、文化理解への寛容性を持ちつつ、地球的規模で物事を考える基礎を培うという観点から、世界の多様な国や地域の歴史や伝統・文化に対する理解を深めることが重要である。本調査の結果を見ると、インターネット学習に一番効果があるのは「日本文化への理解」で、インターネットにおける膨大な歴史・社会・文化資料は日本語学習者の異文化理解に大きい役割を果たしていることは明らかである。

また、多文化共生社会では他国の文化を理解すると同時に、自らの国や地域の歴史や伝統・文化を深く理解し、異なる文化的背景を持つ人々に対して適切に説明し理解を求めたり、主張したりすることも必要である。文化交流の担い手でもある日本語学習者は、インターネット学習においてウェブログ、掲示板などの情報発信ツールを使って日本語で自国の文化を紹介するという試みを通して、日本語表現能力の向上とともに、物事に対する思考力

や、分析、まとめの能力が高められるであろう。

5.3. 情報リテラシーの向上

　高度情報社会において、われわれは情報の洪水の中で生きているといっても過言ではない。確かにインターネット学習においては、玉石混淆（こんこう）の膨大な情報の中から日本語学習に適するものをどのように探し出して効果的に利用するかが一番の問題になる。また、インターネットの進化は「知」の創造や伝達の方法を大きく変化させるとともに、価値観や創造性の意味にまでも変容を迫っている。したがって、客観的な判断力を持って情報の信頼性を判断し、選択するほか、著作権の尊重と擁護や不正引用の防止など、高い倫理観や責任感を持って情報を利用することも大切である。情報化社会に生きる人間に求められる情報リテラシーの向上のためには、インターネット学習を通じて、主体的に情報を収集し、分析し、判断し、創作し、発信する能力を育てることが不可欠である。

6. おわりに

　上述のように、インターネット学習はグローバル化時代に要求されるさまざまな能力の育成に大きな役割を果たすことができる。しかしながら、アンケート調査にも見られるように、学習者自らの力でこれらの能力を高めるのは容易ではない。インターネット学習は高い自律性や自主学習能力を前提としているので、インターネットリソースの効果的利用を通して自主学習能力を養うよう指導するのは教師の役割である。グローバル化の一端としてのインターネットは日本語学習者に新しい学習方法をもたらしたと同時に、日本語教育における新しい教授法の提案も呼びかけている。

　したがって、教師としてはインターネット学習の指導を日本語教育の一環と見なすべきだと思う。インターネットリソースの活用を各科目の教授法と結び合わせて、教室活動に導入する必要がある。たとえば学生のために具体的な学習目標を設定し、問題を解決させたり発表させたりすることを通して、学生のインターネット学習の目的意識を強化する。あるいは学生に日本人のネットフレンドを持つことを勧めたり、クラスブログを開設して自国文

化を紹介させたりして、学生の積極的な情報発信を促進する。また、ウェブ会議システム Live On や NRI の遠隔教育システム 3D-IES などのソフトウェアを使って、学生にオンラインコミュニケーションを体験させる。こうした試みは学生のインターネット学習の有益な指導になると思う。

インターネットというメディアは、日本語教育に新しい機会と挑戦を同時にもたらしてきた。今後の課題としては、上述の構想の教育現場での実践をもとにその効果を評価し、インターネット学習について再検討していきたい。

注

1　調査票に挙げられた日本語学習を補助するインターネットリソースは紙幅の制限ですべてを含むことはできないので、先行研究や学生へのインタビュー結果を参考にした上、現在普遍的に利用されている主なリソースを挙げた。

参考文献

中国インターネット情報センター（CNNIC）「第 22 回中国インターネット発展状況統計報告」（2008）〈http://www.cnnic.cn/uploadfiles/pdf/2008/7/23/170516.pdf〉.
韓新紅（2005）「充分利用網絡資源学習和研究日語」《日語学習与研究》2005（4）: pp.47–50.
李瑩（2007）「利用多媒体進行日語教学」《考試週刊》 2007（15）: pp.65–66.
毛国秀（2007）「大学生用網絡進行英語自主学習的調査及啓示」《山西広播大学学報》（5）: pp.68–69.
梅田望夫（2006）『ウェブ進化論―本当の大変化はこれから始まる』筑摩書房.
濱辺徹・松田充弘（2002）「インターネット上でのリアルタイムコミュニケーション学習環境の実現に向けて」野村総合研究所〈http://www.3d-ies.com/report/pdf/NRI/NRI1.pdf〉.
Wilhelm, Johannes H.（2005）「外国語教育におけるインターネット利用の可能性と限界．その 1」秋田大学教養基礎教育研究年報』pp. 47–59.
Wilhelm, Johannes H.（2006）「外国語教育におけるインターネット利用の可能性と限界．その 2」秋田大学教養基礎教育研究年報』pp. 53–60.
呉輝，楊暁輝（2007）「論日語教学中対網絡資源的運用」《瀋陽師範大学学報》（社会科学版）（1）: pp.158–160.
徐紅彩（2005）「在校大学生網絡学習行為的調査与研究」《電化教育研究》（6）: pp.61–63.

第二部　多文化共生リテラシー

第一章　多文化共生社会の異文化解釈

多文化共生社会のポピュラー・カルチャー
―留学生を対象としたポピュラー・カルチャー教育における多文化共生の現状とその課題

大分大学国際教育研究センター
長池　一美

1. 始めに

　2005年に経済産業省が発表した「コンテンツ産業の現状と課題―コンテンツ産業の国際競争力強化に向けて」には、マンガ、アニメなどを中心とするポピュラー・カルチャーが日本を代表する文化として国際的に浸透しており、今後も日本の「ソフトパワー」[1]としての役割を担っていくべき背景が、以下のように要約されている。「マンガ、ゲーム、アニメなどの日本のコンテンツは、世界各地で注目される。(こられのコンテンツは)文化への理解、国家ブランド価値の向上などといった様々な効果を有するため、我が国の国際的地位向上にも大きく貢献する」。このように、日本のポピュラー・カルチャーの国際的影響力が認識され、学術分野での研究も徐々に進んでいることは疑いない。

　日本のポピュラー・カルチャー関連の専門書や学術論文は近年数多く発行されているが、日本のポピュラー・カルチャーが外国人にどのように認識、理解、利用されているかの研究はこれまで十分に行われていない[2]。

　また、教育の分野では、近年、国際化、グローバル化を目指した教育理念として「多文化共生教育」の実施が叫ばれている現状がある。この論文では、日本のポピュラー・カルチャーの国際的受容と多文化共生教育促進の必要性を踏まえ、留学生を対象に開講しているポピュラー・カルチャー授業の教育現場にみられる多文化共生の現状とその課題について論じる。

　大分大学で留学生を対象に提供されるポピュラー・カルチャー授業では、日本のアニメ、マンガ、映画、ドラマ、雑誌などを分析し、日本社会・文化

に対する造詣を深めることを目的としているが、留学生の日本ポピュラー・カルチャーに対する受容度や解釈の方法などは、学生それぞれが培った文化的バックグランドの相違により異なることは言うまでもない。中国、韓国、インドネシア、アメリカ、スウェーデン、ドイツ、マレーシアなどからの留学生が共に学ぶというような多文化共生の環境でいかに日本のポピュラー・カルチャーが学ばれ、解釈されているのかを分析し、異文化間の共通点や相違について論じる。この研究では、特に、多文化共生授業における「過激な性描写を含むマンガ」の解釈の多様性に焦点を当てながら、ひとつの留学生ポピュラー・カルチャー教育のモデルを多文化共生の枠組みから分析することを目的とする[3]。

2. 多文化共生教育の概念

日本ポピュラー・カルチャー授業における多文化共生教育の実践について述べる前に、この論文で扱う「多文化共生」の概念について簡単に述べたい。グローバライゼーション、マルティカルチャリズム、ボーダレス化、ディアスポラなど、多文化共生に関する問題とその取り組みが世界的な規模で注目されるようになった。この論文で述べる多文化共生教育の理念は、ジェームズ・A・バンクス (James A. Banks, 平沢安政訳 2006) が以下述べているように、多様性の認識とその理解の必要性を基本とする。「多様性は世界中の市民性教育に挑戦をなげかける。生徒を思慮深く建設的な、またローカルなレベル、国のレベル、グローバルなレベルで貢献する市民となるよう効果的に育てるために、学校は深い洞察をもちながら多様性 (diversity) の諸問題に対処する必要がある」(p.26)。しかしながら、バンクス、またその他多数の批評家が述べるように多文化共生の枠組みは確固とした教育の理念の確立やそれに基づく実践なしには実現不可能である[4]。

これまでに提唱された「多文化共生教育」における概念を詳細に検討することは避けるが、多文化共生教育に付随する「危険性」を十分に理解した上で、更にその教育理念を普及し実践する必要性を強調したい。関啓子は「多文化社会における人間形成の再考―地球市民の形成は可能か」の中で、多文

化共生教育の理想に隠蔽(いんぺい)される文化的覇権や圧力について言及し、次のように多文化共生教育に1つの警鐘を鳴らしている。「多文化社会においてはこれらの人間形成をめぐる文化の覇権闘争が起こり、自分たちの発達文化を支配的なものとする人びとと、そうでない人びととに分化する。支配的な文化を持たないという意味でのマイノリティは以下のような生き方を強いられてきた。言語の習得や文化の学習に織り込まれた政治性が、学習者＝他者の中で増殖し、権力が支える支配的文化への訓化（服従）へとマイノリティを誘う」(p.2)。関が述べるように、多文化共生が基本とする人間集団の相互交流はマジョリティとマイノリティ、権力文化と非権力文化が織り成す支配と被支配の問題を扱うことなしに、多文化共生教育を発展させることは、必ずしも教育の発展に結びつかないことは明白である。しかしながら、このような文化的覇権争いを引き起こす危険性が常に根底にあるからこそ、多文化共生教育が必要になるのではないか。教育とは根本的に「問題」があることを認め、その問題に取り組み、「改革」する方法を学ぶことである。多文化共生教育は実存している民族間、文化間での「差別」という「問題」が「ある」という確固たるスタートラインから始まっている。バンクス(1996)は多文化主義のビジョンが西洋主義の視点から生まれたという事実と多文化主義の理想との矛盾を十分に検証した上で、「人種やエスニックの多様性によって生ずる問題を、むしろ強さやチャンスに転換する方法を学ばなければならない」(p.7)と述べている。このように「問題を強さやチャンスに転換する方法」を理念とした教育は多文化共生を背景としてこそ実現できるのではないか。

3. 留学生を対象としたポピュラー・カルチャー授業

　大分大学で開講されている留学生を対象としたポピュラー・カルチャー授業は大まかに2つに分かれている。1つは欧米圏の学生を中心に英語で教授される、Japanese Popular Culture A: Films and Performing Arts、さらにJapanese Popular Culture B: Manga、Animation and Mass Media となる。一方で、アジア圏の学生を主な対象とした、日本事情B：日本大衆文化の授業を日本語で開講している[5]。この論文では、2007年後期（2007年10月―2008年2月）

に開講したJapanese Popular Culture B: Manga、Animation and Mass Mediaと日本事情B：日本大衆文化の授業状況、学生に行ったアンケートやインタビューなどのフィードバックを分析し、多文化共生の環境で留学生が日本のポピュラー・カルチャーを学ぶ現状と課題について論じる。伊藤明己はポピュラー・カルチャー研究を「ポピュラー文化から社会を理解し把握する作業」（渡辺潤・伊藤明己編 2005: p.25）と定義しているが、これらの授業を開講する目的は、以下のコース・アウトラインが示すように、日本社会・文化に対する造詣を深め、文化を比較する過程でグローバルな視点を養うことである。

Japanese Popular Culture B: Manga, Animation and Mass Media
"The contemporary debate about Japanese popular culture has provided various important perspectives from which to deal with questions concerning Japanese society and culture. In this course, we will examine a variety of Japanese popular cultural materials e.g. *manga* comic books, *Japanimation* (Japanese animations), magazines, pop music, et cetera, and discuss the impact of these genres within both the Japanese socio-cultural and global contexts."

日本事情B：日本大衆文化
「マンガ、アニメなどいわゆる日本のポピュラー・カルチャーに触れることによって、日本への興味を持った留学生は多い。「ポピュラー」という単語はしばしばしば「Low」（質が低い）というように解釈されたが、ポピュラー・カルチャーは社会・文化を分析する上で欠かすことのできない研究分野として注目されてきている。この授業では日本のポピュラー・カルチャーがどのように現代日本社会の特徴と問題を扱っているかについて考察する。そのうえで、日本社会、ならびに海外における日本のポピュラー・カルチャーの受容について議論する。」

授業で扱う内容を以下に挙げる。

表1　ポピュラー・カルチャー授業内容

日本事情 B	Japanese Popular Culture B
浮世絵と歌舞伎（近世のポピュラー・カルチャー）	*Ukiyoe and Kabuki*: Pre-modern Japanese Popular Culture
漫画(1)：少年マンガ	*Manga* (1): *Shōnen manga*
漫画(2)：少女マンガとレディース・コミックス	*Manga* (2): *Shōjo manga* and *Ladies Comics*
漫画(3)：BLマンガ	*Manga* (3): *BL manga*
ポピュラー・カルチャーと規制問題	Japanese Popular Culture and Censorship
ポピュラー・カルチャーと人種問題	Japanese Popular Culture and Racial Issues
アニメーション(1)：魔法戦隊美少女アニメ	*Anime* (1): Fighting Magical *Shōjo* Animation
アニメーション(2)：サイボーグアニメ	*Anime* (2): Cyborg Animation
アニメーション(3)：宮崎駿アニメ	*Anime* (3): Miyazaki Hayao Animations
ソフトパワー	Soft Power
ファッション雑誌	Fashion Magazines

成績は出席と授業への積極的参加（30%）、グループ・プロジェクト（30%）、期末試験（40%）で評価される。

　これらの授業を正式に履修した学生の内訳は以下のようになっている。

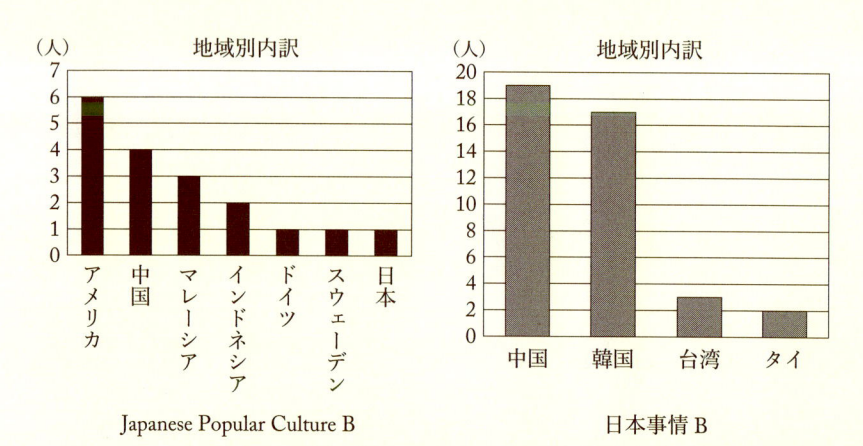

図1　ポピュラー・カルチャー授業の学生内訳

Japanese Popular Culture Bの授業では、アメリカ6名、中国4名（内香港1名）、マレーシア3名、インドネシア2名、ドイツ1名、スウェーデン1名、日本人1名の学生が受講していた（また、他にも4名の日本人学生が聴講していた）。日本事情Bの授業では、中国人（香港の学生を含む）と韓国人の受講者が圧倒的に多い。

4. ポピュラー・カルチャーの影響と日本語学習への動機

　授業で行ったアンケートでは、日本語学習への動機に日本のポピュラー・カルチャーが影響しているかの質問を行った。

Japanese Popular Culture B
- 影響された 89%
- 影響されない 11%

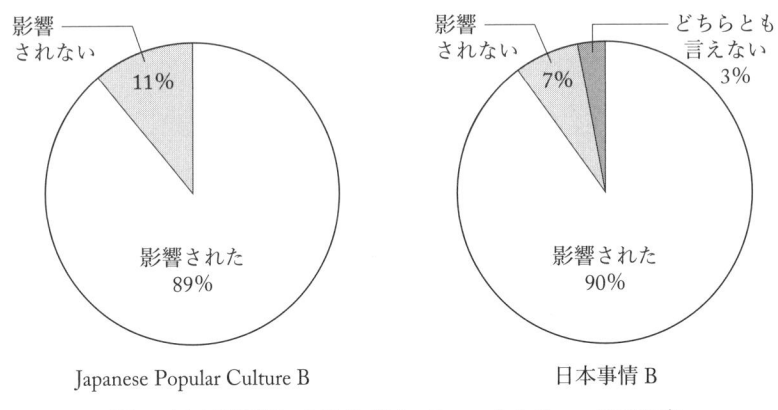

日本事情B
- 影響された 90%
- 影響されない 7%
- どちらとも言えない 3%

図2　日本語学習におけるポピュラー・カルチャーの影響度

アンケート結果が示しているように、ほとんどの学生が、日本のポピュラー・カルチャーの影響で、日本語学習を始めたことが分かる。特に、影響を受けたジャンルとして、マンガ、アニメ、ドラマ、映画、音楽によると答えた学生が多く見られた。経済産業省が作成した報告書「コンテンツ産業の現状と課題」にも、「アニメ、マンガ、音楽等のポップカルチャーが日本語学習動機となる点については、多数の専門家から指摘されており、コンテンツ産業による日本語普及効果が期待できる」との意見が記述されている。ポピュラー・カルチャーが日本のソフトパワーとして世界的に認識されつつあり、その「パワー」が海外での日本語普及に連動していることは疑いない。

5. 性描写を含むマンガを教材とした授業に見られる異文化間の相違

　ポピュラー・カルチャーの授業で扱う教材の1つとしていわゆる「過激な性描写が含まれる」マンガがある。女性の男性同性愛幻想が主題となるBLマンガ[6]や、主に主婦をターゲットとするレディース・コミックス[7]などを授業の教材としている。授業でBLマンガやレディース・コミックスを教材とする教育目的を詳細に述べることは論文の主旨から外れるので避けるが、これらの大きなマーケット力を持つマンガ（例えば杉浦由美子によるとBLマンガは200億円以上の市場を持ち、波状効果を入れるとはるかに大きな市場となると言われている。またグレチェン・ジョーンズ〈Gretchen Jones〉はレディース・コミックスに関して、マンガ雑誌だけでも月に250万部以上を売り上げるとの調査結果を示している）のコンテントや読者層、日本の社会構造に関する問題（例えばジェンダー差別や性的マンガの規制や法整備の問題など）との関連から、このようなマンガについて討論、分析することにより、留学生が日本の社会構造をより深く理解することが開講目的の一つとして挙げられる。BLマンガやレディース・コミックスなど、いわゆる「物議を醸し出す」ポピュラー・カルチャーをそれぞれ異なった文化的・社会的枠組みで育った学生が、共に学ぶ状況（いわゆる多文化共生型授業）について、学生の反応や理解度について以下論じる。

　性描写を含んだマンガを授業で教材とすることに関する学生の意識調査を行い、以下のような結果が出た。

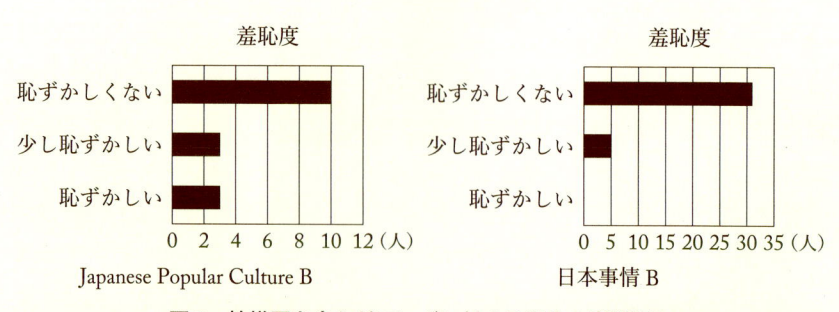

図3　性描写を含んだマンガに対する学生の意識調査

アンケート結果の特徴としては、アメリカ、ヨーロッパの学生はすべて、「全く恥ずかしくない」と回答している一方で、インドネシア、マレーシア、中国の学生が「少し恥ずかしい」「恥ずかしい」と回答している点が挙げられる。インドネシア人の学生のインタビューでは2名とも「このようなマンガはインドネシアでは販売が禁止されており、授業でも性的な事項は全く扱わない」からだと述べている。また、中国の学生も同じような意見であった。日本事情Bの授業でも、同じように5名の中国、韓国学生が「少し恥ずかしい」と回答している。マレーシアの学生の反応については宗教問題と関連付け、後ほど詳細について述べる。

　前述したようにBLマンガやレディース・コミックスを教材とした授業参加に対し、多少の羞恥心(しゅうちしん)をもった学生がいることは否定できない。しかしながら、その一方で「このようなマテリアルを学ぶ必要があると思うか」という質問に関しては、Japanese Popular Culture Bでは100%の学生が、日本事情でも97%の学生が、「必要がある」と述べている。授業で感じる「恥ずかしさ」の度合いはそれぞれが培った文化的バックグランドによって異なるが、最終的にはほとんどの学生が、BLマンガやレディース・コミックスを学ぶことによって、日本の文化的・社会的な構造に関する知識を深めることができたと評価している。以下、学生のフィードバックの例を挙げる。

学生のフィードバックの例[8]

○　私はやおい(BL)マンガが本当に大好きですが、韓国ではやおいマンガやHなマンガを読む人はUndergroundというか、少しヘンな人になってしまいます。それで、このような授業を取ることができて、うれしかったです。やおいマンガとかも学問的に考えたり、マンガについて考え直すいい機会になりました(韓国)

○　ただ、猥褻(わいせつ)なものとして誤解していたが、この授業によって日本の社会的な面を知ってから、考え方が変わりました(中国)

○　自分の国では学んだことがありませんけど、この授業で初めて知ったときは、とても面白いと思いました。「日本はこういうものがあるのか?なるほど」と思いながら、日本についての文化を学ぶのは私たち外国人にとって、重要なことだと思います(台湾)

○ Discussing such topics are important and they are revealing of cultural info（アメリカ）
○ I have never seen the material in ladies comics until I came to this class. But I think it is still good because it is an important part of Japanese culture（アメリカ）

毎回の授業では必ずグループによる集団討論を行ったが、「少し恥ずかしい」「恥ずかしい」と回答した学生も含めて、それぞれが積極的に討論に参加していた点を強調したい。

6. 多文化共生授業と日本人学生の参加

　日本の大学における多文化共生授業に関する現状分析を行うためには、日本人学生の授業参加状況について特記することが不可欠であろう。前述したように、Japanese Popular Culture B の授業では、5名の日本人が（1名が正式な受講、4名が聴講）授業に参加していたが、多文化共生授業に適応することが一番困難であったのは、日本人学生であった。日本の教育分野における「国際化」の実情は、馬越徹が「日本―社会の多文化化と「永住外国人」子女教育」で以下述べているように、現在でも未開拓な分野であると言わざるを得ない。「以上みてきた民族教育をめぐる国（文部省）と地方自治体との見解の相違は、多文化・異文化間教育の重要性が叫ばれる昨今の国際的動向からみても異様である。国際人権規約の批准が、国連における採択から13年も遅れたこと自体問題であるが、採択（1979年）後の日本政府の対応は、民族教育問題に関するかぎりほとんど前進がみられなかっただけでなく、後退したものさえ少なくない」(p.226)。馬越や、他研究者が指摘しているように、日本の教育が「同化主義」の概念から発展し、文化的差異を積極的に受容するような教育を推進してこなかった点は明白である[9]。

　そのような教育現状で、日本人大学生が多文化共生に関する十分な知識や経験がなく、外国人留学生と同じ授業を受講するという状況に対応できないことは想像するに難しくないであろう。異なった文化的背景を持つ学生の分析や意見を聞き、その意見を尊重しながら、自分自身の意見を述べ、相互理

解から学んでいくような多文化共生教育実現に必要な姿勢が十分に見られなかった。日本人学生の学習態度自体は極めて真面目で、教材分析にも真剣に取り組んでいた。しかしながら、多文化共生授業の軸となる留学生との知識交流という点からは、多文化共生授業の中で十分にその意義を学び、実践したとは必ずしも言い難い。

多文化共生授業で日本人学生の授業参加状況が満足に足るレベルに達しなかったその他の原因については、語学力の問題が挙げられる。Japanese Popular Culture B の授業を履修した留学生は全て TOEFL550、IELTS6.0 以上の英語力があることを前提としているが、日本人学生についてはこの語学要件を課していない[10]。また自分の意見を理論的に述べる訓練や経験の不足も挙げられる。集団討論中に、意見を求めても「自分はこのようなマンガを見ないから」で意見が終わり、「なぜ見ないのか？」「このようなマンガが多くの読者を獲得している理由はなにか？」などの意見を求めても、反応がない場面が多々見られた。また、日本人の授業参加に関する問題点は、エロティックなマンガを授業というパブリック（公式）の場で討論する「恥ずかしさ」にも起因していると思われるが、インドネシア、中国、韓国の学生は「恥ずかしさ」を乗り越え、ある意味「未知なる」ものから学ぼうとする姿勢が強く見られた[11]。

留学生を対象に行ったアンケート、聞き取り調査では、「日本人学生の意見ももっと聞きたかった」というフィードバックが多々あり、日本の大学で学ぶ留学生は日本人との知的交流を強く求めているという点が明らかになった。隈本ヒーリー順子・長池一美が 2006 年に行った研究「大学の国際化から視た短期留学プログラム―よりよいカリキュラム構築に向けて―」でも留学生は日本人学生との教室でのインターアクションを求めているという分析結果について言及している。このように、日本の大学で日本独特の文化的教材を使用した教育を行い、多文化共生型授業を目指すケースでは、日本人学生の教育を今後どのようにおこなっていくのかが課題となる。

7. 宗教と多文化共生授業：ムスリム学生による BL マンガやレディース・コミックス解釈の例

　次に、敬虔(けいけん)なイスラム教徒であるマレーシアの学生がこれらのマテリアルを使用した授業へ参加した時に起こった課題について述べる。杉本均は「滞日ムスリムの教育問題―日本におけるもうひとつの異文化」の中で、滞日ムスリムが増加傾向にある日本の社会状況下で「日本のムスリムを対象とした組織的な教育調査報告がない」(p.313)と指摘しているが、日本社会の国際化が進むにつれ、宗教的多様性の認識と理解を推進する教育が必要となる。イスラム教徒であるマレーシアの学生が、授業で少年マンガや美少女戦隊アニメ、ソフトパワーやファッション雑誌などについて学ぶ場合は問題なく、積極的に討論にも参加しており、この授業を受講することによって、今まで学ばなかった日本について多くを学んだというフィードバックがあったが、BL マンガやレディース・コミックスを教材として学ぶ授業になると、それらのマテリアルのページを捲(めく)ることさえ拒んだ学生が 2 名あった。理由を聞くと、「このような性描写が含まれたマテリアルを見るだけで、いわゆる〈悪い霊〉に支配される」との見解であった。

　授業の中で、これらマレーシア学生の見解を批判したり、茶化したりする学生は皆無であった。それどころか、後ほど述べるように、様々な価値観、社会的規範、文化的バックグランドを持った学生の意見を聞けて興味深かったという、理想的な反応があった。このように、宗教上の理由によって、特定の教材を使用できないケースも「多様性」として認識され、理解されなければならない。松尾知明が述べるように、多文化共生授業とは「一人ひとりの多様なナラティブに耳を傾けることができる力をつけるものである」(p.31)。イスラム教徒の学生の BL マンガやレディース・コミックスに対する解釈は多様なナラティブの 1 つとして尊重されなければならない。

8. セクシュアリティーと多文化共生授業：男子学生による BL マンガ解釈の例

　松尾知明、青木利夫など多くの研究者が述べているように、「文化」とは

「民族」だけに限定されるものではなく、宗教、階級、ジェンダー、セクシュアリティーなどに見られる多様な「文化」も存在する。例えば、佐藤実芳・小口功は「イギリス―多文化教育の理念と政策の変換」で1980年代のイギリスにおける性的マイノリティ差別と多文化共生教育の停滞について以下のように述べている。「また弱者の人権に配慮する教育を展開するなかで、同性愛者の人権に関する教材を内ロンドンやハリンゲイの学校でとりあげたが、これが子供に同性愛を奨励しているという具合に歪曲（わいきょく）されて報道され、メディアの非難の矢面に立たされたりした」(p.110)。

大分大学で実施した、多文化共生型のポピュラー・カルチャー授業の中でも、男子学生の男性同性愛嫌悪が強い場合の授業構成に関する問題が見られた。前述したように、BLマンガは女性を対象とした男性同性愛幻想から構成されている。授業では、ほとんどの学生は教材に興味を示し、なぜこのようなマンガが日本の女性に好まれて読まれるのかについて知的好奇心を擽（くすぐ）られたようであった。しかしながら、日本事情Bのアンケート結果によると、3名ほどの韓国、中国の男子学生が「BLマンガについてはあまり勉強したくなかった。気持ち悪いからです」という意見を出しており、確かにこれらの男子学生はほとんどグループ・ディスカッションにも参加していなかった印象がある。

その一方で、Japanese Popular Culture Bの英語で行った授業では、そのような回答を行ったアメリカ人、ヨーロッパ人の男子学生は皆無であった。大多数の意見が1つの教育教材として勉強することに意義があり、また役にたったと述べているが、これらの「特定のセクシュアリティーを勉強することに生理的な嫌悪を持つ学生」を、多文化共生教育の理念から、どのように教育していくかは今後さらに議論されるべき課題である。学生に、日本人女性のための男性同性愛幻想を興味本位に読むのではなく、なぜそのようなマンガが生まれ、女性の間で共有されるのか、日本の社会構造のどのような土壌がそのような幻想を必要とするのかなどを分析することが目的であるのを理解させ、積極的な参加を促していく必要がある。それと同時に、セクシュアリティーに関する「多様性」を認識し、理解するという、多文化共生教育の軸となる「人権の尊重」を促進することが重要であり、ポピュラー・カルチャー教材を扱った授業は、そのような意識改革を促す教育の第一歩として

機能するであろう[12]。

9. 多文化共生授業と政治的な認識：中国、台湾、香港の政治的位置づけ

　ポピュラー・カルチャーの授業を留学生に提供する目的の１つとして、日本のポピュラー・カルチャーをそれぞれが慣れ親しんだポピュラー・カルチャーと比較して分析するという、比較文化的視点を養う機会を提供することが挙げられる。その比較の過程において、各自異なった文化的バックグランドを持つ学生に、それぞれが慣れ親しんできたポピュラー・カルチャーについて説明や意見を求めることがしばしばあった。日本事情Ｂ：日本大衆文化の授業で、２名の中国人学生から「香港と台湾については、別々に意見を求めないで欲しい。香港も台湾も同じ中国文化であり、それぞれの違いはないから」という意見が出た。この意見には香港、台湾の学生から反対意見が出され、私も授業で「政治的な思惑を考えたものではなく、それぞれの異なった文化体系によって、培われたポピュラー・カルチャーを比較する必要があるためだ」と述べた。
　関啓子、青木利夫は民族・文化間の差異を強調する教育は「集団内の複雑なダイナミズムといったものがみえにくくなってしまうのではないか」（青木p.11）と述べ、「何者かを分類させない、むしろアイデンティファイさせない個の形成」（関p.4）が多文化教育の基礎理念であると提唱している[13]。関や青木が述べるように、確かに異文化間の「差異」だけを強調する教育は多文化共生教育の枠組みから逸脱し、理想的な教育を学生に提供することは不可能であるが、異文化間の「差異」を完全に否定した教育、いわゆる「アイデンティティがないというアイデンティティ」の形成が、多文化共生教育の発展に必ずしもプラスに作用するとは思われない。むしろ、多文化間に「すでにある」問題を「隠蔽」する可能性を内包している点を見過ごすことはできない。「全体の中に必ず存在する差異」を否定することなく、個々に意見を求めることも必要であるが、ある程度、大きな枠組みで物事を分析するというプロセスも平衡して進められるべきである。
　授業では、異なった歴史体系を持つ香港、台湾の学生に、例として「香港

はどうですか？」「台湾はどうですか？」という質問をすることは異文化を理解する手段としての1つの質問であり、政治的な動機は全くないと学生に理解させる重要性を認識した。このように、多文化共生教育を目指す過程では、センシティブな政治的思惑や動機について、ある程度事前に学生に説明をしておく必要があり、そうすることによって、学生も安心して自身の意見が言えるということが理解できた。もしくは、「香港は？」と聞くときは、「大連、もしくは北京ではどうですか？」と地域別の比較を行うなどの、考慮も必要となるかもしれない。ここで、私が強調したい点は、「台湾は中国か、中国でないのか」という政治的な問題が、些細なことだと言っているのではない。そのような討論をする場も必要になるであろう。しかしながら、私の日本ポピュラー・カルチャーの授業は、そのような討論をする場ではなく、あくまでも、比較文化論、多文化理解の視点から、地域別の意見を求め、それについて分析、討論していくことが授業の目的だと言うことである。

10. 多文化共生授業のニーズ

　それぞれが異なる文化的バックグランドを持つ学生が共に学ぶ多文化共生授業の現状と課題について、担当した日本ポピュラー・カルチャーの例を中心に述べてきたが、多文化共生の環境で学ぶことに対する学生の満足度は大

【Japanese Popular Culture B】　　　　【日本事情 B】

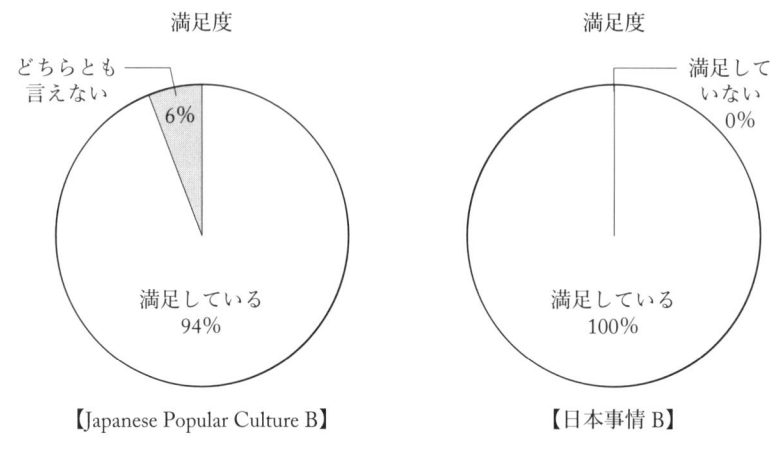

図4　多文化共生授業に対する学生の意識調査

変大きいものであった。以下に挙げる、学生のフィードバックの例からも読み取れるように、学生はこれらの授業を受講することによって、更なる異文化理解の視野を広げてくれたと確信している。

多文化共生授業についてのフィードバック

- ◯ I think having students from other countries is a plus for this course. I got different ideas from people of other countries about Japan（マレーシア）
- ◯ This class was really cool. Lots of various students from different countries. I don't have any negative feelings with other students（インドネシア）
- ◯ I found it very interesting to see and hear different meaning and actions of people from different countries（ドイツ）
- ◯ I think it is great to study Japanese culture or any class with such a diverse group of people. This is the biggest class I had this semester and it is fun to hear other people opinions on the different subjects（アメリカ）

ファリデ・サリリ（Farideh Salili）とルマヤン・ホーサイン（Rumjahn Hoosain）は多文化教育の実践を学生の学習動機の向上と関連させ、「多様性を尊重する教育は包括的で安全な教育環境を生み出すのと同時に、学生の学習動機を向上させる」（p.7）と分析している。サリリとホーサインが述べるように、日本ポピュラー・カルチャーの授業でも、同じ文化を共有する学生だけで学ぶよりも、はるかに実りのある学びが達成でき、学生の学習に対するモチベーションも自然と高くなったのではないかと推測される。

　前述した「羞恥心の度合い」「宗教的解釈」「男性同性愛の認識」「香港・台湾文化の解釈」など、異文化間のギャップから成る課題についても、そのクラッシュを経験することによって異文化を学ぶ過程そのものが、多文化共生教育の理念と合致する。ウィリアム・ハート（William Hart）は海外滞在経験者（international sojourner）を叙情詩のヒーロー（epic hero）と比較し、どちらも「困難を乗り越えてかけがえのないものを得る」という共通点に言及したが、担当した多文化共生型のポピュラー・カルチャー授業でも、学生たちが異文化間のクラッシュによる困難を乗り越え、「かけがえのない」多文化

共生環境から日本のポピュラー・カルチャーを学んでくれた。

11. 終わりに

　以上のように多文化共生環境で日本のポピュラー・カルチャー授業がどのように学ばれ、解釈されるのかについての考察を行ったが、世界的なレベルでの影響力を持つ日本ポピュラー・カルチャー教材の使用は、多文化共生教育を推進するに必要な要素を多分に含んでいる。日本ポピュラー・カルチャーへの「興味」という共通意識を持った学生が共に学び始めた授業でも、前述したような多様な解釈や理解のあり方を学ぶことによって、多様化するナラティブを理解する必要性を再確認することができた。日本でのポピュラー・カルチャー教育・研究は未開拓の分野であると指摘されているように、いまだ確固たる学術基盤があるとは言えない。また多文化共生教育に関しても、日本の教育界で多文化共生教育が完全に浸透しているとは言い難い。このような、「ポピュラー・カルチャー」「多文化共生」という開発途上の分野を相互に関連させた教育を促進することは、それぞれの分野がより学術的に発展するためにも必要である。日本ポピュラー・カルチャーの国際性から多文化共生の可能性を探り、多文化共生教育の理論や理念からポピュラー・カルチャーの国際性を探る。ポピュラー・カルチャー、また多文化共の多様性というダイナミズムは今後の教育分野の発展に欠かすことができないテーマを提供するものである。

注

1　ソフトパワー(soft power)とは元ハーバード大学教授で、アメリカ国務省高官などを歴任したジョセフ・ナイ(Joseph Nye)が提唱した、経済・軍事的力(ハードパワー)を行使することによって他国に対する影響力を拡大するのではなく、文化の特徴を最大限に活用することによって、他国を魅了する「国力」の総称である。ダグラス・マクグレイ(Douglas McGray)は「日本的かっこよさ」をキーワードとした日本文化の国際的影響力を指摘している。

2　日本ポピュラー・カルチャーに関連する専門書として、渡辺潤・伊藤明己編『〈実

践〉ポピュラー文化を学ぶ人のために』、宮原浩二郎・荻野昌弘編『マンガの社会学』などが挙げられる。伊藤公雄（編）の『マンガのなかの〈他者〉』では、世界各国で爆発的な人気を博した少年マンガ『ドラゴンボール』の韓国での反響や手塚治虫のアドルフ・ヒットラーを題材とした『アドルフに告ぐ』のドイツ版の出版など、日本マンガの海外での受容について言及されている。日本ポピュラー・カルチャーの海外での受容に関する研究は今後さらにポピュラー・カルチャーをソフトパワーとして海外に発信していくために、更なる研究が必要となるテーマである。

3　本研究は文部科学省の科学研究費補助金の助成を得たものである。

4　実際にバンクスやその他の批評家が使用した言葉は"Multicultural Education"であり、日本語では「多文化教育」と翻訳され使用されている。また、関連した言葉として、「グローバル教育」、「異文化教育」などがあり、これらの名称はそれぞれ少しずつ意味合いが変化する。また、研究者によっても定義が異なる場合も多々ある。この論文では、大まかな定義ではあるが、異なる文化的バックグランドを持つ人間がそれぞれの異なる文化的視点から学び、多文化が共生する必要性と可能性について学ぶ教育プロセスを「多文化共生教育」と呼ぶ。

5　これらの科目の主な受講者は協定締結大学からの交換留学生であるが、大学の正規生（学位取得を目的として大分大学で学んでいる学生）も受講している。

6　BL（Boys' Love）マンガとは女性作家による男性同性愛をモチーフとしたテキストで、「やおいマンガ」「美少年マンガ」とも呼称される。読者の大多数も女性であり、「女性による女性のためのロマンス・ナラティブ」として人気を博している。毎月150以上のマンガ・コミックス本や小説、また30種類以上のマンガ雑誌（月刊、隔月刊、季節刊など）が出版されている。

7　レディース・コミックスは80年代に新しく登場した女性向けのマンガ・ジャンルであり、過激な性描写（ヘテロセクシュアリティーを基本としている）を特徴としている。書き手も大多数が女性である。

8　学生のフィードバックに関しては、学生が記述したままを紹介している。

9　日本の公教育における「同化主義」政策は、馬越の論文の中で、歴史的背景を踏まえながら、要約されている。馬越の論文は戦後の公教育に焦点を絞っているので、言及されていないが、江戸時代に起こった、大和民族によるアイヌ民族の「発見」とその後の同化政策にも戦後日本の「外国人」教育と同じような状況が見られる。

10　大分大学で実施されている短期留学プログラム（International Program at Oita University、通称IPOU）とは、学生交流協定に基づいて協定校からの留学生を短期間（半年、あるいは1年）受け入れ、英語による授業を提供するプログラムであり、応募者選考の際にTOEFL550点もしくはIELTS6.0以上の英語力を要求している。また、大分大学には別の短期留学プログラム（二豊プログラム）があり、このプログラムは日本語による授業を提供するプログラムとして、応募者には基本的

に日本語能力検定試験の1級合格を要求している。日本人学生については、本学の国際理解教育、語学教育の向上という視点から、TOEFL、IELTSの点数に関係なく、履修を認めている。また、日本人の英語力については、他の非英語圏の学生と比較しても高いとは言えない。例えばETS (Educational Testing Service) による各国のTOEFLスコアの平均 (2004–05年) を比較すると、PBT (Paper Based TOEFL) では、日本の平均が495点となっており、中国の559点、韓国の545点と比較すると明らかに低いと言わざるを得ない。

11 授業に参加した日本人学生5名は全て女性であった。「性的なものを公にする」ことについてのタブー（禁止）性の度合いは女性の方がより強いことは推察するのに難しくはない。

12 BLマンガをゲイ解放運動とは切り離し、「男性同性愛の歪曲された表象」として批判する研究者も多い。例えば、石田仁は「ほっといてくださいという表明をめぐって―やおい／BLの自立性と表象の横奪」の中で、BLマンガ、もしくはBLマンガを読む女性読者の姿勢を「表象の横奪」と定義し、BLマンガは画一化されたセクシュアリティー構造に挑戦する改革的要素を内包していないと述べている。BLマンガやレディース・コミックスなどの性的マンガの分析からジェンダー、セクシュアリティーを再検討する試みについては今後さらに議論されなければならないテーマであるが、この論文の主題からは逸れるので、詳細について述べることは避ける。

13 関や青木の理論が、ジャック・デリダ (Jacques Derrida) を中心とする脱構築主義 (Deconstructionism) の視点から展開されていることは言うまでもない。脱構築主義の可能性を認識するのと同時に、その内包された問題を明らかにしてきた批評家と同じように、「脱構築されたアイデンティティ」は、脱構築される前にそのアイデンティティに確かに付随していた問題（例えば、「黒人」、「ゲイ」の差別問題）を隠蔽してしまう可能性があることを指摘したい。

参考文献

青木利夫 (1998)「「多文化教育」における諸概念の再検討―「文化」と「民族」を中心として」『「多文化教育」をめぐる諸概念の再検討―〈国際化社会〉における教育改革のための基礎研究』1996–97年度文部省科学研究費補助金・基盤研究C研究成果報告書（研究代表者　関啓子）．

バンクス・ジェームズA.　平沢安政訳 (1996)『多文化教育―新しい時代の学校づくり』東京：サイマル出版会．

バンクス・ジェームズA. 他　平沢安政訳 (2006)『民主主義と多文化教育―グローバル化時代における市民性教育のための原則と概念』東京：明石書店．

ETS (Educational Testing Service) (2005) *TOEFL, Test and Score Date Summary: 2004–05 Test Year Date*. ETS.

Fullinwider, Robert K. (ed.) (1996) *Public Education in a Multicultural Society: Policy, Theory,*

Critique. Cambridge: Cambridge University Press.

石田仁(2007)「ほっといてくださいという表明をめぐって―やおい／BLの自立性と表象の横奪」『ユリイカ　臨時増刊号　BLスタディーズ』: pp.114–123.

伊藤公雄編(2008)『マンガのなかの〈他者〉』東京：臨川書店．

Hart, William B. (1999) The Intercultural Sojourn as the Hero's Journey, *The Edge: The E-Journal of Intercultural Relation* no. 2: 1.

http://www.interculturalrelations.com/v2i1Winter1999/w99hart.htm

Jones, Gretchen (2002) Japan's Not-So-Underground Market in Pornography for Women, *U.S.-Japan Women's Journal* no. 22: pp. 3–31.

小林哲也・江淵一公(1985)『多文化教育の比較研究―教育における文化的同化と多様化』福岡：九州大学出版会．

隈本ヒーリー順子・長池一美(2008)「大学の国際化から視た短期留学プログラム―よりよいカリキュラム構築に向けて」『アジア太平洋地域における日本研究』水戸考道・何志明・宮副ウォン裕子編　香港：香港日本語教育研究会．

馬越徹(2000)「日本―社会の多文化化と「永住外国人」子女教育」『多文化教育の国際比較―エスニシティへの教育の対応』江原武一編　東京：玉川大学出版部．

McGray, Douglas (2002) Japan's Gross National Cool, *Foreign Policy*

http://www.chass.utoronto.ca/~ikalmar/illustex/japfpmcgray.htm

松尾知明(2007)『アメリカ多文化教育の再構築―文化多文化主義から多文化主義へ』東京：明石書店．

宮原浩二郎・荻野昌弘編(2001)『マンガの社会学』東京：世界思想社．

Nye, Joseph (1990) *Bound to Lead: The Changing Nature of American Power.* New York: Basic Books.

田中圭治朗(1996)『多文化教育の世界的潮流』東京：ナカニシヤ出版．

Salili, Farideh and Hoosain, Rumjahn (2007) Culture, Motivation, and Learning: A Multicultural Perspective, *Culture, Motivation, and Learning: A Multicultural Perspective.* North Carolina: Information Age Publishing, INC.

佐藤実芳・小口功(2000)「イギリス―多文化教育の理念と政策の変換」『多文化教育の国際比較―エスニシティへの教育の対応』江原武一編　東京：玉川大学出版部．

経済産業省　商務情報政策局　文化情報県連産業課(2005)「コンテンツ産業の現状と課題―コンテンツ産業の国際競争力強化に向けて」．

http://www.meti.go.jp/policy/media_contents/downloadfiles/kobetsugenjyokadai/genjyoukadai1215.pdf

関啓子(1998)「多文化社会における人間形成の再考―地球市民の形成は可能か」『「多文化教育」をめぐる諸概念の再検討―〈国際化社会〉における教育改革のための基礎研究』1996-97年度文部省科学研究費補助金・基盤研究C　研究成果報告書(研究代表者　関啓子)．

杉本均(2000)「滞日ムスリムの教育問題―日本におけるもうひとつの異文化」『多文化

教育の国際比較―エスニシティへの教育の対応』江原武一編　東京：玉川大学出版部.
杉浦由美子(2006)『オタク女子研究―腐女子思想大系』東京：原書房.
渡辺潤・伊藤明己編(2005)『〈実践〉ポピュラー文化を学ぶ人のために』京都：世界思想社.

多文化主義時代における日本近代文学

香港城市大学中文翻訳及言語学学科
Dennitza Gabrakova

　アメリカの比較文学者フレデリック・ジェイムソンは数十年前に近代中国とアフリカの作品を取り上げながら、グローバル資本主義の枠組みの中でそれらの作品へ辿(たど)りつくまでの自身の道程の地図を作成した。本稿のタイトルはそのジェイムソンの論考のタイトル「多文化資本主義時代における第三世界文学」[1]と共鳴するように設定されている。またそれと同時に、本稿を発表した 2008 年 11 月 8 日・9 日に香港で開催された「第八回国際日本語教育・日本研究シンポジウム」における「多文化主義」というテーマへの応答としての意味をもこめている。ジェイムソンが提示した多くの刺激的な課題の 1 つは文化的に特殊な文学的現象を理解しようとするときに、作品そのものから方法論を紡ぎだすということであろう。このような分析のスタイルは、直接的体験を文化のよりグローバルな動きへ結びつけようとする知的努力の発揮という点で、ジェイムソンの概念である「認知地図」と共鳴している。ジェイムソン自身は引用している中国の作家を翻訳で読んでいるのだが、一方で彼の発想は直接的体験がグローバルなスケールにおけるヘゲモニーの構造に翻訳されること（あるいはその逆の動き）への敏感さを示してもいるのだ。ジェイムソンの論考に見られるこうした大まかな枠組みをわれわれも意識すべきである。なぜなら、アジア、オーストラリアなどの領域における日本文学の教育を考えるとき、日本文学の英語訳の役割を無視できないからだ。この問題のさらなる追及は日本文学と日本研究、文化研究、比較文学などという他の諸分野の間の可能なアソシエーションを浮き彫りにできるだろう。

　また、アメリカを活動の本拠にしているインドの比較文学者ガヤトリ・スピヴァクが数年前に注意した、最近盛んな世界文学の翻訳選集の国際市場やアメリカ合衆国によって組織され輸出されている文学教育における多文化主

義が含む罠(わな)は、深刻な問題として残っており、解決不可能でありながら絶対必要な問いとして日本文学教育に携わる者が実践において直面し、立ち向かい、適応していくべき問題である[2]。

　ここには2つの大きな問題がある。つまり、翻訳の利用をどのように捉え、教授法的に正当化できるかということと、そしていかに文学教育全体の知的、倫理的、美的刺激を維持できるかということである。スピヴァクの提案は比較文学のカリキュラムを地域研究(Area Studies)と結びつけることによって、両方を再活性化することである。むろん、彼女は地域研究と対話の関係を求める比較文学研究の立場から発言しているのだが、いかに比較文学のストラテジーを日本研究に組み込むことができるかという、地域研究の一部である日本研究という方向からもこの問題へ接近できるはずだ。本稿を発表したシンポジウムの副題である「アジア・オセアニア地域における多文化共生社会と日本語教育・日本研究」というテーマの設定との関係で、本稿も地球の一部を地域としてまとめる視角といった、明らかに地域研究特有の課題を扱わなければならない。日本研究に携わる者として常に意識すべきなのは、冷戦期における地域研究が持つ歴史的に独特な学術的、知的、戦略的な文脈のことである。著名な日本研究者、シカゴ大学のノーマ・フィールドはこの事態を以下のようにまとめている。

　　アメリカにおける日本研究の創立者は日本語を戦時中の軍役の文脈で習った人たちである。彼らの間には何人かの才能のある翻訳者もおり、商業出版社から出た彼らの近代日本文学の翻訳を通して、一般読者の間に特定の作家に対する好みを創り上げ、それは映画産業によってさらに育てあげられた。事実、彼らは効果的に川端康成(後のノーベル賞受賞者)や三島由紀夫や、谷崎潤一郎のような作家をキャノンにしたのである。ドナルド・キーンやエドワード・サイデンステッカーのような研究者による翻訳を通して美的で快適でエキゾチックな人間主義が投影されていった。かつての敵の名誉復帰への彼らの貢献は、日本の民主化から、中国の革命と朝鮮半島における戦争勃発のような環境のもとで、自由の支柱としての、そして同盟国としての日本の経済復興という合衆国の優先事項を強化していたのだ。こうした権力の影響によって、この3

人の作家は国際的なステータスを獲得したのであり、そしてそれから、今度は日本でキャノン化され、近代日本文学に新しいステータスを与えたのである。近代文学によって商業的に成功した翻訳家は同時に古典文学の研究者でもあった。古典文学の翻訳は多くの注釈を含んでおり、一般読者には向けられていなかったが、それでもそれは一般読者における人気と古風な真面目さが兼備した日本研究における幸せな日々だったとも言えよう（略）[3]。

一方で、ノーマ・フィールドはいわゆるポスト冷戦期の状況を、厳密な意味での翻訳の重要性の後退とそれに取って代わる理論的な洗練さ、もしくは自己満足と関連付けている。

1990年代になると、制度的なバリエーションを含んだ新しい区分を見出すことができる。ポスト構造主義理論の一種が以前の翻訳と文献学の追及を無効にし、実践家から頑固な抵抗を引き起こした。社会科学における合理的選択の理論が（言うまでもなく、地域研究という形での）局地的な知の必要性を捨てさせた。翻訳と文献学に対する知的軽蔑(けいべつ)は研究にとっても教育にとっても不幸なものになった。その結果として、文献学的な研究と理論的な研究を皮肉にも分断し、読者を惹きつけ、それによって日本文学の学生を生み出していた新しい翻訳の流れを止めたのだ[4]。

アメリカを本拠にしている香港の研究者レイ・チョウは、多文化主義の文脈における教育の問題を論じ、理論の批判的な領域から離れることによって新しいオリエンタリズムの一種を導くという、地域研究に潜むヘゲモニー的な実践に対して我々の注意を促しながら、文化研究の「批判的かつ政治的な衝動」の再評価を訴えている[5]。このレイ・チョウの関心はノーマ・フィールドが述べる地域研究の歴史的遺産の問題と共鳴しているし、そこでチョウが主張する文化研究の重要性を忘れてはいけないが、翻訳と文献学の周辺化の問題をも十分に考慮すべきであろう。それはスピヴァクが触れている研究対象の地域でのフィールドワークや、その地域とのほとんど肉体的とも言え

るような関わりによって得られる知の厳格な習得と不可分であるからだ。

　比較文学、地域研究、文化研究という今まで触れた3つの学問分野において、中心的な要因として「他者」へのアプローチの自覚が共有されている。スピヴァクは非西洋の文学と文化への関わり方の様態として「他者化」という新しい表現を造語しているほどだ。

　　それはトランスコードではなく、応答を求めながら、部分的であり、常に遅れてではあるが、他者の逐行への忍耐強い到達のための準備である。この2つの立場の間には雲泥の差があると信じていただきたい。文学教育の役割を、私たちに組み込まれた他者化のための壮大な道具である想像力の訓練として救い上げるために、昔ながらの比較文学ができると思われていたような、還元不可能な翻訳の作業へ近づくべきなのだ。それは言語から言語への翻訳ではなく、身体から倫理的意味生成への翻訳であり、そしてそれは「生命」という絶え間ない往復運動そのものなのである[6]。

後に（おそらく第一世界と第三世界の間の緊張感から第二世界が垣間見られることによってもたらされた）非常に刺激的な著作 *Other Asias*（他のアジア）において、スピヴァクはますます「軽視化」(trivialized) されている人文科学の教師としての自分の立場を再び主張している。この軽視化はノーマ・フィールドが述べている翻訳と文献学の周辺化に対しての寓意的な関係として捉えられるべきであろう。

　　どんなに非現実的に見えても、もし、換喩的に配分の端としてのニューヨークの端で、教師が、文学的な精読の、または単なる「精読」の習慣を、それはつまり、他者の文章に自分を浮遊させるための第一条件であり、またその結果でもあるところの、自分が必然的に優位であるとか、自分が必然的に掛け替えのない存在であるとか、自分が必然的に間違いを正すべきであるとか、自分こそが必然的に歴史がそのために起こった最終生成物であるとか、そしてニューヨークこそが必然的に世界の首都であるなどという確信を保留する習慣を学生に身に付けさせようとする

ことによって、諸欲望を非強制的に再編できると信じていなければ、私は人文科学の教師として留まってなどはいなかったのだ[7]。

ここでスピヴァクは、彼女の「文化としての翻訳」("Translation as Culture"[8])に遡る、翻訳に対するより抽象的な次元に触れているのだが、彼女の倫理的な懸念はフランス語から英語へ、そして彼女の母語から英語への厳格な翻訳実践に裏付けられている。彼女の最初の翻訳書はフランスの現代哲学(デリダ)であり、次の翻訳書は第三世界の文学作品(Mahasweta Devi)であることはまったく偶然なことではなく、レイ・チョウが指摘しているポスト構造主義理論と文化研究の間の密接な関係を想起させている。

多文化主義的な学術的および制度的環境において日本文学を教える上での実践的な問題とチャレンジは多文化主義をめぐる理論的な議論と無関係のものと考えられがちではあるが、本稿ではここまで歴史的および抽象的な考察を通して2点を明らかにしようとした。1つは、一方で地域研究としての日本研究や文化研究、他方で文学研究や比較文学という諸分野が交差しているところに位置する日本文学という科目の妥当性を常に問題化し、徹底的に探り、位置づけ続けなければならないということである。ここでスピヴァクが強調しているいくつかの重要な点、つまり想像力の訓練としての文学的なものを通して「他者」へアプローチする問題を過剰なまでに強調してもいいぐらいだ。いわゆる「世界の首都」からずれたところにあるアジアとオセアニアにおける日本研究の教育の問題を再認識すべきであるという点である。2つ目は、以上のような理論的な考察が、第二次化および周辺化され、補足的および透明なものとして考えられてきた教育と翻訳という実践を再評価するための可能性を与えてくれているということだ。

以上の問題を意識しつつ、日本文学教育において、多文化主義、言語的拮抗やヘゲモニー、そして複数のレベルでの翻訳の問題に対して想像的かつ有益に関わっている文学作品に重きを置くことは1つの方向であろう。日本の著名な評論家、そして教育者である小森陽一が「小説と批評」[9]の序文で論じているように、1990年代の初めから文壇において近代日本文学の終焉の雰囲気が漂い始めていた。小森に関しては、その名前に触れることだけで、

彼の国際的な日本文学研究への多大な貢献にも関わらず、彼の批評の英訳がいかに少ないかに対して驚かざるを得ず、近代日本文学と不可分である日本の批評評論に対する真面目な関心の欠如に対して不安を覚えざるを得ないのだが、この「小説と批評」という非常に興味深い論文で小森は二葉亭四迷の有名な『浮雲』に焦点を当てながら近代日本における大文字の文学の設立と、識字率や新聞のようなメディアの普及を通しての文学の制度化を概略的に説明している。小森の斬新さは二葉亭の作品をパロディという複雑な装置との深い関わりにおいて再評価したところにある。二葉亭が持つゴーゴリやドストエフスキーというロシアの作家に対する親近感が、ロマン主義的・写実主義的で内向的な明治の文学的主体を相対化するための仕掛けとして働いていたことは既に柄谷行人の『近代日本文学の起源』で指摘されている。しかし、小森が巧みに示しているのは、日本の近代文学の生成期におけるこのようなパロディとの関係が文学評論と結びついているということである。作家後藤明生の重要な指摘に触れながら、小森は「露魂洋才」のロシア文学に潜む「混血的＝分裂的」な要素を「和魂洋才」の「鏡」としても捉えることができると述べる。後藤の「小説は、先行するさまざまなジャンルを模倣すると同時に批評するという、そもそもの発生において『混血的』『分裂的』なジャンルである」という主張は小森によって高く評価されている[10]。言うまでもなく、1994年の大江健三郎のノーベル賞（「一般的に翻訳文学のために与えられる賞」[11]）受賞時の「あいまいな日本の私」という講演に示されているように、日本および日本文学という概念自体があいまいにされ、疑問視され、その自明性を失ってしまったとも言えるのだ。

　日本の作家ではなく、日本語の作家としてのリービ英雄、多和田葉子、水村美苗の登場は、現代文学の孤立されたケースとしてではなく、日本文学に対するさまざまな問題を含みこんでいる批評性の高いものとして注目されるべきであろう。このような作家の作品は日本文学のカリキュラムに積極的に取り入れられるべきだと思われるので、以下、本稿では小森の「思考の傍の小径を辿るようにして」[12]この3人の作家について論じてみたい。

　リービ英雄はアメリカ、台湾、香港、日本という国々で育ち、『万葉集』を英語に訳し、日本語で小説やエッセーを書いている作家である。世界規模での日本語版の移民文学として彼のケースは注目を浴びてきた。リービの特

徴である表現言語の自由な選択は、しかし、在日の朝鮮人の作家や在日中国人の作家との比較において、地政学的に新たな層を露にしているとも言える。小森によると、在日の作家の作品は強制された日本語で書かれているのに対して、ヘゲモニー的である英語の代わりに日本語で書くというリービの選択は転覆的である。この転覆は、しかし、大文字の文学の死の後に浮上する新しい文学の段階としてのみ見るべきではなく、地政学的なレベルでの幾層にも折り重なっている覇権と服従の層に加わるもう1枚の層として考えるべきである。そのために、リービの仕事を通して、日本の古典の詩歌を教えることができるのみならず、多文化主義の概念を形成しているさまざまな歴史的および論弁的な構成要素について考察する訓練も可能になるはずだ。

多和田葉子は母語の日本語とドイツ語で作品を執筆し、彼女のほとんどの作品では国民的、文化的、言語的な境界侵犯が身体的、想像的に行われることでテーマ的にも文体的にも多文化主義的な問題に関わっている。彼女が選択したドイツ語での創作は自由な選択としても解釈できるが、一方で、その奥には冷戦期の東西分離や明治期の日本におけるドイツの役割などといういくつかの地政学的なパラメーターを含みこんでいるとも言える。この意味では、日本文学の授業で多和田は文学の最近のトレンドを取り入れるのを手伝ってくれると同時に、明治文学に対して多文化主義や翻訳という角度を取り入れるためのレンズをも提供してくれる。多和田の最近の演劇「粉文字ベルリン」は多和田の創造的執筆が批評的な特徴を帯びていることを示し、森鷗外などのキャノン作家へのアプローチを補強できるように思われる。

水村美苗は東京生まれのアメリカ育ちの作家で、デビュー作は夏目漱石の未完の小説『明暗』の後日談である。小森は彼女の文学的な試みが「はじめてトータルな形で、パロディ化と模倣と批評を総合して行ったことになる」[13]ものとして評価している。偶然にも、漱石の『明暗』は、翻訳作品を論じる評論家の皮肉的にずれた、時代錯誤的な状況を考える機会をジェイムソンにも与え、「皮肉的な状況のもっとも小説的な形」をとった小説として定義づけられていた[14]。言うまでもなく、アイロニーのこのような使用は「他者」へのアプローチに平行する西洋的主体の「他者化」についての追及をも誘うものである。

水村自身の翻訳の問題化は彼女の次の作品『私小説 from left to right』

(1995年)と『本格小説』(2002年)によってより明確になっていく。後者は間もなく英語に訳されるはずであるが、この作品はブロンテの『嵐が丘』を戦後日本で書き直す明らかな試みである。一方で、『私小説 from left to right』は原文に挿入されている多くの英文によって実質的に英語に翻訳不可能なものである。水村は講演「翻訳について」("On Translation", 2003年[15])で「近代日本文学の存在条件そのものとしての翻訳の可能性」を指摘しているが、彼女のスタンスは二葉亭四迷の営みと対話的な応答になっているとさえ言うことができる。

　このように、実践的、言語的、ヘゲモニー的、論弁的、美的、そしてスピヴァクが述べるように、倫理的なレベルにおける翻訳に焦点を当てることによって、翻訳を、他者性に応答可能的に責任を持ってアプローチすべく、理論と実践、学術的研究と教授法、地政学と知、批評と創造の縺れあった状態を抱え込む器と考えることができ、狭義のメディア間での翻訳、つまり日本文学作品の映画やアニメによる翻案と変貌（文化研究の領域）を加えると、グローバルな規模における文化商品の流通を反映させながら、批判的に捉える日本文学のカリキュラムの考察ができる。その際、E. サイードの「移動する理論」やJ. クリフォードの「移動する文化」を援用し、「移動する理論」と「移動する文化」としての「理論」と「文化」を戦略的に動員できるが、それがまた翻訳の意義と知の翻訳／伝達である教授法の意義を支えることにもなるだろう。

注

1　F. Jameson. (1986) Third-World Literature in the Era of Multinational Capitalism. *Social Text*, 15.
2　*Death of a Discipline*. New York: Columbia University Press, 2003.
3　Papers from the Conference on the Relation between English and Foreign Languages in the Academy: Constructing Dialogue, Imagining Change (New York University, 12–14 April 2002), pp. 1263–4. ガブラコヴァ翻訳.
4　前掲書.
5　Theory, Area Studies, Cultural Studies. *Ethics after Idealism: theory, culture, ethnicity,*

　　　　reading. Bloomington and Indianapolis: Indiana University Press, 1998.
6　*Death of a Discipline*, p.13. ガブラコヴァ翻訳.
7　*Other Asias*. (2008) Blackwell Publishing,: p. 23. ガブラコヴァ翻訳.
8　*Parallax*: 16.1, 2000.
9　世織書房、1999 年.
10　小森、26 頁.
11　Owen, Stephen. National Literatures in a Global World? – Sometimes – Maybe. Garber, M. Franklin, P. Walkowitz, R. (eds.) *Field Work: Studies in Literary and Cultural Studies*. New York & London: Routledge, 1996, p. 122.
12　吉増剛造（2001）「心の奥島、対座して朗読―吉増剛造」、『燃えあがる映画小屋』（青土社）、283 頁.
13　小森、11 頁.
14　Jameson, Fr. (1993) Soseki and Western Modernism. Miyoshi, M. Harootunian, H. (eds.) *Japan in the World*. Durham and London: Duke University Press: p. 178.
15　http://minae-mizumura.com

参考文献

Chow, R. (1998) *Ethics after Idealism: theory, culture, ethnicity, reading*. Bloomington and Indianapolis: Indiana University Press.

Clifford, J. (1997) *Routes: Travel and Translation in the Late Twentieth Century*. Harvard University Press.

Field, N. (2002) The Cold War and Beyond in East Asian Studies. Conference on the Relation of English and Other Languages in the Academy: Constructing Dialog, Imagining Change. (New York University, April 12-14, 2002). *PMLA*: 117. 〈http://www.mla.org/rep_conf_relations〉

後藤明生（1995）『小説は何処から来たか―二〇世紀小説の方法』白地社.

Jameson, Fr. (1986) Third-World Literature in the Era of Multinational Capitalism. *Social Text*: 15.

Jameson, Fr. (1993) Soseki and Western Modernism. Miyoshi, M. Harootunian, H. (eds.) *Japan in the World*. Durham and London: Duke University Press.

柄谷行人（2004）『日本近代文学の起源』、『定本柄谷行人全集』1. 岩波書店.

小森陽一（1999）『小説と批評』世織書房.

Mizumura, M. (2003) On Translation. International Writing Program. Iowa University. 〈http://minae-mizumura.com〉

Owen, St. (1996) National Literatures in a Global World? – Sometimes – Maybe. Garber, M. Franklin, P. Walkowitz, R. (eds.) *Field Work: Sites in Literary and Cultural Studies*. New York & London: Routledge.

Said, Ed. (2000) Traveling Theory Reconsidered. *Reflections on Exile and Other Essays*. Cam-

bridge, Massachusetts: Harvard University Press.
Spivak (2003) G. *Death of a Discipline.* New York: Columbia University Press.
Spivak (2008) *Other Asias.* Blackwell Publishing.
Spivak (2000) Translation as Culture. *Parallax*: 16.1.

ポピュラー音楽を通した異文化解釈

香港大学日本研究学科
小川　正志

1. 序論

　本稿の考察の中心となる点は、香港大学日本研究学科、現代日本ポピュラー音楽コースにおける学生の楽曲人気理由の社会科学的調査・理解の試みを主な事例として、まず文化的リテラシーを持たない（あるいは不十分な）学生が異文化理解・解釈を試みるとき、どのような理解・解釈の齟齬・違いを生むかを見ることである。そして、そこにはどのような理由があり、また学生の解釈の試みが理解齟齬を生む場合、その解釈の試みにはどのようなパターンが存在するかを、具体的事例を挙げ報告することにある。また、そのような齟齬を学生が認識した上でそこからフィードバックし、より正確な理解へ近づけるため解釈の自発的検証へと向かうことを促すよう、コース内でどのような教育的な試みがなされているかにも言及する。

　コース内と言うマイクロレベルで学生自身が異文化に直面し、理解・解釈が必要な場面に遭遇したとき、1）どのようなことが起こり、2）どのような文化的リテラシーの獲得の試みがなされ、そして3）それを通してどのような異なる文化的価値観を理解するための摺り合わせが行われるのかを考える。そして、その結果をポピュラー文化を通しての異文化理解を目指す教育現場においてどのように生かすことができるか検討したい。

　市場経済を基にしたグローバル化が進む中、1つの文化背景の下で消費されるべく生産、意味付与された文化的表現・生産物が、他の文化背景を持つ地域に流通し、その地域の文化背景の下で新たな意味付与や意味変容をされ消費されると言う事象は、現在顕著に見られている。アジア地域内での日本ポピュラー文化を対象としたこの種の現象についても文化のグローバル化、

トランスナショナル化と言ったキーワードとともに多数の学術的論考がなされている（岩淵（2001）、Ogawa（2003、2004）など）。また、東アジアに位置する香港においての日本ポピュラー音楽のこの種の消費は1980年代から勃興し現在では日常化、定着化しているといえる（Ogawa 2003）。

　本稿において考察の中心となる点は、香港において既に自文化内に取り込まれ新しい意味付与がなされ、既知のものとしてイメージされている日本ポピュラー音楽を、元々異文化内（この場合日本文化内）で生成された文化表現として認知し、異文化内での文脈で付与された意味からその文化理解へと進める試みを学生がした時、その対象が自文化内に取り込まれ既に十分知っていると感じる「既知感」や、音楽と言う表現媒体自体の特性として想起されてきたイメージが、ポピュラー音楽を通しての異文化理解のための文化リテラシーの獲得にどのように影響するかと言うことである。そして、教育の現場でどのようにこの影響の利点を生かし負の部分を減少させることができるかと言う点である。

2.　調査対象

　上述の調査対象となったコースは、以下のものである。
　Contemporary Japanese Popular Music　（現代日本ポピュラー音楽）
　このコースは香港大学日本研究専攻プログラムの選択科目として、1998年より3年生（最終学年）を対象に英語を使用言語として始められた。2007年よりは、特別日本研究専攻プログラム（Special Honor in Japanese Studies program）の選択コースとして4年生（1年間の日本大学機関への留学終了学生）を対象に変え、日本語を使用言語として続けられている。
　社会科学的アプローチを主とし、第2次世界大戦以後の社会史、現代日本ポピュラー音楽史を俯瞰しながら、時代時代に人気を得た歌手・歌曲を、その人気を社会現象と捉え、それがどのようにその時代の政治・経済・歴史・社会背景を反映しているか検討していくことを中心にしている。そして、学生が任意選択した歌手・歌曲の人気を、以上の観点から学術論的枠組みの中で説明できるようになることを目指している。最終的に学生は、選択した歌手、楽曲の人気を説明する5000字から10000字の論文を提出する。

3. 事例検討

本事例中の異文化解釈における理解・解釈の齟齬・違いを起こす要因は様々であるが、学生がこのような異文化解釈の試みをするとき、往々にして文化的リテラシーの不足が認められる。序論でも述べたように、この文化的リテラシーの不足、又はその必要性への認識不足、を助長するものの最たるものの１つは、学生の日常レベルでの日本ポピュラー音楽の自文化内への取り込み・普及から導かれる親和感、そしてそこから生まれる日本ポピュラー音楽に対する「既知感」だと言える。この感覚は、多くの場合学生の興味を引付けると言う意味で利点として言及されることが多い。しかし、それは同時に異文化を理解するための文化的リテラシー獲得のための慎重さの欠如として現れることもある。事例をいくつか見てみよう。

3.1. 「既知感」の陥穽―パフィー：ダラダラ、脱力感？　可愛く素直な女の子？

香港では、現在ほとんどリアルタイムで日本で生産されるポピュラー音楽の楽曲が流通、消費され、往々にして同じ曲、歌手が両地域で同時期に支持されている。しかし、例え両地域で同様に人気があっても、対象の消費が同じ文化的リテラシーに基づき同じ意味解釈・付与によって行われているとは限らない。この事例は、「既知感」によってその点への配慮が欠如した例である。香港でパフィーの人気が出始め、香港のコンサートを行う前後1998―1999年に見られた事例であり、以下に述べるイメージの相違は、パフィーのより詳細な情報が定着するにつれ、まもなく消えていったものである。

この時点では日本でパフィーは、ある種典型的アイドル歌手的なイメージ構築へのアンチテーゼとも取れる「ダラダラ感・脱力感・ユルユル」のパフィーとして人気を得ていた。これに反して、香港では典型的な「日本の可愛く素直でファッショナブルな女の子」と言うイメージ構築がされていた。この時点での学生のレポート、論文を読むと後者のイメージを日本における人気の大きな要因としたものが多い。これは、ある種両地域間の音楽市場の相違、そしてそこから派生する音楽ジャーナリズムとアーティストとの関係性の相違が起因となっていると言える。その差異がメディアにおけるパ

フィーのイメージ構築に特殊な形で影響した例で興味深い。香港は、人口約700万人の中国独立行政区でその人口に比例し、音楽市場も日本に比べると、はるかに小さい。その市場内でヒットを持続させるためには、常にメディアで消費者たちの注目を引いているということが望まれる (Ogawa 2004: 150)。

そのため、アーティスト達は、メディア、そして消費者に非常に協力的である (Ogawa 2004: 153)。例えば日本のように記者会見において時間を決め、中途で切り上げたり、質問内容を限定したりと言うケースは非常に少ない。また、サイン、握手会を兼ねたCD販売などで時間を限定するようなことも少ない。これに反して、日本の歌手が香港に来た場合、このような時間や話題の限定をすることも少なくない。しかし、（理由は定かではないが）、パフィーが来港時に行った記者会見や、CD販売会では、このような限定は行われず、そのことがメディアの中での日本人女性のイメージともあいまって「可愛く素直な」パフィーというイメージ構築に影響したと言う話を音楽メディアに携わるインフォーマントのインタビューから複数得た。勿論、彼女たちのインタビューや行動の香港での映像は、広東語翻訳が施されて流れているわけで、当初はこの「ダラダラ感・脱力感」を与える言葉のニュアンスが伝わりにくかったことも、要因の1つと考えられる[1]。

この理解の齟齬は、前述の「既知感」から安易に自文化内での対象に対する意味解釈を、異文化文脈の中での解釈にも当て嵌めたために起こったものと言える。もちろん、既に自文化内の文化表現の1形態となっているパフィーを自文化内のリテラシーを用いて解釈することは、日常の消費行為としては何の問題もない。しかし、その対象とその人気を通して、対象が生成して来た異文化理解を進めるためには、一度「既知感」から離れて自分の持っている文化リテラシーが有効なものか検証することが必要だと言うことを示唆している例と言える。

3.2. 音楽と言う表現媒体自体の特性への極端な依拠—音楽は世界共通の言語と言う幻想

多くの学術研究が、音楽を聴きそれを体感すると言う行為は人々の感覚、感性の根源的な部分に結びついて行われているという指摘を行っている

(Mithen (2005)、Benzon (2001) など)。この視点は、一般の音楽愛好者の中に普及していくうちにその意味性が拡張され、音楽の理解は文化、国境の障壁を軽々と越えると言う言説に姿を変えていく。しかし、このような学術研究で語られている音楽とは、音、メロディー、ハーモニーの要素で構成され秩序を持った音的表現としての音楽に関してのものである。ここで語られる音楽と言うのは、このコースで調査、研究対象とされているような社会現象としての人気を得た楽曲と同じものではない。後者は、このような音楽の根源的要素だけではなく、1つの文化内の文化リテラシーに則り、様々な言語的、非言語的記号を通して意味付与がされた集合体としての楽曲である。ここで言う記号─意味とは、歌詞は勿論のこと、歌手の視覚的イメージ、その時の流行との関連性の中で意味を示すファッション、メディアやゴシップなどから形作られる歌手の人間性へのイメージなどなど多くのものを含む。そうすると、このような眼差しから語られるべき人気の理由の説明を、音楽の根源的要素の特性にのみ依拠して行うのは妥当だとは言えない。

　単純な形でこの種の誤りの事例を表現すると、「音楽は世界共通の言語」→必要以上にこの論点に依拠→文化の特異性を無視　となる。そして、ラップ、バラードなどの音楽ジャンルを対象として、どの文化背景でも同様な解釈で支持されているという論点につながり、文化的リテラシーへの考慮が欠落してくる。そして、この論点を支持するために、世代層の文化差異を超えた共通性へと論を展開して「若者は、みんな恋愛に興味があるから恋の歌、バラードが好き」「若者は、みんな速いリズムが好き。だからロック、ラップ好き」と言うような、程度の差こそあれ極端に単純化された理論展開になる。

4. 具体的な文化的リテラシーの齟齬の事例

　3節で述べた2つの要因による文化的リテラシーへの考慮不足(あるいは欠落)から起こる解釈の相違と言うのは具体的にどんなものだろう。ここでは、便宜上文化的リテラシーと一言で呼んでいるが、文化的コミュニケーションに関わる全ての要素を網羅するものであるという性質上、多層、多義、多岐的であり、それゆえ実際に具体例として相違が現れる場合も多くの

表現を取る。例えば、これは音楽研究の例ではないが、日本語教育の授業の中で「2階から人が落ち怪我をした。」と言うニュースを聞かせ、「この人は高いところから落ちました。」という叙述の正誤を問うと、聴解が正しくなされているにも関わらず一瞬迷う学生が少なからずいる。勿論、高いと言う言葉の文脈上の意味の把握、その他多くの要素がその理由として考えられるが、同様に香港文脈において2階は高いのだろうかという疑問が湧くとした学生がかなりいる。そうすると、この場合文化的リテラシーの相違が住環境への認識の差として現れたと見ることができる。本事例の中でどのような形で現れたか、以下に2つほど挙げる。

4.1. 石原裕次郎―そのスター性

　例えば、1950年代における石原裕次郎の人気を見る時、彼の当時の写真、映画のポスターを見せ、彼のスタイルのよさ、不良性のあるスター性に言及する。そうすると、必ず含み笑い（時に爆笑）が起こる。学生にしてみれば、慎太郎刈りでマドロスの格好をして、波止場の杭に片足を上げてポーズをとっている石原裕次郎にスター性を見出せないというのが大きな理由である。そして、当時としては長身といわれた180cmを超える身長で足の長さもチャームポイントだった石原裕次郎も、彼等の目から見れば「普通？」でしかない。この場合彼らの理解のアプローチの中に時代的位相への観点が欠けていると言える。1950年代、太陽族と言う風俗を生んだ時代の社会背景への考察が足りず、そのシンボルとしての慎太郎刈りや、海の男のイメージが読み解けないということになる。それだけでなく、この時代的位相への眼差しの欠落は、時代、地域等における肉体的サイズへの意味付与の違いを無視する結果にもなっている。

4.2. 戦争を知らない子供たち（1971）―「髪の毛が長い」とは？

　同様に、1970年代初期に上記の歌を歌ったジローズの写真を見せ、その歌詞内容（髪の毛の長さにより人間性を否定されるなら、平和の歌を歌って訴えていくしか残された手段はない）を見せても「？？？」な顔が並ぶことがある。「たいして長くないじゃん」、「なんで髪が長くちゃいけないの？」というのが典型的な反応である。これも同様に時代的位相を無視し、当時の

社会背景の中で男性の髪が長いという記号を読み解く努力の不足が読み取れる。
　勿論、このような疑問や理解の失敗が文化的リテラシーの獲得のきっかけになることも往々にしてある。しかし、前述した「既知感」や、音楽の根源的な特質に対する極端な依拠が、リテラシーへの考慮を不足させる一因になっていることも事実である。

5. 解釈への自発的検証へと導く試み―理解する側からされる側への相転換

　以下は、筆者がコース内で上記の試みのために使う自作の歌詞である。意識的に香港の学生にとって典型的すぎ、そしてステレオタイプの歌詞にしてある。

　　Title：お前と見た深水埗の夜明け

　　二人で過ごした深水埗　お前は覚えているのだろうか
　　俺が見えると、おまえはいつも、　赤のハイヒールカンカン鳴らし、
　　スカート、ヒラヒラさせて走ってきたっけ
　　赤のルージュが朝日に光って
　　俺の胸では２匹の龍が金のネックレスとじゃれていた。
　　お前は、いつも「何をしたって、心はあなただけのもの」
　　そういって俺に腕を絡めた
　　あの深水埗の夜明け　今おまえは、どこでみているんだろう[2]

　深水埗という場所の"emotional geographical"な意味、龍の刺青と金のネックレスを連想する歌詞から、香港文脈での文化的リテラシーを持つ学生にとってこの歌がセックスワーカーと情夫の歌であるという想像は難しくない。しかし、香港文脈における文化的リテラシーが無い場合、又はそれを考慮しない場合、この詞を読み解くことが出来るだろうかと言う問いかけをする。自身のリテラシーの欠如がどんな解釈を産むのかということを相転換し

ポピュラー音楽を通した異文化解釈　193

て考えさせようとする試みである。これは、4節における異解釈に対する直裁な指摘より、効果的なようである。

6. リテラシーの獲得への再試行—穿ち過ぎ

しかし、5節に叙述したような問いかけが特効薬のように効果を表すわけではない。リテラシーの欠如、そして獲得の必要性への理解は、時にして過剰反応を呼ぶ時もある。

6.1. りんごの歌　並木路子　1945

以下は、5節で述べたプロセスを経た学生の太平洋戦争終結後の最初のヒット曲「りんごの歌」の解釈例の要点である。

赤いりんご：　赤―日の丸の象徴
占領下の日本で、日の丸、日本を語れない
隠喩を使った国家への愛惜の歌[3]

これは定着しているこの歌への解釈、「少女の思いと赤いリンゴの可憐さを対比させ戦時の重圧感からの解放を隠喩的にうたう」からは、大きく離れている。しかし、4節における、リテラシーの異相への考慮のない異解釈と比べると、異解釈ではあるが創造的な間違いとでも言えるものなのがわかる。

7. 深水埗再び

上記のプロセスを体験させた上でバランスの取れた解釈への試みに向かわせるために、コースでは6節に示した深水埗の異解釈例を見せる。これは、理解しやすいように取捨選択が施されているが、香港文脈の文化的リテラシーを持っていない人々から採集した、解釈から作られている。

　　Title：お前と見た深水埗の夜明け

二人で過ごした深水埗　お前は覚えているのだろうか
俺が見えると、おまえはいつも、高い赤のハイヒールカンカン鳴らし、
スカート、ヒラヒラさせて走ってきたっけ
赤のルージュが朝日に光って
俺の胸では2匹の龍が金のネックレスとじゃれていた。
お前は、いつも「何をしたって、心はあなただけのもの」
そういって俺に腕を絡めた
あの深水埗の夜明け　今おまえは、どこでみているんだろう

もし、香港を知らなければ？
高い赤のハイヒールカンカン鳴らし、スカートヒラヒラさせて
赤のルージュが朝日に光って：　　おしゃれな人？
俺の胸では龍が金のネックレスとじゃれていた：　　龍：中国の神秘的シンボル：宗教的な人？
金のネックレス：お金持ち
結論：お金持ちで宗教的な男性とおしゃれな女の子のラブストーリー？？[4]

8.　教育現場での試み―まとめ

　5節から7節で示したのは、「既知感」、音楽の特質へのイメージがポピュラー音楽を通しての異文化解釈の試みを負の方向へ導いた場合の対処の一例である。ここで試みようとされていることは、極端な異解釈を訂正すると言う消極的なものではない。極端な異解釈自体を、異文化の解釈を理解する側、される側から体験する題材として使い、そのような体験から創造的な誤りを経て、異文化解釈において理解する側、される側の視点を持ち、常に"critical"に自身の考え方を検討・検証する目を持つことの必要性を体感させようとする試みである。勿論、このような理解に対する姿勢の重要性は、学生自体も常に感じていることであり、例えばここに文章化したような叙述を読めば「フンフン」と納得する内容である。しかし、理解のために何が必要かを知ることと、必要なことを行うことは似て非なるものである。後者の

ためには、創造性のある誤りの経験、そして、それを自ら修正する経験が有効のようである。そして、このような経験による理解、認識の摺(す)り合わせは異文化解釈に限らず、他者と自己の認知を出発点として始まる人の他に対する理解・解釈と言う活動全般に必要不可欠なものであろう。

9. 試みの結果

さて、上述の試みは、学生の学習、そしてコースの目指す目的達成にどの程度効果があったのだろうか。これも上述したように、特効薬的な成果が期待できるような試みではなく、成果が上がる程度も各学生によって、個人差がある。この差は、例えば、歴史的過去・異文化に起こったことを自らに起こったこととして感応する感性の個人差にも影響を受ける。また、論文作成の時間配分の失敗により、締め切りまであとわずかで全て書かなければいけないと言う状況になると、元々のリテラシーに対する考慮の欠落と言った失敗に舞い戻ることもある。しかし、上記の経験をした前と後では、明らかな差があり、少なくとも創造的誤りの数は倍増する。

10. 最後に

香港大学日本研究学科の学生の現代日本ポピュラー音楽コースにおける学生の楽曲人気理由の社会科学的調査・理解の試みを主な事例として、その理解齟齬(そご)のパターンと理由を日本ポピュラー音楽への「既知感」、音楽と言う媒体自体に対するイメージ構築が引き起こす負のベクトルの影響に焦点に当て考察した。そして、そのような齟齬(そご)をどのように創造的誤りを通して、解釈の自発的検証へと向かわせる教育的な試みがされているかに言及した。

ポピュラー文化的文脈を題材とした教育は、言語教育を含め、その学習者の対象に対する親和性からポジティブな効果を基調として語られることが多い。そして、この傾向は香港における日本ポピュラー文化、音楽と限定して見た場合、より顕著であり、ポジティブな影響があることも事実でもある。しかし、この日本ポピュラー音楽に対する親和性、そして音楽と言う媒体への親和性は、両刃の剣となることもある。学生がこの親和性から感じる「既

知感」は、時に異文化解釈に不可欠な文化的リテラシーの相違への眼差しを学生から遠ざけることがある。

　教育現場、特にポピュラー文化を通して異文化解釈、理解を目指す現場では、この利点、短所を常に想起し、負の要素を最少にとどめ、また正の方向へと変換し、利点を最大限に生かす創意工夫が常に求められていくだろう。

注

1　筆者は、(授業内ではなく私的な会話の中で)学生にこの点を指摘したときに、「先生は、アミちゃんとユミちゃんの素直さが何もわかっていない」と逆説教を受けた経験がある。
2　授業使用のパワーポイントより抜粋。
3　授業使用のパワーポイントより抜粋。
4　授業使用のパワーポイントより抜粋。

参考文献

Benzon, William L. (2001) *Beethoven's anvil: Music in Mind and Culture.* New York: Basic Books.

岩淵 功一 (2001)『トランスナショナル・ジャパン―アジアをつなぐポピュラー文化』岩波書店.

Mithen, Steven J. (2005) *The Singing Neanderthals: the Origins of Music, Language, Mind and Body.* London: Weidenfeld & Nicolson.

Ogawa, Masashi. (2003) Japanese popular music in Hong Kong: Analysis of global/local cultural relation. In S. Guichard-Anguis and H. Befu (ed.) *Globalizing Japan* 121–130. London: Routledge.

Ogawa, Masashi. (2004). Japanese popular music in Hong Kong: what does TK present? In A. Chun, N. Rossiter, and B. Shoesmith (ed.) *Refashioning Pop Music in Asia.* 144–156. London and New York: Routledge Curzon.

映画の異文化解釈

香港大学日本研究学科
村上　史展

1. 鉄道員（ぽっぽや）

1.1. 鉄道員（ぽっぽや）

　日本映画の解釈をめぐって、異文化間でどんな解釈の違いがあり、それはどのような文化的背景の違いから生まれるのかを、香港大学の授業で扱っている映画『鉄道員（ぽっぽや）』と『ホタル』を題材として考えてみたいと思う。『鉄道員（ぽっぽや）』は浅田次郎が『小説すばる』に1995年に発表した短編小説「鉄道員（ぽっぽや）」の映画化で、短編集は1997年上半期の第117回直木賞受賞作である。1999年に降旗康男監督、高倉健・大竹しのぶ・広末涼子などの出演で映画化公開され、1999年度の第23回日本アカデミー賞の最優秀作品賞、最優秀主演男優賞などを受賞した[1]。なお、この作品はながやす巧が作画して漫画にもなっている。

　まずこの作品の筋を簡単に紹介しておく。本の帯に「一人娘を亡くした日も、愛する妻を亡くした日も、男は駅に立ち続けた…」と書かれているように、この物語は、「身うちのことで泣くわけいかんしょ」（p.20）と言う幌舞駅（映画では根室本線ＪＲ幾寅駅が使われた）の駅長、佐藤乙松（高倉健）が、娘の死にも、妻（大竹しのぶ）の死にも立ち会えずに、日本の近代を引っ張る列車を駅で送り出し続けた末に、自身の死を直前にして現れた娘の亡霊（広末涼子）に向って、「おとうは、おめえが死んだときも、ホームの雪はねてただぞ。この机で、日報書いてただぞ。本日、異常なしって」と言うと、娘に「そりゃおとうさん、ポッポヤだもん。仕方ないしょ。そったらこと、あたしなあんとも思ってないよ」と言って許され、涙を抑えきれなくなるというストーリーである。

この作品の解釈に関して、最初に異文化間解釈の相違を感じたのは、香港大学の授業でこの映画を扱ってみて、どうも学生の反応が一般的日本人の反応と違うと気がついたときである。私は 1999 年にこの映画を日本で見て、2000/2001 年度から授業で扱っている。日本の映画館で見た時は、見終わってから、あちこちで啜り泣きの声が聞こえたのだが、ある香港大学の学生が、交換留学で 1999 年に日本へ行っていて、日本でたまたまこの映画を見て、香港に戻ってきて、私に「『鉄道員（ぽっぽや）』を日本で見たときに、日本人の観客が感動して泣いていたけれど、あの映画のどこに感動するのかまったくわからなかった」と言っていて、その時は個人的な好みの問題かなと、深く考えなかったのだが、実際に授業でこの映画を扱うようになり、そうした感想を持つ学生が少なからずいることに気がついたのである。学生に前もって映画を見せて、ディスカッションに入ると、この高倉健が演じる乙松駅長は、娘や妻が病気になって入院したりするときに、仕事を交代してくれる同僚もいない、という多少不自然なところもあり、そこを指摘する学生もいるのだが、それは別にして、この主人公乙松を、自分の仕事のために家族を犠牲にした利己主義者と理解する学生が多いのだ。

1.2. 異文化からの作品理解

作者浅田次郎も映画の降旗康男監督もおそらくこの作品を利己主義な男の物語としてではなく、社会の発展のために自己を犠牲にして働いた男の物語として作ったのだろうが、それを、授業の経験から、香港の学生は自分のために家族を犠牲にした男の物語として理解する場合があるということがわかったわけで、この解釈の相違にはどんな文化的背景の違いがあるのかを考えてみようというのが、本稿の最初の目的である。

さて、まずこの作品にはいろいろなところで主人公乙松の家族への想いを表現している箇所がある。その中からいくつか紹介すると、まず、亡き妻（静枝）の遺骨を抱いて泣いている場面からフラッシュ・バックして、妻（静枝）の遺体の前で乙松が「おら、ポッポヤだから、身内のことで泣くわけにいかんでしょ」と言う場面がある。ここで、乙松が家族を決して蔑ろにしてはいないということ（実際に乙松の行為が家族を蔑ろにしているかいないかではなく、作者や監督が乙松の行為をけっして家族を蔑ろにしたものとして表現

しようとしてはいないということ)を理解するには、この「身内のことで泣くわけにいかんでしょ」という言葉を理解する必要がある。まず、第一に家族への想いを表現するためにどんな場面で泣くかというのも文化によって違うわけで、日本の男らしい男と思われたい男は、というかこの映画の中の乙松のような男は、泣きたくても泣かないという了解があるのだろうが、おそらく香港では男でもむしろここで泣くのが家族への素直な想いの表現であるという了解があるだろう。そして次に「身内のことでは泣かない」というのは、日本では公私を混同しないというか、常に社会に貢献する社会的・職業的存在としての自己は、私的な感情で公的な仕事を妨げるべきではないという了解があるのだろうが、こうした了解も香港には少ないようだ。そこで映画のなかで仙治の妻の明子が言う「乙さん、なして、なして泣かないの？ 泣いてやってよ」という台詞は、この作品の中では「身内のことで泣くわけにいかんでしょ」という乙松の言葉を引き出す役目もしているのだが、この明子の言葉がそのまま香港の学生の心には、乙松への疑問と不信として残るということになるのだろう。

　次に、映画には、妻と娘の墓石にすでに乙松の名前が彫られており、それを仙治が見つけるところがある。この場面は見逃しやすい場面だが、この場面を見逃すと、どうして乙松が仙治の薦めるトマムでの仕事を断るかという理由、すなわち死んだ家族（妻と娘）が眠っている場所から離れたくない、そして自分も死んだらその家族と一緒の墓に入って彼らのもとへ行きたい、という理由を十分に理解できずに、そこに表現されている乙松の家族への想いを見逃す結果になる。また、死んで家族に会いに行くという発想がそもそも香港人には少ないようで、したがって、その違いからも、ここの乙松の気持ちを理解できないことになる。

　さて、このように、どんな時に、どのように家族への想いを表現するかという、表現方法の違いとは別に、もう１つ「仕事」に対する認識の違いもあるので、次にそれを見てみようと思う。その中の１つとして、乙松と秀男が電話で話す場面で、乙松が「おじちゃんはな、おじちゃんのおやじの言葉を信じて実行してきたんだ。デゴイチやシロクニが戦争に負けた日本を立ち上がらせ、引っ張るんだって、それで、おじちゃん、機関車乗りになった。そして、ポッポヤをまっとうしようとしている。悔いはねえ」と言うと、秀男

が「おじちゃん、おれね、心の底から感謝してるんです。俺、ずっと頑張ってこれたのは、おじちゃんが雨の日も雪の日もおいらを送り迎えしてくれたからね、うまく言えんけど、俺おじちゃんに頑張らせてもらったです」と応える会話がある。ここで、乙松の仕事は社会貢献であり、それによって秀男をはじめとする多くの人々がその恩恵をこうむって、感謝しているのだという認識を作り出している。また、死んだ雪子を抱いて帰ってきた静枝の不満にたいして乙松が「しかたねえ、ポッポヤだから。どうすることも、できんしょ。俺が旗振らないで、誰がキハ誘導すんの、誰が転轍機回すの」と言う場面は、こうした社会発展に貢献する仕事を抜けられない乙松の責任感の強さを強調しているのだろう。

　この映画はこうした場面の積み重ねで、乙松の仕事が社会奉仕であり、それを怠るのは社会に対する責任回避であるという文脈を作り上げているが、香港の学生はこの点への作者や監督の意図を十全に汲み取れないことが往々にしてある。だいたい、社会への貢献として仕事をするという意識が香港では乏しいと言える。香港の人に何のために働いてるかと、尋ねると、まず「お金」と「自分の出世」と答えるだろう。日本人から見ると、ずいぶん現金で、利己的に見えるのだが、まず第一に、つい10年ちょっと前の1997年まで、香港はイギリスの植民地であって、滅私奉公する究極の対象が自己を同一化できないものであったという点を考慮する必要がある。またそれだけではなく、日本では、社会のために自分を生かして一生懸命に働くことが社会的存在としての自己の責任を全うすることであるという美しい認識があるが、それが往々にして国家主義へと、そして排他主義へと繋がっていくという危険に気づきにくいという点もあり、そして香港の人はむしろそうした危険に自覚的であるとも言える。そうすると、ここでこの『鉄道員（ぽっぽや）』という作品にもどると、香港の観衆にとっては、乙松が社会のために働いていると理解できずに、ただただ妻の入院や死の日、そして娘の死の日にも仕事を交代しようともしないという不自然さが目立つ結果になるのである。

1.3. 異なった文化的枠組み

　さて、ここで、『鉄道員（ぽっぽや）』という作品を一般的に日本人はどう理解して感動し、香港の学生はどう理解して反感を持ったか、そしてその違

いにはどんな文化的な理解の違いがあるのかを、ここまで見てきた、自己と家族と社会と仕事の関係の理解の違いに焦点を絞ってまとめておく。まず日本人にとって仕事とは、もちろん「お金」や「自分の出世」のためにしているのだが、それを日本人は本音と呼び、あるいはその点を公言して強調することを利己主義だと考え、建前として「自分が属する社会のために働く」というのが、一応心の美しさの表れとして認識している、という点を押さえておく必要がある。それに対して、香港の人も、もちろん「自分が属する社会のため」に働いているのだが、「お金」や「自分の出世」のために働くと公言しても決して利己主義とは受け取られず、むしろ正直な、当たり前な発言と理解されるということ。次に家族に対してだが、日本人はどうも家族に対してあからさまに愛情表現することを、恥ずかしいこと、あるいは、公的な場面では慎むべき利己的なことと理解しているようだ。要するに、家族を自己の範囲内に取り込んで、自己と家族がある意味で一体化していると言えるのだろう。香港ではそうした認識は薄く、それぞれ個人は家族のために一生懸命奉仕することが美しい行為と認識されている。「親の死に目にも会えずに仕事をした」というのは日本ではまだ美談になりえるかもしれないが、香港ではなり得ず、むしろ逆に「入院した祖母の看病をするため」というのが卒業試験を欠席する正当な理由に、日本ではなりえないと思うが、香港ではなりえるわけである。そこで、この『鉄道員(ぽっぽや)』という作品の乙松の行為は、日本人にとっては、社会のために自己を犠牲にして働いた男の物語となり、香港人にとっては、自分の出世のために家族を犠牲にした男の物語となるわけである。

　しかし当然だが、この『鉄道員(ぽっぽや)』という物語は日本人が日本人の読者・観衆を対象の中心として作った物語だから、日本人の理解が正しいなどとは、けっして言えないわけで、それは、たとえば、同じ日本文化の中でもちょっと時間軸や批評軸をずらして、家父長制批判や国民国家批判を枠組みにすると、この物語は感動を呼ぶというより、むしろ危険な物語になり得るということもあるが、本書の多文化共生というテーマに引き寄せて考えると、こうした、自己・家族・仕事・社会というそれぞれの概念やそれら概念相互の関係の微妙な違いで１つの作品の解釈が大きく変わるわけで、異文化間のそうした理解の違いを摺り合わせていくには、こうした細かい点の

違い1つ1つに配慮しながら、一方では社会奉仕の美談が、他方では利己的な行為になり、また一方では利己的と見られる要求が、他方では当然の要求と理解されるという、違いのメカニズムを細かく理解していくことが必要だと言えるだろう。

2. ホタル

2.1. ホタル

　次にやはり、香港大学の授業で扱っている『ホタル』という映画を題材として考えてみたいと思う。『ホタル』は2001年に公開された同じく降旗康男監督、高倉健主演の東映創立50周年記念作品で、鹿児島県知覧で富屋食堂を営み多くの特攻隊員の面倒を見て、「特攻の母」と呼ばれた鳥濱トメ（1902–1992）を奈良岡朋子が演じて2001年度第44回ブルーリボン賞助演女優賞を受賞している[2]。

　まずこの作品の筋を簡単に紹介しておく。映画は1989年1月7日の朝、昭和天皇の崩御から始まる。井川比佐志が演ずる特攻隊の生き残り藤枝洋二は、昭和天皇崩御を知って、孫の真実を伴い、青森から鹿児島の知覧の特攻平和会館を訪ねる。そこの観音堂で富屋旅館の鳥濱トメ（映画では山本富子＝奈良岡朋子）に偶然会った二人は富屋旅館に寄って、その日のうちに鹿児島を離れ、その後、藤枝洋二は八甲田山で自殺する。一方、同じ特攻隊の生き残りの山岡秀治（高倉健）は、韓国人の特攻隊員金山文隆（小澤征悦）の死後、その許婚（いいなずけ）の知子（田中裕子）と結ばれて幸せな生活を営んでいるが、富屋旅館の富子に頼まれて、夫婦で韓国の金山の実家へ、金山の遺品を届けに行くという話である。『ホタル』製作者の意図としては、特攻隊の生き残りを主人公とし、特攻で死んだ朝鮮人をも登場させながら、おそらく戦争で亡くなった人々の想いを若い世代に伝え、それに、戦争批判、天皇批判、日韓・日朝親善を織り込もうとした作品と言えるだろう。

2.2. 異文化からの作品理解

　この映画には戦争批判だけではなく、天皇批判もあると思うのだが、それを明確にせずにぼかすことによって、特に香港の学生などは戦争批判・天皇

批判の意図が汲み取りにくくなっているという点がまず指摘できる。例えば、第一に、登山ガイドの藤枝が、天皇崩御の日、雪の中を八甲田温泉から大岳に向かって登っていく登山グループのガイドをしながら、「ここはまだ仙人岱だ、午前中に大岳さ着ければ、晴れ間さ出くわして、良い眺め、見せてあげられる。今日はきっとそうなるって気がしてらんだ」と述べる場面がある。ここで、どうして天皇が死んだ日に山の天気が晴れると藤枝は思うのか、という点である。日本語には「思いが晴れる」という表現があり、さらには「恨みを晴らす」という表現もある。ここで天皇が死んで、天気が晴れ、山頂から遠くの良い景色が見渡せるだろう、と藤枝がいうのは、何かそれまでわだかまっていた気持ちが晴れるという意味が含まれているのだろう。しかし、広東語にはそうした表現がないため、天皇の死んだ日に天候が晴れるという表現から、残されたものたちの心に複雑にわだかまった思いが晴れるという連想に至りにくいのだ。

　第二に、天皇崩御に際して、特攻隊の生き残り山岡に取材に来たのが朝日新聞記者だという点がある。どうして読売新聞や産経新聞ではないのかという点だが、ここも朝日新聞がいわゆる左翼的な新聞で、朝日新聞記者はおそらく山岡から天皇に対する批判を聞きだそうとしていると思わるが、それに対して山岡は明確に批判をしないのだから、この意図も香港の学生や、どの新聞が左翼的で、どの新聞が右翼的かという予備知識のない者には多少分かりにくくなっている。

　さらに第三として、藤枝の自殺も天皇批判に関係していると思われるが、そもそもその自殺の理由が、またわかりにくいものになっている。藤枝の遺書と思われるノートには「私の昭和も終わりました。戦友のところに参ります。1人だけの出撃ですが、お許しください。今、これを書いていて、あの金山少尉の遺言がしきりに思い出されます。我々が伝えなければ沖縄の海に消えていった、あの金山少尉の言葉が…」と述べられているが、これだけでは、自殺の原因がわかりにくい。映画では、藤枝の息子の「マスコミでは天皇陛下の死と絡ませようという人もありました。しかし今時、殉死なぞとは…」という説明が入ることからも、藤枝の死は殉死であると理解する学生もいる。さらに梁懿徳がその未発表のレポートで考察しているが、仏教よりも儒教の死生観が浸透している香港では、自殺は問題を解決して生を全うする

努力を放棄する逃避と受け取られ、それが文学作品や映画などに表現されると、自殺した登場人物の生き方に対する作者の否定的な見解の表現と受け取られる場合もある。その点を考慮すると、ここも香港の学生には、藤枝が昭和天皇の死後、そこに残された問題の解決をも怠って、安易に人生を放棄した人物として描かれていると受け取られかねない[3]。そして、すくなくとも藤枝が昭和天皇を慕って殉死したのであるなら、死の直前に知覧の特攻平和会館を訪ねるよりも、やはり皇居へ行っているだろうが、そうした選択肢があるということ自体、異文化にいる香港の学生には思いつきにくい。さらに、日本には死んで死者に会いに行くという発想があるが、香港にはあまり見られない。こうしたことを考え合わせると、ここはやはり、映画製作者の意図を汲み取ると、藤枝は天皇に忠誠を誓って、天皇の死に伴って自分も命を絶ったのではなく、昭和天皇の死によって、藤枝自身にとっても、そして特攻で死んだ戦友にとっても、それまでわだかまっていた思いが晴れ、それを確認した藤枝は、一応戦後を見届けるという自ら自身に課した責務を果たしたと認識し、残された者の不甲斐なさと無念さをもって、特攻で死んだ戦友の後を追い、彼らに会いに行くために自ら命を絶ったと考えるべきだろうが、以上のような共通の文化的背景をもった観衆はこの共通の認識に至りやすいが、その文化的背景を欠いた観衆は、あたりまえだが、共通の認識に至りにくいのである。

また、第四として、金山少尉の遺言がある。それは「私は必ずや敵艦を撃沈します。しかし、大日本帝国のために死ぬのではない！　私は朝鮮民族の誇りをもって、朝鮮にいる家族のため、トモさんのため、出撃します。朝鮮民族万歳。トモさん万歳」というもので、これは、こうして日本帝国のためにではなく、朝鮮民族のほこりをもって特攻に向かった人もいるという金山少尉の想いを言い伝えていこうということだろう。そしてそこに、日本だけではなく、朝鮮人を巻き込んだ戦争であったことを想起し、その責任に言及しようとしていると受け取れる。

そして、最後に山本富子が自身のお別れパーティーの席上で挨拶しながら感極まり「ちょうどこんなんだったんよ。若々しくて、素敵なあん人たちから、夢も楽しみも奪いとって、『お国のためだ、万歳！　万歳！』言うて、日の丸の旗振って送り出したんよぉ。殺したんだぁ！　実の母親だったら、

我が子に死ねとは言わんでしょう。どんなことがあったって、自分の身を捨ててでも子供を守るでしょう！」と泣き出す場面がある。これは、母親だったら我が子に死ねとは言わないけれど、父親だから言ったのだ、という男性中心思想への批判とも受け取れるが、やはりそこには天皇を家長とし、国民を天皇の赤子としての認識を強要されていたことに対する批判としても見るべきだろう。母親はけっして自分の子供に死ねとは言わないが、父としての天皇は子としての国民に死ねと言ったという批判である。

監督の降旗康男は、かつて東映の労働組合で活躍し、「赤旗」の購読者でもあり、「赤旗」には何度かインタビューを受けているので、そうした背景を知ると、戦争批判や天皇制批判が隠されていることもうなずけるのだが[4]、香港の学生には、まず、言語表現にまつわる連想の違い、右翼や左翼に関する情報量の違い、自殺に対する文化的認識の違い、天皇への殉死者のとる普通の日本人の行動への知識の不足、死んで家族や・戦友に会いに行くという発想の有無、天皇を父とし、国民を子供とみなした国民国家観への認識の不足などによって、そうした監督や制作者の意図が見えにくくなっているのである。

2.3. 異なった文化的枠組み

戦争や天皇を謳歌しているのではなく、戦争に対する批判、天皇に対する批判を織り込もうという映画『ホタル』の製作者の意図が、明確ではないが、こうして見てくると窺(うかが)われるのだが、それでも授業で扱った時には「私たちは日本研究を専攻しているから、この作品に戦争批判や天皇制批判を見出していけるけれど、一般の香港人や中国人がこの映画を見たら、まず『軍国主義的映画』というレッテルを貼ると思う」と言う意見がある学生から出された。そしてその本質的なところの1つは何かというと、それはこの映画では特攻隊員が美しく描かれているというところだろう。ここはおそらく大切なところで、たとえこうした批判を耳にしても、この映画の制作者や監督にとってはけっして譲れないところだろう。しかし、ここに異文化の人々、特に中国人を視野に入れていないという批判が成り立つ根拠があるのだ。

顧令儀は平成11年に東京九段下に開館された「日本国立資料館─昭和館」の展示内容を紹介した学会発表のなかで、そこに、何故戦争が起きたかにつ

いての説明が回避されている点を指摘し、さらに、広島・長崎の原爆記念館も被害の展示が中心内容であり、なぜ原爆が広島・長崎に投下されたのかという理由や経緯、また原爆投下を含めた戦争に関する全ての加害事実に関する展示は極めて少ないと批判している[5]。戦争そのものの悲惨さに対する批判や、戦時下の日本人の苦しい生活などの被害者としての情報は豊富にあるが、その戦争を引き起こした加害者としての認識に乏しいと言うのである。それは国家が作った記念館として当然でもあるのだが、それでも異文化の人々への配慮が十分ではないとも言えるだろう。この『ホタル』という映画に関しても、一方では、天皇制や軍部を批判し、それによって天皇制・軍部によって苦しめられた日本国民に同情を寄せ、その国民のために戦って命を落とした、特攻隊員や日本軍兵士を美化し、そしてそれによって結局国民国家の内部の国民の団結に奉仕する結果になっていると言えるだけではなく、その天皇制・軍部によって苦しめられた日本軍兵士、ひいては日本国民を美化することによって、当然ながらその醜さを隠蔽（いんぺい）しており、結局異文化の人々への配慮が不十分であるとも言えるのだろう。

注

1　社団法人日本映画製作者連盟サイト
　〈http://db.eiren.org/contents/03000001931.html〉
　日本アカデミー賞公式サイト　〈http://www.japan-academy-prize.jp/〉
2　シネマ報知　ブルーリボン賞ヒストリーのサイト
　〈http://cinemahochi.yomiuri.co.jp/b_award/2001/〉
3　梁懿德『山崎豊子「華麗なる一族」』
4　降旗康男「私の半生―降旗康男」、『『赤旗』創刊80周年によせて―発言　降旗康男」参照。
5　顧令儀「社会歴史伝承と現代日本人の歴史認識～日本国立資料館―昭和館を通じて」

参考文献

浅田次郎（1997）『鉄道員（ぽっぽや）』東京：集英社.
浅田次郎原作　ながやす巧作画（1999）『鉄道員（ぽっぽや）』東京：講談社.
浅田次郎原作　降旗康男監督（2001）『鉄道員（ぽっぽや）』DVD. 東京：東映.

降旗康男「私の半生―降旗康男」〈http://www.matsusen.jp/myway/furihata/frt14.html〉
降旗康男「『赤旗』創刊80周年によせて―発言　降旗康男」
　　　〈http://www.jcp.or.jp/akahata/akahata_80th/hatsugen/12.html〉
顧令儀「社会歴史伝承と現代日本人の歴史認識〜日本国立資料館―昭和館を通じて」
　　　『アジア・オセアニア地域における多文化共生社会と日本語教育・日本研究　第8回　国際日本語教育・日本研究シンポジウム会議録』(向日葵出版社より出版予定).
2001年「ホタル」製作委員会　降旗康男監督(2002)『ホタル』DVD. 東京：東映
梁懿徳(2008)「山崎豊子『華麗なる一族』」(未発表レポート)

本稿の第一節の「鉄道員(ぽっぽや)」に関する論考は2008年11月8日に香港大学で行われた第8回国際日本語教育・日本研究シンポジウムにおいて日本語で発表したものに手を加えたものであり、第二節の「ホタル」に関する論考は2008年12月12日に香港教育学院で行われた First International Conference: Popular Culture and Education in Asia において英語で発表したものをもとにした。両学会で意見を聞かせてくださった方々に感謝する。

第二章　多文化共生社会の異文化教育

多民族社会における異文化間理解教育
― 「旧満州」の人材養成を事例として

九州大学大学院比較社会文化研究院

松永　典子

1. はじめに

　本稿は、異文化間理解教育[1]という観点から、多民族社会「旧満州（中国東北部）」の人材養成がどのように実践されたのかを探る事例研究である。具体的には、当時の代表的人材養成機関である建国大学（以下、建大）を例にとり、当時の人材養成の理念・方法論に、「文化理解」の必要性の認識がありながら、なぜ多民族共生の理想が破綻したのか、教育の功罪両面から破綻の要因を分析していくことにする。なお、本研究は「多文化・多様化に即した日本語教育方法論の探求―戦時下の日本語教師養成を手掛りに―」と題する一連の研究の一部であるが、本稿では日本語教育に限定せず、多民族社会における人材養成という観点から教育方法のあり方をとらえていくことにする。

1.1. 研究目的

　本研究の目的は、今日の教育、ひいては、人材養成の大きな課題である「多文化共生」に有用な方法論を探究することである。建大に関しては「民族協和」の理想を標榜すると同時に「民族協和」が破綻した象徴、日本による異民族支配や日本の教育体制構築の実験の場[2]とも捉えられており、一定の研究の積み重ねもなされてきた[3]。ただし、日中間での解釈の差異を埋める作業はまだ十分なされているとは言えず、さらに検証を積み重ねていく必要があることも確かである。歴史は無意識でいる限り繰り返されているという現状がある。時代背景が大きく異なるとは言え、建大の事例を「多文化共生」という今日的課題と照らし合わせ、異文化間相互理解に必要な要素と、それ

を阻害する要因を抽出することには十分意義があると考える。

　戦前・戦時下の中国における日本語教育に関しては、「政治的統制の道具」にされた[4]、建大に関しては「日本帝国主義の文化支配の一環」であり[5]、「教育ではなく、奴隷訓育、奴隷の教化と培養」に力を入れた[6]との批判が根強くあることは事実である。また、教育方法においても、「文化理解」の要素が欠如していたこと[7]、「嚮導された異民族間の『異文化理解』が『建国精神』の宣揚を図る擬態的方略であったこと[8]」が指摘されている。しかし、教育の理念と実践の齟齬に注目する手法では、建大の理想の欺瞞性を批判するにとどまり、異文化間理解教育の本質を論じることはできないのではないかとの疑念が残る。

　一方、「人材養成」という観点から見るとき、「文化理解」教育の必要性の認識は、中国に派遣する人材の養成をはじめ「旧満州」における教育から始まったと考えられ、新たな分析の可能性が提示できる。たとえば、田中共子(2008)が提示した異文化対応能力を増すための学習モデルでは、文化学習の段階を3段階、つまり、文化(異文化・自文化)への気づき、理解(認知的理解)、対処(行動実践)に分けて考えている[9]。こういった今日的観点から見ても、建大における教育実践は、まさに文化への気づき、理解の段階のみならず、異なる民族が各々異なる文化と接触・格闘した異文化間対処の実践過程そのものであったと捉えることが可能である。こういった意味で、本稿では、建大の教育の理念そのものに着目するのではなく、教育の持つ相互作用に着眼する必要性を提起し、人材養成の場における異文化間理解教育の方法論と、その成果についての検証を試みる。

1.2. 研究背景

　以上のような研究課題と着眼点を据えた研究背景としては以下の3点が挙げられる。

　1点目は、日本の旧植民地文化史研究における「タブー」意識が薄れ、客観視する動きが出てきているということである[10]。

　2点目は、戦時下の日本国内の人材養成システムは「南方」占領地である「マラヤ」の人材養成にも明らかに投影されている点である。しかも、教育内容・教育理念の扶植というよりも、教育方法(短期集中の「合宿型」や「道

場型」の「錬成」という方法、具体的には「心身を鍛錬する」、機械的に「体得する」という方法）に投影が見られる。ひとつの仮説を示せば、殊教育方法に限ってみる場合、「旧満州」⇒日本国内⇒「南方」占領地という図式が描かれるのではないだろうか。

　3点目は、日本軍政下の「北ボルネオ」における指導者養成教育においては、日本語を学ぶ場が同時に異文化接触の場となっており、日本語を学んだことが間接的に民族意識の覚醒（かくせい）と高揚につながるという側面があったことがわかっている点である。言うなれば、こういった事例は植民政策・占領政策における抑圧や差別が現地の人々の民族意識の覚醒（かくせい）や発展といった、予期しない波及効果をもたらしたことを意味している。すなわち、教育の波及効果を測るには、単に教育政策・教育理念といった制度的・思想的側面からの考察のみでは不十分だということを実証するものと言えよう。言い換えれば、教育が教育を施そうとする側からの一方的な行為ではなく、教育の現場での教授者と学生、あるいは学生同士の相互作用を経たもっと複雑な営みであることを示唆するものではないかと考える。

1.3. 研究対象

　次に、なぜ「旧満州」を対象にするのかと言えば、大きく2点理由が挙げられる。

　第1点は、日本国内に先行する形で「新学制」が実施される[11]などの教育制度の先行性に見られるように、単に異民族に対する教育のみならず、日本国内の民族統制を見据えた教育上の新しい試みが「旧満州」では実験的になされてきた点である。つまり、「旧満州」での教育体制構築は、日本国内の教育体制構築に直結する課題だったのである。

　第2点目は、戦前の中国東北地方の学校教育に見られる「日本事情[12]」及び「満洲事情」といった教科の萌芽は、教育における文化理解の必要性の認識があったことの証左と捉えられる点である。つまり、「旧満州」の「地理、歴史、公民、家事、理化、博物」についての日本人教育用教授資料として、『満州事情』（南満州中等教育研究会出版）が使用されていたことから、単に他民族に文化理解を強いただけでなく、日本人側にも文化理解が必要であるとの認識があったことがうかがえる。

1.4. 研究方法

　本稿では先行研究と主な一次資料をもとに、建大で実践された教育の方法論の問題点を探り、異文化間相互理解に必要な要素と、それを阻害する要因を抽出することにする。主な一次資料としては、以下①から⑥などがあるが、ここでは指導者養成の方法論の検証という観点から①、⑥及び先行研究を中心に考察する。①は、日本国内の教育の現状から鑑(かんが)みて、建大・大同学院(官吏・一般職員の再教育機関[13])の教育制度を我国の関係者に知らしめることにより、示唆を与えようとの意図のもとに執筆されている。前述したように、新学制が日本より「旧満州」において先行して実施され、日本国内へ逆輸入される形になったように、当時の「旧満州」における教育制度の先行には日本の教育制度に何らかの規範を示そうとの企図があったことがうかがえる。⑥は、単なる事項羅列の年表にとどまらない形式で、しかも編者の主観を入れず、当事者の証言、傍証により史実を浮き彫りにしようと意図され編纂(へんさん)されている点で、かなり史料的価値が高いと判断される。

①竹山増次郎『満州国に於ける指導者教育』大阪商科大学興亜経済研究室、1943
②小山貞知『満州協和会の発達』中央公論社、1943
③満州帝国教育会『建国教育』(満文版)1939
④満州帝国教育会『満州教育』1941
⑤長春市政協文史和学習委員会編・可人主編『回憶偽満建国大学』、長春市政協文史資料委員会、1997
⑥湯治万蔵編『建国大学年表』建国大学同窓会建大史編纂(へんさん)委員会、1981[14]

2. 建大の特徴と問題点

　本節では、まず資料①、⑥をもとに建大の創設構想と教育目的・教育方法について概観し、次に先行研究により、その特徴及び評価を検証していくことにしたい(以下、下線は引用者による)。

2.1. 建大の構想・教育目的と教育方針

　建大は「建国の国士たるべき人材養成の機関」として、「新学制」の実施と同じ 1938 年に開学している。大学創設要綱には「建国精神ノ神髄ヲ体得シ学問ノ蘊奥ヲ究メ、身ヲ以テ之ヲ実践シ道義世界建設ノ先覚的指導者タル人材ヲ養成スルヲ目的トス[15]」という大学創設の目的が掲げられている。建大では、学術・人格・国家性の諸目標が並列されている日本の大学とは全く異なる新国家観、新世界観を樹立し、建国に挺身する実践的指導者の育成を目指していた。さらに、日本だけではなく、イギリスやドイツ、フランスといった西洋先進諸国の大学とも一線を画した、従来の大学の持つ既成概念を超越した独創的大学たらんことが企図されている。こういった教育目標の達成のため、教育方針としては、三部教育（性格教育・資質教育・勤務教育）が掲げられている。この 3 者のうち、性格教育・資質教育を併せた性質教育を基礎、勤務教育を建築物とする統合教育を基本方針としており、このため実地調査と実体験に教育の重点が置かれていた。この背景には、「国家隆昌の条件は根本的に人の力にあり、この重要なる課題たる人間養成は、教育整備充実を絶対必要事とし、その教育の整備充実の眼目は、第一には精神力の旺盛なる国民をつくり上げ、第二には国のために有要なる根幹棟梁をつくることにある」という考え方があった[16]。

2.2. 建大の教育方法の特徴と建大への評価

　次に、先行研究をもとに建大の教育方法の特徴とそれに対する評価を見ていくことにしたい。志々田文明（1993a）はその特徴を以下の 8 点にまとめている。箇条書きにすれば、①6 年間[17] の 5 民族[18] 共塾生活、②満州国を対象とした学科配当、③武道訓練（武訓）と農事作業場の訓練（農訓）による訓練場の教育、④教学の目標としての道徳の教養、⑤文科系統の諸学科を総合的に研究する研究院の設置と『満州国学』の創成、⑥平等、⑦読書の自由、⑧試験の廃止である。

　この中で特筆すべきは、5 つの民族が起居を共にする塾教育を根幹とし、武道や農事作業場での訓練といった身体上の訓練・実地での訓練、平等かつ自由な学生生活のあり方を重要視しようとしている点である。

　具体的な教授内容を確認するため、改定された「建国大学学則」（1940）に

より、訓練及び学科過程（前期：3か年）の配当科目及び授業予定数を見てみよう[19]。改定された点を検討するため、旧学則を並列し、各科目の総時間数に対する比率を示したものが表1である。新学則、旧学則ともに、「軍事教練」「武道訓練」「作業訓練」といった訓練科目が全体の3分の1程度を占め、授業科目の根幹をなしている点には変わりは無い。また、双方の総授業時間数にも変更は無い。

　新学則の旧学則との大きな変更点は、以下3点挙げられる。第一に、訓練科目のうち、旧学則では、配当時数が別途定むとされていた「精神訓練」が科目として、授業予定時数の中に組み込まれている点である。第二に、新学則では「自然科学及び数学」の授業時間数が一挙に増え、「人文科学[20]」の授業時間数と逆転している点である。第三に、「日文」「漢文」「第一語学」（日語・漢語）の授業時数が新学則では顕著に増え、「第二語学」はわずかながら減ってきているという点である。以上の点からうかがえるのは、建大の大

表1　前期課程（3年間）の配当科目及び授業予定数

配当科目	新学則による時間数（時間）	割合（%）	旧学則による時間数（時間）	割合（%）
精神訓練	80	2.2	—（別途定む）	—
軍事教練	430	11.8	460	12.6
武道訓練	260	7.1	270	7.4
作業訓練	330	9.0	370	10.1
精神講話	95	2.6	80	2.2
自然科学及び数学	365	10.0	180	4.9
人文科学	120	3.3	610	16.7
歴史	330	9.0	290	7.9
地理	220	6.0	120	3.3
日文	300	8.2	230	6.3
漢文	300	8.2	230	6.3
第一語学	535	14.6	480	13.1
第二語学[21]	295	8.1	340	9.3
計	3660		3660	

湯治編（1981：224–225）をもとに筆者作成。

きな教育軸は農事訓練や作業訓練といった「訓練」にあったということである。ただし、後期課程（3か年）において政治、経済、文教といった人文科学系の諸科目をさらに発展させた科目群が配置されている点から見て、学問体系の上からは人文科学系の大学であったことに相違は無い。ただし、前期課程では「人文科学系」のみに偏ることなく「自然科学系」の学問へと軸足が移ってきている点には注目すべきであろう。また、日本語、中国語の2つへの比重が増していることは、この2つの重要性が増していることと同時に、逆に少数民族の言語が軽視されていく状況にあったことも物語っていると言える。

では、共塾や共同の実地訓練といったシステムとは別に、多民族社会における異文化間理解、「民族協和」の理想を実現するための手立てが教育の方法論として何か組み込まれていたのであろうか。前述した志々田（1993a）による建大の特徴の中には、「満州国を対象とした学科配当」、「教学の目標としての道徳の教養」が挙げられていたが、「後期学科目編成」を糸口に、それを考えてみることにしたい。

後期課程は、大きく訓練（精神訓練、軍事訓練、武道訓練、農事訓練、操作業訓練）と学科課程から成っている。このうち学科課程は基礎学科（共通学科）の他に、①政治学科、②経済学科、③文教学科という3つの専門学科が配置されている。今日の大学の授業科目名と照らし合わせてみると、幾つか目を引くものがある。たとえば、基礎学科の「教学」にある「建国精神、神道及び皇道、修養論、公務論」といった科目である。これらは、「教学の目標としての道徳の教養」に該当するものだと考えられる。また、基礎学科の「国家学」にある「民族学、国民心理学、国家原論、国防論、民族協和論、東亜連合及国際団体論」といった科目、あるいは各専門学科の大半を占める割合で配置されている「満州国を主とする東亜を対象となす」と規定された科目群が「満州国を対象とした学科配当」に相当するものと言えよう。たしかに、こういった学科配当は他の大学には見られない建大独自のものと言ってよかろう。ただし、満州国に特化しているだけに、その中身が民族協和の理想をどのように具現化しようとしていたものか、あるいは多民族に対してどれだけ配慮したものであったかは科目名からだけでは測り難い。

一方で前述したように、新学則により、「第二語学」の授業時間数が減少

したことは、小数民族の言語への配慮が減退したことの表れとも見てとれ、その点は懸念される。その他に異文化理解に配慮したと見られる科目としては、文教学科の「国民文化論科目」（満蒙文化、日本文化、支那及西域文化、印度及亜細亜文化、古代・中世及近世西洋文化）がある。このうち「満蒙文化」が1941年度より共通科目へ移行しているものの、科目全体の中でこれらの科目が占めた位置は非常に限られたものであったと言うしかない。

　参考までに、後期課程の単位数と授業時数を示したものが以下の表2である。学科以外の訓練科目については、単位数及び時間数が示されていないため確認できないが、前期の総授業時間数（3660時間）を元に単純に計算してみると、総時間数で860時間程度が訓練にあてられたものと推定される。単純計算では前期より多少減少した数字となるが、訓練場の教育を自他共に認める特徴とする点から考えても、ある程度前期と同等の比重が訓練に置かれていたことは容易に想像できよう。

表2　後期課程（3か年）の授業単位数と授業時数

（1単位は70時間）

学年	基礎学科目数	基礎科目授業時数	専門学科目数	専門授業時数	総時数
第1学年	5単位	350時間	10単位	700時間	1050時間
第2学年	4単位	280時間	11単位	770時間	1050時間
第3学年	3単位	210時間	7単位	490時間	700時間

湯治編（1981: 228）をもとに筆者作成。

　以上、教育方法の特徴と教育課程の概観からは、異文化理解に配慮したと見られる特徴は特段うかがえなかった。この点を踏まえ、先行研究による建大への評価を概観してみることにしたい。

　宮沢恵理子（1997）は建大の大学構想・教育内容・研究内容・学生生活等のすべてが「建国精神」、特に「民族協和」を強く意識して構成されている点に着目し、建大の「理想」が挫折した理由の解明により未来への教訓とすることも可能だとの積極的観点を打ち出している。これに対し、周軍（2002）は、建大が「日本帝国主義の文化支配の一環」として機能した点を強く批判している。また、宮沢の研究方法において、中国側の資料が圧倒的に不足し

ている点に言及し、中国人学生からの視点が必要だということを指摘している。

　たとえば、中国人建大生による回想録である『回憶儀満建国大学』(1997)や中国で出版された東北教育史に関する最新の成果として『東北高等教育史』(2000)を挙げている。『回憶儀満建国大学』は、全中国人学生520名のうち12％に相当する60数名の元中国人建大生からの寄稿により編纂されている。その中で、政策とは別の次元で同窓愛が培われており、学生相互の個人的つながりが多様であったことは周軍も認めている。その一方で、中国人学生の批判の多くが教育者や塾頭に向けられていることも確かで、日本の習慣と文化を基準として多民族を教化することに奮闘した教育者・指導者にこそ多大な責任があることを論じている。また、『東北高等教育史』では、「満州国」の高等教育は日本による「植民地支配の道具に過ぎなかった」と強調しながらも「満州国」の教育をうけた人々が、その後の中国の社会経済の発展に役立つ知識を手に入れたと評価している点も建大生への公正な評価として受け止めている。以上の指摘は、中国人学生側の視点に立ったものとして、非常に貴重なものである。ただし、同時に、日本人、中国人以外の民族、つまり、朝鮮、モンゴル、白系ロシアの各民族の視点を欠いていることも事実である。建大が「民族協和」を模索した教育機関であるなら、これらの視点を総合した研究こそが当然今後なされていくべきであろう。

　筆者の立場としては、「民族協和」という政策や建国大学の理想（理念）に着目するのではなく、なぜその理想が潰えたのか、建国大学の事例に学ぶべき教訓とは何かを教育の相互作用という観点から捉えるべきであると考える。なぜなら、英領マラヤや筆者がこれまで考察してきた日本軍政下のマラヤ・北ボルネオの事例からは、植民地や占領地における教育が現場の教員や生徒たちの主体的な行為、あるいは相互作用を経て、宗主国・占領国の教育政策の意図とは関わりなく、結果的にその国の人々の民族意識の形成・発展につながった[22]という側面があることを無視できないためである。

2.3.　教育の結果とその要因

　では、建大での教育はどのような結果をもたらしたのであろうか。教育の結果に基づき、その要因についても、先行研究より確認してみることにしよ

宮沢（1997）では、共同生活の中での討論により、日本人学生は日本人以外の民族から「満州国」と日本に対する厳しい批判を受け、初めて日本の植民地統治の実態を知ることになった点に触れている。一方、ほとんどの中国人学生が初めて農民の生活を体験したことで、日本の統治の現実に触れ、そのことが中国人学生を反満抗日に駆り立てる結果にもなった。さらに、建大に在学した満州族、朝鮮族の学生のほとんどが反満抗日の地下組織に参加していたことが指摘されている。

　以上のような結果がもたらされた要因について、宮沢は以下の2点を分析している。第一に、教職員の圧倒的多数が日本人であり、「満州国」の「建国精神」が「日本文化に他民族を融合させる」ことをめざすものである限り、改革の余地が無かったということである。第二に、東方遥拝、祝詞といった神道の強制があった点も、日本人以外の民族の反感を買った重要な要素として挙げられている。

　第一の点に関して言えば、たとえば、以下のような文章が多民族を指導する上で日本のやり方に無理があることを奇しくも言い当てている。建国大学塾誌『建国』創刊号に掲載された第1期生の文章[23]である。

　　東亜の指導者　　　　　　　　　　　　　　　チムトルヂ
　　現在、日本人は誰も彼もが指導者になって先頭に立ち、大体の権力を握り、先住民族をむりに引きずって行こうとする。これは日本人の正直なところかも知れないが狭量だ。満系にできることは満系にさせることだ。…（中略）…。日本の馬方は馬の先頭に立って、馬の首につなをつけて引っぱってゆくが、満州の馬方は二、三頭の馬の後方の車にのんきに乗って自由に走らせている。指導者となる者は須らく満農の馬方に学ぶべきである。

　第二の点に関して言えば、たとえば、次のような逸話がある[24]。終戦後、ある中国人学生が拘留中の元教員に対して、毎朝の東方遥拝の際、「われわれは、そのたびごとに帝国主義日本は要敗―必ず敗けるようにと祈っておりました。それから、黙祷という号令が、かかりました。あの黙祷！！は、帝

国主義日本を打倒するため刀を磨け、磨刀の合図とうけとっておりました。中国語では、黙祷(もくとう)と磨刀とは、遥拝(ようはい)と要敗と同じようにほとんど同じ発音なのです」と打ち明けた話が如実にそれを裏付けるものである。教員たちの善意を感じていようとも、東亜連盟の理想がいかに遠大であろうとも、「満州国の実質が、帝国主義日本のカイライ政権以外のなにものでもなかったこと」が遺憾ながら明らかな事実であったとの述懐は、建大の存在意義そのものを否定するものであり、建大の理想を糧としてきた教育者にとっては耐え難いものであったと想像される。しかし、立場を代えてみれば、満州国の虚構性は否定できないものであり、日本人学生の中にも現実と建大の理想とのギャップを痛切に感じとっている者もいた[25]。

　以上の点を総括すれば、建大が日本でもなく、西欧でもない、独創的大学たらんことが企図されていた大学でありながら、その教育方法としては、日本の習慣と文化を基準として多民族を教化するという方法がとられていたことが、最も民族協和の目的に沿わない点であったと言うことができる。

3. 日本人側の問題点への認識と対応

　前節で確認した建大の教育の問題点のほとんどは、多民族を日本文化へ強制的に教化しようとした教育方針と教育方法とに集約されるであろう。ただし、ここで1点確認しておきたいのは、日本人側にも「日中戦争」中、渡航者の中に不適切な者がおり、異文化摩擦の原因の大半が「日本人」側にあるとの認識があり、それに対する研究と対策が練られていたという事実である。すなわち、陸軍においては「満州」の反省を生かし、「大東亜」地域へ派遣される日本人に対しては厳選と特別な「錬成」が必要であると考えていた。

　たとえば、大本営陸軍部研究班(1940)には、「在満日本人の短所欠点」として数多くの項目が挙げられている。一例として示せば、「民族的ニ一致団結スルノ襟度欠如シ排他的感情ニ支配セラレアリ」「優越感ニ駆ラレ他民族ヲ蔑視(べっし)スル観念強烈ナリ」「大陸ニ適応スル生活ノ認識欠如」といった項目である。これに対する対策として、「日本人」自らの道徳心・人間性涵養(かんよう)が必要で、そのためには国民教育のあり方を変え、誤った優越感による他民族

侮蔑意識を一掃すべきとの考え方が示されている。また、「日満支人」一丸としてこれを包容することのできる「大国民」たる襟度・大陸に骨を埋める覚悟を涵養させるべきであり、中国派遣要員の訓練の中で中国事情を認識させる、中国語教育を実施するといった教育も画策され、実施されていった[26]。

しかし、「南方」地域への進出にあたり、従来の「移植民的観念」からの脱却が必要であり、そのために進出日本人には「指導者たる資格と矜持」が求められてくるといった方針が示され、さらに戦局の悪化から日本の指導力を強化する必要が生じたことから、新たな展開がなされていく。つまり、多民族との共生や教育の多様化への対応に対する視点を欠いた者が現地住民に対して「指導者」たらんとする振る舞いをするといった問題も浮上してくることになる[27]。

4. 考察：「建大」の教育の功罪

以上、異文化間理解教育という観点から、多民族社会「旧満州」の人材養成がどのように実践されたのかを概観してきた。また、海外派遣日本人の人材養成ではたしかに文化理解の必要性の認識が日本側には明確にあった点も確認できた。実際、建大の生活では中国人農民と共に労働し、同じ食事をするといった現場実践や5つの民族による共同生活方式により、異文化を体験し、理解し、それに対処するという文化学習の機会とシステムは提供されていた。この点は、他に例を見ない画期的な教育方法と言えるであろう。しかし、現場実践や異質の民族間が共に語り合う「場」での衝突や摩擦は民族間の相互理解や信頼関係を構築し、新たな社会編成の形成に資するためのステップにはなり得なかった。なぜなら、建大での現場実践や塾教育は、日本によって侵略されている「旧満州国」統治の実態を学生個々人に認識させはしたが、人と人との対等な関係性を構築させるに足るシステムを伴っていなかったからである。つまり、建大の日本人を中心とする教育構造自体が自ずと日本人自身に優越意識を抱かせる仕組みを創成していたのである。このため、教育の結果としては、多民族の共生は果たされなかった。建大の教育の功罪をまとめるとすれば、以下の3点が挙げられる。

第一に、中国人学生から最も痛烈に批判されているのは、日本人の持っていた他民族への優越意識である。ただし、これに関しては、「日本人」自身の「日本」という国への二重意識、つまり自負と自省という感情が作用していた点を松永（2008: 75）では指摘している。第二に、問題視されているのは日本文化に他の文化を融合させようとする教育方法である。第三に、他に類を見ない形で行われた5つの民族の混在した共同生活は、新しい時代のリーダーの育成に寄与した面もあったことが中国側の研究においても認められている。

ただし、中国の民族運動が抗日運動に連動していた点は日本側の予期しない点であった。また、この点は、日本軍政の間接的な結果として民族意識の覚醒（かくせい）と形成がもたらされ、民族の自立・独立の機運の高まりへと結びついていった「南方」占領地マラヤの指導者養成との相違点でもある。一方、多民族共塾や体錬の重視といった教育方法は日本国内及びマラヤでも取り入れられており、教育方法においては「旧満州」からの連続性が認められる。

本稿では、建大の事例を「多文化共生」という今日的課題と照らし合わせ、異文化間相互理解に必要な要素と、それを阻害する要因を抽出することを課題としてきた。その結果、異文化理解に必要な要素としては、まず、異なる民族が共に現場実践や共同生活をすることにより、異文化を体験し、理解し、それに対処する機会とシステムが整えられていることが挙げられる。この点は、「多文化共生」の方法論としても、異文化間におけるリーダーの育成という観点からも一定の有効性があることが示唆される。この点から1つの試論を示せば、おそらくこういった「共塾共学」の方法論・システムは、日本国内で一定の評価を得、その体験版として日本国内及び「南方」占領地の「合宿型」「道場型」の錬成教育が展開されていったのではないだろうか。

ただし、本稿では日本国内での指導者養成、「南方」占領地での指導者養成の方法論との連続性・非連続性を考察することが主眼ではないため、これについての考察は他稿に譲る。

一方で、「多文化共生」を阻害する要因として最も大きな要素は、他民族に対する優越意識を持つことである。異文化理解において、最も克服し難いのが情意的要因であることは、心理学研究においてもつとに指摘されてきており、本稿でもその知見を追認する結果となった。建大の場合は、その優越

意識を生み出したのが、日本人を中心とする教育構造、すなわち教職員・学生ともに日本人が数の上で圧倒的な位置を占める教育体制や「日本文化に他民族を融合させる」ことを目的とした教育方針自体であったことには留意しなければならない。アメリカにおける集団間接触の理論の1つである接触仮説[28]によれば、人種間で友好的な態度になる条件には、①対等な地位、②親密な接触、③共通目標をめざす協働、④制度的な支援等があるという。建大の事例では、少なくとも「対等な地位」、「共通目標をめざす協働」といった主要な条件が満たされていないということになるであろう。

5. おわりに

以上、本稿では限られた一次資料と先行研究の知見を生かす形で限定的な考察をするにとどまった。このほかに建大の教育の功績としては、アジア諸地域の民族とどのような関係性をもつかという多角的な視点の養成が教員・学生それぞれになされた（河田2002）との指摘もある。近年、欧米や早稲田大学の寮教育の事例[29]などに見られるように、異文化混住型国際寮において、多文化共生社会で生きる能力を身につけさせようとする教育実践も行われ、注目されてきている。この背景には、寮教育が全人教育としての役割を果たすことへの期待があることがうかがえる。こうした点も踏まえ、建大の教育が果たした相互作用に関しては今後、学生側の記述資料も含め、複数の資料をもとに学生個々人に与えた影響から検証する必要性がある。

注

1 異文化者間の活動を支障のないものとしていくための教育支援（文化理解教育）として捉えられる概念である。長谷川（1999）では、「日本事情」の実践を「対異文化者教育」として認識している。同様の概念ではあるが、本稿では、一般になじんでいる概念として異文化間理解教育を使用した。
2 田中寛（2001: 178–179）では、「満州国」は日本にとって世界制覇へと膨張せんがための戦略上の重要な拠点であり、建国大学での実践は、その歴史的潮流の正統化を担う壮大な実験の場であったとの捉え方がなされている。
3 嶋田道彌、山根幸夫、志々田文明の一連の研究、宮沢恵理子、田中寛といった日本側の研究に加え、徐敏民、王智新、周軍といった中国側の研究も増えてきている。
4 徐敏民（1993: 95）。
5 「中国人研究者の間では、建大を根本的に植民地における日本帝国主義の文化支配の一環として否定的に捉えている傾向が根強いことも否定できない」（周軍 2002: 38）。
6 王智新「高等教育―建国大学の場合」（2000: 181）。
7 徐敏民（1993: 100–102）。
8 田中寛（2001: 144）。
9 田中共子（2008: 125–127）。
10 この点は、研究者の世代交代ということと深く関わっていると言える。日本経済新聞（朝刊）2008 年 5 月 3 日。
11 新学制は満州では 1938 年から実施され、日本国内では 1941 年から実施された。
12 「日本事情」の起源自体は明らかではないが、四平街公学校（1914 年開校）の教育方針には、「満州建国の精神を體し日本語及び日本事情に通じ日満国共存共栄の礎石となるべき善良なる満州国民を養成するにある」（嶋田、1935: 385）とあり、「日本事情」の教育上の必要性が認識されていたことが確認できる。
13 大同学院は、「満州」建国と同時に設立され、「満洲国の建国精神にならった官僚をつくる養成機関」として一定の役割を果たしてきたという認識がなされていた。それにも関らず、建大が創設された背景には、「もっと民族協和の精神を打ち込み、民族協和を実践する」「官吏だけでなく協和会の職員、民間機関その他にまで発展させるような本当の"人材養成"機関が必要だ」という辻正信の主張があったという（湯治万蔵編、1981: 8）。
14 この年表は、単なる事項のみならず、時系列的に教育課程に関する資料や当事者の証言、日記、複数の傍証を加えて編纂されている点で貴重な一次資料と言える。
15 湯治万蔵編（1981: 52）。
16 竹山（1943: 1–4）。
17 旧制帝大と同じく、6 年制の大学は「旧満州」では唯一建大のみであった。6 年は

前期3年（旧制高校に相当）と後期3年の課程に分かれていた。さらに、年限を定めない研究院（大学院）を備えていた。1945年度は、学制改革により、前期2年、後期3年と、前期の修学年限が1年短縮になっている（湯治編：517）。

18　5つの民族とは、日本、中国、朝鮮、モンゴル、白系ロシアの各民族を指している。定員は1学年150名、「満州帝国指導者養成方策要綱案」での民族比率は「日60、満60、鮮15、蒙10、白露5」（湯治編：12）とされていた。1941年の「建国大学要覧」の統計では、在学生総数578名のうち日本人277名（47％）、中国人217名（37％）、朝鮮人40名（7％）、蒙古人24名（4％）、ロシア人17名（3％）、台湾人12名（2％）であった（王智新編：188）。ここでは中国東北部出身者（「満人」）とその他の地域出身の中国人（「支那人」）を合わせて「中国人」としているようである。

19　湯治編（1981: 224–225）。

20　「人文科学」の授業としては、「論理」「心理」「哲学概論」「国家概論」「政治概論」「経済概論」「文教概論」「国防概論」「現代思潮」の各科目をひとまとめにして扱い、合計時数を「人文科学」の総授業時数として示した（湯治編：224–225）。

21　蒙語、露語、英語、仏語、独語を指し、その中の1つが課せられた。ただし、学生の常用語により、適宜変更配置される科目であった（湯治編：225）。

22　英領マラヤの事例に関しては、左右田（2005）、日本占領下のマラヤ・北ボルネオの事例に関しては、松永（2008）を参照されたい。

23　湯治編（1981: 252）。名前から蒙古人ではないかと推察されるが、定かではない。なお、同じ筆者による「指導者となる人々へ」と題する文章が『建国』2号にも掲載されている。日本に批判的な内容であっても掲載されている点から言えば、ある程度の言論の自由はあったものと思われる。

24　湯治編（1981: 554–555）。西元宗助による記述である。この他に、終戦後、朝鮮人学生のほとんどが朝鮮民族独立運動の結社に入っていたことを打ち明けられ、「朝鮮が日本の隷属から解放され独立してはじめて、韓日は真に提携できる」のだと告げられたこと、ロシア人学生がロシア軍の通訳や将校として西元のシベリア行きに関与した驚きについても触れている。

25　湯治編（1981: 503）。7期生の宮野泰は「毎日のように近くの山の中腹で苦力が火葬される煙が上る。何とも言葉にならない胸の痛みと悲しさ。民族協和の旗の下で我々が身も心もすりへらしているのに、街では相変わらず日本人優位の体制、唯焦慮するのみ（1944年8月2日）」と記している。

26　特に興亜院の手がけた中国大陸向け官吏養成・日本語教師養成では語学が重視されている点を松永（2008: 59）では指摘している。

27　この点に関しては、本稿の扱う範囲ではないため、松永（2008）第2章参照。

28　加賀美常美代（2006、76–77）。

29　守末恵（2008、70–71）。

参考文献

長春市政協文史和学習委員会編・可人主編(1997)『回憶偽満建国大学』長春市政協文史資料委員会.

大本営陸軍部研究班(1940)「海外地邦人ノ言動ヨリ観タル国民教育資料(案)」『十五年戦争極秘資料集』(東京:龍蹊書舎. 1976).

長谷川恒雄(1999)「『日本事情』―その歴史的展開―」『21世紀の『日本事情』』編集委員会編『21世紀の日本事情』東京:くろしお出版.

加賀美常美代(2006)「教育的介入は多文化理解態度にどんな効果があるか―シュミレーション・ゲームと協働的活動の場合」『異文化間教育』24号、異文化間教育学会　京都:アカデミア出版会.

河田宏(2002)『満州建国大学物語』東京:原書房.

小山貞知(1943)『満州協和会の発達』東京:中央公論社.

満州帝国教育会(1939)『建国教育(満文版)』新京.

満州帝国教育会(1941)『満州教育』新京.

松永典子(2008)『「総力戦」下の人材養成と日本語教育』福岡:花書院.

宮沢恵理子(1997)『建国大学と民族協和』東京:風間書房.

守末恵(2008)「教育寮の時代―国際寮で異文化共生社会で生きる力を育てる―」『多文化関係学会2008年度第7回年次大会抄録集』.

中久郎(1992)「民族協和の理想―満州国建国大学の実験―」戦時下日本社会研究会『戦時下の日本』大津:行路社.

王智新編(2000)『日本の植民地教育・中国からの視点』東京:社会評論社.

嶋田道彌(1935)『満州教育史』大連:文教社.

志々田文明(1993a)「建国大学の教育と石原莞爾」『早稲田大学人間科学研究』6(1).

志々田文明(1993b)「『民族協和』と建国大学の教育」『社会科学討究』早稲田大学アジア太平洋研究センター.

周軍(2002)「宮沢理恵子の『建国大学と民族協和』(一九七七)を読む」日本研究研究会『日本研究』.

徐敏民(1993)「戦前中国における日本語教育方法に関する比較考察」『筑波大学教育学系論集』.

孫継英(1997)「東北倫陥期の長春での植民地奴隷化教育」日本社会文学会『近代日本と「偽旧旧満州国」』東京:不二出版.

左右田直規(2005)「植民地教育とマレー民族意識の形成―戦前期の英領マラヤにおける師範学校教育に関する一考察」『東南アジア歴史と文化』34. 東南アジア史学会.

竹山増次郎(1943)『満州国に於ける指導者教育』大阪商科大学興亜経済研究室.

田中寛(2001)「建国大学における理念と実相―皇道主義教育思想とその言語政策論をめぐって」『植民地教育の支配責任を問う　植民地教育史研究年報』4　東京:皓星社.

田中共子（2008）「AUG－GS 学習モデルに基づく異文化間教育の試み」『多文化共生学研究』6　岡山大学大学院社会文化科学研究科.
塚瀬進（1998）『満州国「民族協和」の実像』東京：吉川弘文館.
山田昌治（1980）『興亡の嵐―満州・建国大学崩壊の手記―』東京：かんき出版.
山根幸夫（1993）「「満州」建国大学再考」『駿台史学』駿台史学会.
湯治万蔵編（1981）『建国大学年表』東京：建国大学同窓会建大史編纂委員会.

多文化環境のキャンパスにおける留学生と日本人チューターと異文化接触

大分大学国際教育研究センター
隈本・ヒーリー順子　南里敬三

1. はじめに

　日本では「留学生10万人計画」が達成され、2008年5月1日現在、日本学生支援機構がまとめたデータによると123,829人の学生が日本に留学していて過去最高の数であるという。しかし、同年になって「留学生30万人計画」が浮上し、留学生の増加について大きな論議を呼んでいる。日本の大学関係者からは留学生の大幅な増加に伴う受け入れ環境が十分でないことなどを憂う声が多く聞かれる。これについては、さまざまな事情があろうが、高濱・田中（2007）は、横田が2006年に日本の国公私立大学をアンケート調査した報告書を引用して、対象校362校中、67校が「留学生と日本人学生の交流がうまくいっていないこと」を理由に更なる留学生受け入れを躊躇していると指摘している。この点については、留学生が留学した国でその国の学生と良好な人間関係が築けるかどうかは、大きな課題であり、これから留学生を多く受け入れようとする我が国だけの問題ではない。事実、「教育産業」が重要な輸出収益額の上位を占めるまでに発展したオーストラリアでも最近、留学生とオーストラリア人学生との間に「大きな溝」が存在することが取りざたされている。オーストラリアの大学は、「国際化」の旗印の下で学位取得が目的の正規留学生の増大に努めてきたが、留学生の65%はアジアからの学生であるという[1]。オーストラリアは、戦後、多くの移民を受け入れ、いわゆる「白豪主義社会」から「多言語・多文化社会」へと移行したが、留学生がオーストラリア人と交わらず留学生同士で孤立する傾向がみられる。この原因がどこにあるかは明確ではないが、留学生の英語によるコミュニケーション力が1つの原因であると指摘する声も聞かれる[2]。

大分大学でも、「留学生10万人計画」にそって留学生数の増加をはかってきた。特に2000年から本学（大分大学のことを以下、本学と呼ぶ）の国際交流協定校からの交換学生を対象とした短期留学特別プログラム、英語名はInternational Program at Oita University（以下、IPOU）を開設し、現在に至っている[3]。このプログラムは、日本語力がなくても日本留学を容易にするために日本語コース以外、日本研究に関するコースは英語で開講されていることが大きな特徴である。通常、交換学生の留学期間は、最低1学期間から最高2学期間（＝1年）である。そして、学習上、生活上、留学生を支援するために国立大学では「チューター制度」が設けられているが、本学では主に生活上の支援のために留学期間中、交換学生にもチューターがついている。ほとんどの場合、チューターは日本人学生で、チューター募集に応募してくる学生の中から選考し割り当てられる。本学ではこのIPOUが存在するため、他大学に比べ短期留学生の中では欧米からの学生数の比率が高く、日本語習得、日本文化理解、日本人チューターとの人間関係という点からいえば中国や韓国からの留学生とは異なる問題を呈している。

　IPOU開始当初から学期ごとにIPOUに参加した学生からプログラム評価を実施してきたが、IPOUの学生が留学中、本学でどのような人間関係を構築しているのか等、彼らの社会生活面からの調査は行われてこなかった。しかし、最近、アメリカ人学生と日本人チューターとの異文化理解、異文化衝突が原因と思われる人間関係に関する問題が浮上して以来、留学生同士、それに留学生と日本人学生との人間関係の実態を調査する必要性が出てきた。また、今後、欧米の協定校の拡大に伴いその地域からの交換学生数も増え続けることが予想されていることから、この研究はプログラムの運営上、また、大学の国際化という視点からも不可欠なものであると考える。

1.1. 大分大学の学生交換プログラム ― IPOUと二豊プログラム

　本学は海外の協定校からの交換学生を対象とした2つのプログラムを運営している。

　1つは既に述べたIPOUである。日本語力は問わないが、英語非母語話者はTOEFL550点以上の英語力が要求されるため、アジアからの学生は少ない。毎年、中国人とインドネシア人数名が参加しているが、欧米の学生が多

数を占めている。IPOU に参加する欧米からの IPOU 学生は、大きく分けて 2 つのグループに分かれる。最近の傾向としてヨーロッパからの学生は、滞日期間は 1 学期間（4〜5 ヶ月間）であり、日本文化についても学習したことがない日本語未習者が多い。一方、アメリカからの学生は、日本語を主専攻（あるいは副専攻）し、日本語、日本文化についてもある程度の既習者である。滞日期間も 1 年（10〜11 ヶ月間）とヨーロッパの留学生よりも長期に留学する場合が多い。アメリカ人学生の来日当初の日本語力は、初級レベルから上級レベルまでと幅広いが、たいてい初級上レベルから中級下レベルに集中している。

　もう 1 つは「二豊プログラム」と呼ばれ、主な条件は、原則として日本語能力試験 1 級の合格者を対象とした学生交換プログラムである。参加者は圧倒的に韓国人学生が多く、中国人がそれに次ぐ。韓国人の場合、日本語は大変流暢に話す学生が多いが、英語力に関しては、英語で欧米の学生とコミュニケーションできるものはいない。

2. 研究目的・方法

2.1. 研究目的

　本稿の目的は、大分大学に交換留学している欧米の協定校からの IPOU 留学生が留学期間中にどのような人間関係を結んでいるのか、調査分析することである。特に、本稿は、留学生同士、日本人学生との間での関係に焦点をあてて観察し、IPOU に参加する欧米の学生と日本人のチューターを対象に「双方の視点」から彼らの人間関係を中心に分析したものである。

　異文化コミュニケーション、異文化適応一般に関する先行文献は、国外では多数存在するが、それに比べ国内の先行研究をみても、日本留学中に留学生が遭遇する異文化接触、異文化適応に関する研究は多いとはいえない。しかし、その中でも田中は、ソーシャル・スキルの取得、ソーシャル・ネットワーク形成の観点から 1990 年以降、心理学的手法を使って一連の研究を行ってきている。本稿もこれらの先行研究成果を踏まえ、短期間の留学中の人間関係とその問題点を実証的に解明することが目的である。

2.2. 研究方法

　本稿の被験者は、欧米からの留学生 11 名と欧米の留学生のチューターをしている日本人学生 10 名である。留学生の内訳は、2007 年 10 月以降に来日した交換学生 10 名と 2006 年 10 月以降に来日した 1 名である。ただ、すべての日本人チューターからインタビューの協力を得られなかったため、この 10 名の日本人チューターの中には、今回の被験者である留学生以外のチューターも含まれる。

　研究方法は、留学生と日本人チューターに対してアンケート法とインタビュー法の 2 つの手法を採用した。留学生と日本人に対するアンケートは、隈本・ヒーリーが過去に応用言語学研究で言語、文化、考え方などについて被験者の態度や意識を解明するために使用したアンケートを参考にして作成されたものである。アンケート実施後、被験者個々に対してフォローアップインタビューを行った。留学生のインタビュー調査後、彼らの人間関係をさらに明らかにする必要上、二豊プログラムの韓国人学生数名に対してもインタビューが行われた。アンケートとインタビュー内容については、後節の分析のところでふれる。

　今回、研究対象となった 10 名の留学生の日本語力は、初級レベルが 1 名、中級レベルが 8 名、上級レベルが 2 名である。出身地域はヨーロッパ人学生が 2 名、アメリカ人学生 8 名である。

3. 留学生に対するアンケートの分析結果

3.1. アンケート Part A の構成について

　アンケート Part A は被験者の個人的な情報（年齢、性別、国籍、大分大学への来学時期等）と、それ以外に 2 点の主要な質問からなる。その質問とは、「コミュニケーションのためにどの言語を使用するか」と「どのようにして友人を作ったか」である。この主要な点については次の節で論議する。

3.2. アンケート Part A の分析結果

　アンケート Part A の主要な質問の 1 つは、他の留学生、日本人学生、日本人教職員とコミュニケーションするときに使う言語は何であるかを問うた

ものである。以下、その結果は表1にまとめて表示する。

表1　留学生、日本人学生、日本人教職員に対して使用する時の言語

	英語	英語・日本語	日本語	英語と英語以外の言語を併用	計
アメリカ人	7名	3名	0名	1名（スペイン語）	11名
ヨーロッパ人	7名	2名	1名	1名（ドイツ語）	11名
中国人	2名	6名	2名	1名（日本語と中国語）	11名
韓国人	0名	1名	10名	なし	11名
日本人学生	0名	6名	4名	1名（ドイツ語）	11名
日本人教職員	2名	6名	3名	なし	11名

　この表からも分かるように、欧米の留学生が実際に使用する主な言語は英語である。欧米人同士だけでなく、中国人と日本人に対しても英語と日本語の併用が多い。ただ、韓国人に対してだけは日本語と答えているのは、IPOUには韓国人で英語のできる学生は1人しかいないからである。留学生の日本語力は、中級レベルの学生が多いが、上級レベルの2名の学生を除いて、日本語だけでコミュニケーションを行うには、彼らの日本語運用能力が不十分であることを示している。

　アンケートPart Aのもう1つ質問は、「どのようなきっかけで友人を作ったか」という問いであるが、この問いに対して、主な回答として以下のようなものが得られた。

- 自分のチューター、あるいは他のチューターを通して。
- 他の留学生を通して。
- 国際交流会館（留学生宿舎）等でのパーティーで会った。
- 同じ授業を取って知り合った。
- クラブ／サークルを通して。

　留学生のソーシャル・ネットワークは、通常、大学という枠内に収まっている。地域住民との交流は、地域行事、学校・施設訪問など時間的に限られた機会はあるが、このような接触は、ある程度長期的に継続しない限り個人

的な関係にまで深まるには至らない。これは、彼らの限られた留学期間と日本語運用能力を考慮すれば、当然、予想される結果である。しかし、例外として、今回インタビューした学生の中には日本人学生をガールフレンドに持つ学生が数人いる。彼らの場合は、人間関係は単に大学内にとどまらず、彼らのガールフレンドを通して学外者に大きく、かつ深く広がっている。これに関しては、もう少し詳しく「留学生のインタビュー」の節でふれる。

3.3. アンケート Part B の分析結果

　アンケート Part B は、20問の英文事項から成り、被験者は1から5の5つの中から1つだけ回答することになっている。つまり、1の「全くそう思う」、2の「そう思う」、3の「どちらとも言えない」、4の「そうは思わない」5の「全くそうは思わない」の5段階の回答の中から1つを選択することが求められているのである。

　5段階中1と2については肯定的な回答であり、4と5は否定的な回答である。しかし、アンケート作成時に手違いで、肯定的に設定すべきところを否定的に設定したため、回答が反対になるという問題が生じてしまった。事項番号8と19に＊をつけているのは、そのような問題があるという意味である。つまり、8番と19番の回答は、4と5が肯定的な回答と解釈しなければならないのである。

　アンケート内容については、異文化一般、日本文化、日本人、日本語などに対する被験者の態度、考え方を英語で問うたものであるが、参考のために、日本語に翻訳した設問を以下に示す。

1. 外国を訪問したときは、その国の言語で話したい。
2. 外国に住む場合は、英語が通じても積極的にその国の言語を学ぶ努力をしたい。
3. 日本語を学ぶことは、日本文化を理解する上で重要である。
4. 日本語を学ぶことは、日本人グループと自由に活動する上で重要である。
5. 日本語を学ぶことは、いつかいい仕事を得られると考えられるので重要である。

6. 日本語を学ぶことは、将来のキャリアに必要なので重要である。
7. 日本語を学ぶことは、いろいろな人と会え、そして日本語で話せるようになるので重要である。
8. *日本語には興味がないので、大学を卒業したら日本語学習は継続しない。
9. 知っている日本語を使う機会があれば、使ってみたい。
10. 日本人と会ったとき、初対面で日本語を話すことは恥ずかしいと思わない。
11. 大分に住むことは大変楽しい。
12. 日本人は他人の気持ちを思いやる人たちである。
13. 日本人はすばらしいといつも思っている。
14. 日本人は大変親切で寛大である。
15. 日本人は正直で信頼できる。
16. 日本に住むことは私にとっていい経験である。
17. 私は日本人と日本文化にいい印象を持っている。
18. 私は日本人についてもっと知りたい。
19. *日本人について知れば知るほど理解するのが困難になる。
20. 日本人、日本文化について知れば知るほど好きになる。

　次の表は、20項目のアンケートの集計結果をまとめたものである。
　20項目に対する総合的結果から、異文化や日本一般について被験者の意識が肯定的か否定的かをみることができる。肯定的な回答率（1と2）は、67.7％であるが、事項番号8番と19番の肯定的回答を加えれば、実際は75％になる。どちらでもないとする、中立（3）の回答率は、18.6％であり、否定的な回答率（4と5）は、わずか6.4％である。否定的な回答率が大変低いということは、概ね、欧米の留学生が異文化一般、日本文化、日本語、日本人に対して好感を持ち肯定的にとらえていると言っていいだろう。

表 2　アンケート Part B の集計結果

事項番号	5段階回答					計
	1	2	3	4	5	
1	9	2	—	—	—	11
2	8	2	1	—	—	11
3	7	3	—	1	—	11
4	8	2	—	1	—	11
5	4	6	1	—	—	11
6	2	1	1	3	4	11
7	8	2	1	—	—	11
8*	—	—	1	1	9	11
9	4	2	4	1	—	11
10	2	4	3	1	1	11
11	6	4	1	—	—	11
12	2	4	5	—	—	11
13	1	6	4	—	—	11
14	4	3	4	—	—	11
15	4	2	5	—	—	11
16	11	—	—	—	—	11
17	5	4	2	—	—	11
18	6	3	2	—	—	11
19*	1	—	4	4	2	11
20	2	5	3	1	—	11
計	94	55	42	13	16	220

4. 留学生に対するインタビューの分析結果

4.1. 留学生へのインタビューの内容

留学生へのインタビューは、以下のように基本的に5項目にわたって留学生1人ずつ行い、答えによっては適宜、追加質問を行った。

1. チューターの役割についてどう思うか。また、チューターとの間でバリアーを感じたことはあるか。
2. 学外で学生以外に日本人の友人、知り合いができたか、どうか。
3. 留学生同士の人間関係についてどうか。
4. 大分大学での日本人との関係についてどうか。
5. 大分大学の留学に期待していたことは何か。

4.2. 留学生へのインタビュー分析

　全てのインタビューは録音され、それをまとめとして文字化した。その内容を分析した結果、大分大学での欧米の留学生の人間関係の有り様が見えてきた。注目すべき点は、以下、5点にまとめられる。

1. 留学期間中、欧米の留学生が主に交流する相手は、主に同じ地域の学生達とである。これは、ある程度予想されることである。ヨーロッパ人学生の多くは、ほとんど英語に頼るしかないが、アメリカ人学生の場合であっても英語で自由に意思疎通ができる欧米人との交際が多いのは頷ける。

2. 欧米の留学生、特にアメリカ人学生がアジア人留学生とどのように交流しているかについては、大変興味深いことが明らかになった。彼らは、中国人とは交流することはあっても、韓国人とはほとんどつきあうことはないという。これは、欧米の留学生の共通言語が基本的には英語だからである。中国人学生は、英語でコミュニケーションがとれる者が多いが、韓国人学生は、IPOUの1名を除いては英語が話せないからである。

3. インタビュー後、アメリカ人学生の中から「アメリカ人と韓国人学生との間に溝がある」という者がでてきた。彼らの韓国人観は、「韓国人学生は、主に韓国人だけで集まる傾向が強く、日本人学生とは日本語ができるので、交流が活発である」と観る。どうして溝があると思うのかという問いには、例えば、国際交流会館内でのパーティーは、欧米人のには誰でも参加できオープンであるが、韓国人のはオープンでないと具体的な事例をあげて批判する。このことは、同じ会館にすむ住人を入れないのは社交的には失礼であり、韓国人は閉鎖的だとアメリカ人には映る。

　このようなアメリカ人学生の見方について、韓国人学生の視点から確認する必要があり数名にインタビュー調査した。その結果、彼らを結ぶ共通言語がないことと異文化の違いが原因で誤解を招いたことが明らかになった。韓国人学生は、大分大学には欧米からの留学生が多いことを留学前から知っていて、留学中、彼らとの交流をむしろ願っていることが判明したが、欧米人の学生は日本語が流暢ではなく、韓国人も英語が流暢でないことが円滑な交

流を妨げてしまっていた。また、それが韓国人がパーティーの出席者を制限し、結果としてアメリカ人を疎外してしまったという意識は、韓国人学生には全くなかったことである。

このような社交上のルールの違いとコミュニケーションを図る共通言語の欠如がもたらしてしまった誤解であると言える。

4. アメリカ人学生の中には、日本人チューターとの意思疎通が困難だと言う。通常、日本語ができない欧米の学生にはなるべく英語ができる日本人チューターをつけているが、言語上の問題というよりは、異文化理解が原因と考えられる場合が往々にしてある。

日本人学生は、アメリカ人学生との間で何か問題があると感じたとき、どのようにして的確にそのことを伝えるべきか、その方法を持っていないとアメリカ人学生は言う。相手に本音を明かすことがないまま、最悪の状況に至るまで自分の気持ちを伝えないので、アメリカ人学生は、「どうして早く言ってくれなかったのか」と、後になって知らされて傷つきショックを受けるのである。日本人学生側から言えば、相手を傷つけたくないという、日本的な気配りから言い出せないのであるが、このように日米文化の相違から人間関係がうまくいかずチューターを変えることが多い。

また、チューター以外の日本人学生とつきあっていく上でも欧米の学生が困難だと感じる事例もある。それは、来日当初、留学生は授業以外に日本人学生との交流を望んでクラブに入会を希望するが、長く継続しないことが多い。その理由の1つは、練習に参加すること以外に、暗黙のうちに定期的なクラブの飲み会にも出ることが期待されているからである。日本人は、クラブとして一致団結するために飲み会参加は当然だと感じるが、欧米の留学生は、飲み会にまで個人的に時間を束縛されたくないと考える。結果として、クラブ内での人間関係がうまくいかず、クラブを辞めざるをえない留学生が出てくるのである。しかし、中には種々の「異文化試練」も克服し、1年間近くクラブ活動を続けた「成功例」もある。滞日最後の頃には日本人学生達に「仲間」として受け入れられたと感じ、別れの際には日本人学生は涙を流して別れを惜しんでくれたと話す。彼は、社会人生活を送ったこともある大人であり、楽器演奏者としてもプロ級の腕前を持ち、クラブ内では技術上、

指導的立場にあったという特殊事情もある。しかし、日本語中級レベル話者であっても彼が日本人学生と彼自身が満足できる人間関係を築きあげられたのは、11ヶ月間というまとまった期間中にめげずにクラブ活動を継続した、彼の努力に拠るところが大きいと言える。

5.3節で述べたように、欧米人学生は、学外者とのネットワークを構築することはほとんどない。学外者との接触の機会は、既述した地域の学校訪問、行事参加以外に、アルバイト、よく行く飲食店での日本人との出会いがある。しかし、学生の日本語運用能力の低さも限られた留学期間も問題であるが、欧米人に近づく日本人も単に興味本位の場合が多く、「友人」という人間関係を結ぶところまでほとんどの場合発展しない。しかし、日本人学生をガールフレンドに持つ学生の場合は、例外である。留学生は、ガールフレンドを通して彼女の家族と友人たちに紹介され、「彼らの仲間」として受け入れられる。そしてそこからまた、交流の輪が広がっていくばかりでなく、人間関係も深まっていくのである。

　本学では、日本人家族との交流を希望する留学生に応えるために「ホームビジット・ホームステイ制度」も設けているが、今後、もっと留学生の学外者との交流を広げると言う観点からこの制度の活用について見直す必要がある。しかし、大分では短期間のホームビジットですら、留学生を受け入れる家族が非常に少ないという事情もあるので、フルに制度の活用ができるようになるには、時間がかかる。

5. 日本人チューターへのアンケート

5.1. アンケート Part A と Part B の構成について

　チューターへのアンケート並びにインタビューは欧米の留学生のチューター経験者10名を対象に行われた。

　アンケートは、パートAとパートBに分かれ、パートAではチューター歴、チューターに申し込んだ動機、留学生との人間関係で悩んだ経験の有無、欧米の留学生のチューターを希望した理由、今後もチューター活動をする意思があるかどうか、を問うた。パートBは、20の質問(但し陳述の形

を取る）に1～5のスケールで回答する形式をとっている。1が最も肯定的回答で5が最も否定的回答。これら20問は、欧米地域およびその言語文化に対する興味、チューターという仕事へのかかわり方、欧米の留学生へのかかわり方、日本語・日本文化に対する評価に関する質問である。

以下、チューターのアンケートの回答で特筆すべき点のみを取り上げて紹介する。

5.1.1. アンケート Part A の分析結果

アンケート並びにインタビューを行った10名のチューター経験歴は最長が2年7ヶ月、最短が1か月で、数の上で最も多かったのは1年1か月であった。（表3参照のこと。）性別で言えば内訳は男子学生3名で、女子学生は7名となっている。

チューターを申し込んだ動機で最も多かった回答（複数回答可）は、「外国語・外国の文化（あるいは留学生の言語・国の文化）に興味があるから」で、10名全員がこれを動機に挙げている。これに「国際的視野を広げたいから」（8名回答）と「留学生と交流したいから」（8名回答）が続いている。

留学生との人間関係で悩んだことがあると答えたのは4名。欧米の留学生のチューターを希望した理由で最も多かったのは、「欧米の言語文化に興味があるから」で6名の回答となっている。今後もチューター活動を継続するかとの質問には7名が「はい」と答え、2名が「いいえ」と答え、残り1名は無回答となっている。但し、「いいえ」の理由は2名とも卒業で続けられないからと回答している。

表3　チューター経歴

経験年数	人　数
2年7ヶ月	1
2年6ヶ月	1
1年1ヶ月	5
7ヶ月	1
6ヶ月	1
1ヶ月	1

5.1.2. アンケート Part B の分析結果

20問の回答は総じて肯定的なものが多かったが、やや否定的な回答もあった。

最も否定的な回答が多かったのは、「欧米の留学生のチューターをしているのは格好いいと思う」に対してで、平均点は3.6。「全く思わない」(配点5)が3名で、「あまり思わない」(配点4)が2名。最も肯定的な「とても思う」(配点1)は誰も選択していなかった。2番目に否定的回答が多かったのは、「欧米の留学生のチューターをしてみて初めて大分・日本がすばらしいところだと思った」(平均点3)で、これに「欧米の留学生のチューターをしてみて初めて日本文化を考えるきっかけになったと思う」(同2.9)、「欧米の留学生の考え方・行動は自分には理解できる」(同2.5)が続いている。

最も肯定的回答が多かったのは、「欧米に旅行してみたいと思う」(同1.2)。これに、「欧米の言語・文化に興味がある」(同1.3)と「欧米の留学生の為に日本語学習や日本文化理解の手助けをしたい」(同1.3)が続き、その次に「欧米の留学生に日本文化のいいところも悪いところも学んで欲しい」(同1.4)が来る。

総じて言えば、この10名のチューターは、欧米地域およびその言語・文化に興味があって欧米の留学生のチューターをしており、留学生の言動の理解に時折悩みながらも彼らの日本語・文化理解に協力したいと思っている。しかしながら、留学生の日本語・日本文化理解に協力をしながらも、チューターをすることで日本語・日本文化への内省が深まり、興味が特段かきたてられるわけではないようである。そのようなことがこのアンケートからうかがいしれる。

6. 日本人チューターに対するインタビューの分析結果

6.1. 日本人チューターへのインタビューの内容と分析

チューターには下記の5つの質問を行った。

1. チューターの役割とは？
2. 留学生同士の人間関係で何か気がついたことがあるか。

3. 特定の国籍・地域の留学生に対して持つイメージは？
4. 突然チューターを辞める理由とは？
5. 日本人の留学生への接し方に何か特徴があるか。

　質問1は、チューターとしてどのようなことを行うよう本学の国際教育研究センターから指示されたかではなく、チューター自らが留学生に対して何をしてあげるべきだと思うかを問うた質問である。質問2は、留学生がどのような交友関係を築いているかを推定するための質問であり、質問3は、質問2の補足的質問で、9つの国と地域名をあげそれぞれに対してそこから本学に来ている留学生に対してどのようなイメージを持っているかを聞いてみた。質問4では、日本人チューターが担当留学生に何も言わず突然チューターを辞めるケースがあるが、どうしてこういう事態が起こるのか、その理由を思いつくかぎり言ってもらった。質問5は、日頃チューターが留学生にどのように接しているかを尋ねたものである。

　なお、インタビューにおいてチューターの回答があいまいな場合、適宜質問を追加したことを付け加えておく。

　前節紹介の5つの質問に対する回答をまずは、3つの側面から分析する。その3つの側面とは(1)言語障壁、(2)欧米の留学生を巡る交流関係、(3)日本人チューターと日本語の存在感の3つである。

　以下、この3点について詳述し、留学生間の交流関係（日本人チューターとの関係も含む）の全体像を推定する。下記のインタビュー分析では、被験者を男性の場合JM1、JM2、JM3と、女性の場合JF1、JF2…JF7と言及する。

6.1.1. 言語障壁

　当然のことながら、留学生間の交流の最大の障害として認識されているものは言語であるが、2種類の言語障壁が存在しているようである。

　1つは各言語（あるいは国）による障壁である。10名中7名の被験者が留学生は言語（あるいは国）ごとに分かれて行動していると答えている（JM1、JF1、JF2、JF3、JF4、JF5、JF7）。ただ、具体的に「どの国から来た留学生が固まって行動しているのか」との質問に答えられたのは、JM1、JF2、JF4、JF5の4名で、うち2名（JM1とJF5）はドイツ人留学生が固まって行

動していると報告し、残り 2 名 (JF2 と JF4) は欧米系よりアジア系の方が国別に固まって行動する傾向が強いと報告しており、JF2 はさらに欧米系は固まらず国籍を超えて交流しようとしているとも述べている。

　ここから推定できる留学生間の交流関係は、次のようなものである。すなわち、国ごとで固まる習性がある一方で、欧米系とアジア系とにまとまる習性も他方にあるということである。ただ、後者に関しては反論も見られる。JF4 は、中国人留学生は欧米の留学生と仲がいいと報告しており、JF7 は東南アジアからの留学生は、アメリカ人留学生といつも一緒にいるイメージがあると述べている。では、欧米系とアジア系の分離は存在しないのだろうか。チューターの回答を仔細に検討すると、どうやら存在していそうである。鍵となるのは英語である。3 名の被験者(JM1、JM2、JF1) は、英語が欧米の留学生の共通言語になっていると指摘しているのである。JM1 はさらに続けて「英語が話せる中国人はアメリカ人と仲良くなる」と報告している。また、「英語が話せない中国人は、中国人同士で固まっている」とも述べている。JM2 も「アジア系は、英語が喋れれば欧米系留学生と付き合う」と話している。JF1 も「アジア系でも英語が話せれば欧米系と仲良くなれる」と報告している。この 3 名の発言は、次のように言い換えが可能である。すなわち、英語が話せないアジアからの留学生は、欧米の留学生と仲良くなれない、と。JF4 と JF7 が言及したアジア系留学生は、英語が話せるアジア人留学生であった可能性が高いということになる。

　ローカルなレベルで各国の言語による障壁がある一方で、グローバルなレベルで英語が話せるか否かという障壁があり、後者の障壁が欧米系とアジア系留学生の分離状態を引き起こしていると言えそうである。同じ国の者同士がその言語で固まることは、ある意味当然と言える。そう考えると欧米とアジアの留学生の分離状態は特筆すべきことであろう。

　さて、この分離状態であるが、英語が欧米の留学生の共通語であるということによってのみ生み出されたのであろうか。それを次節で探ってみる。

6.1.2. 欧米の留学生を巡る交流関係

　まず、英語が優遇されていると指摘する意見があった。JM2 は、チューターは相手がアメリカ人ならすぐ英語を使い、アメリカ流の「呼び捨て」

（ファーストネームでお互いの名を呼び合うこと）を容認してしまうと指摘する。いわゆる英語礼賛主義だが、これには現実的問題も付随しているようである。欧米系の留学生は、日本語があまりできないがゆえに、意思の疎通があったかどうか不明な時はチューターの方から英語にスイッチしてしまうというのである (JM1, JF6)。さらに、JM1 は、異なる国からの留学生のグループを前にして話す場合、英語で話してしまうとも述べている。欧米系留学生のほとんどは、日本語が深く理解できない。これを日本人チューターが容認してしまっているわけである。この英語使用の容認と英語礼賛主義のお陰で、欧米の留学生は、英語を使って交流関係を構築すればよいという恵まれた環境に置かれていることになる。

　欧米と韓国の留学生の関係で特筆すべきことを付け加えておく。FJ1 は、欧米の留学生と韓国人留学生が一緒にいるところに日本人が現れた場合、韓国人留学生は、とたんに日本語にスイッチし欧米の留学生は疎外されてしまう、と報告している。

6.1.3. 日本人チューターと日本語の存在感

　欧米の留学生に有利な交流関係は、日本語の存在感の無さであると JM1 はとらえている。彼はこう述べている。「アメリカ人は『中国人はいつも中国語を使うから（僕らは中国人とは）話せない』と言い、中国人は『アメリカ人は英語を使うから（僕らはアメリカ人とは）話せない』という。そこには日本語で話すという感覚がない。」

　日本語が留学生間の紐帯として機能していないことを指摘しているが、問題は、日本語の存在感の薄さは日本人チューターの存在感の薄さの現れでもあるという点である。

　その根拠として、日本人チューターの自己主張の弱さがまずは挙げられる。JF1 は、留学生に対して意見がある場合でも、相手が留学生だからと諦めて自分の意見を言わない場合があると言っている。JF3 は、欧米・中国・韓国からの留学生と一緒にいると気が楽だと述べた後、その理由として、これら留学生は思っていることを「スパッといってくれる」ことを挙げている。日本人チューターは思ったことを「スパッと言わない」というのを念頭に置いての発言だろう。

自己主張の弱さはコミュニケーション能力の低さとも関わっているようだ。JF7 は、チューターは思ったことを言わないと述べた後、自らの留学生への接し方について、「（自分は）英語は喋れるが、緊張すると詳しいことを留学生から聞けなくなる。これはコミュニケーション力が自分にないからだ」と分析している。

　自己主張が弱いと積極性を欠くことにもなるようだ。JF3 は、「日本人は相手が嫌いだとすぐに一線を引く。日本人が留学生に接する場合、関係がなければ話しかけない」と述べている。また、FJ4 は、韓国人留学生の意見として、日本人の本音を言わない付き合い方は、留学生と一緒にショピングをするといったような親しい関係に発展していかないという意見を紹介している。

　自己主張が弱く、コミュニケーション力も低く、積極性にも欠ける。そのようなチューターの存在感の薄さが日本語の存在感を薄めているといえよう。

　これに加えてチューターの他者依存のネットワーク構築力の弱さの問題もひかえていると思われる。先に JF3 の「チューターは、自分と関係のない留学生には話しかけない」との感想を紹介したが、JM2 はチューター間のコミュニケーションが希薄であると指摘している。チューター間で会話をすると「一問一答型」になってしまうのだそうだ。さらに、JM1 は、チューター同士が知り合いになるには、そのチューターが担当している留学生同士が知り合いでなければ、チューター同士が知り合いにはならないと報告している。

　日本語を支え、それを留学生間の交友関係構築の紐帯として機能させる役割を担っている日本人チューター。その日本人チューターが自らのネットワーク構築を留学生の交友関係に依存している可能性があるのである。これでは日本語が留学生間の紐帯とはなりえないのも無理はない。

6.2. インタビューの分析のまとめ

　留学生間の交友関係には言語ごと（あるいは国ごと）の障壁が存在する一方で、英語が通じる欧米系と通じないアジア系というグローバルなレベルの障壁も存在する。後者のグローバルな障壁が存在する理由としては、一方で

は(1)欧米の留学生間で英語が共通語として機能しており日本語を用いなくてもよい、(2)欧米の留学生の日本語能力が低い、といった欧米の留学生側の問題がある。しかし、他方では(3)英語の使用に基づく欧米の学生に有利な交友関係の容認、(4)日本人チューターの精神面・コミュニケーション面での弱さ、並びに、日本人チューターのネットワークの留学生依存、といった日本人チューター側の問題も指摘される。

7. 考察と今後の課題

7.1. 大分大学の留学生と日本人学生の交流図

以上、本学での留学生と日本人学生の交流について詳述してきたが、次に掲げるのは、これらをまとめて交流図として表したものである。

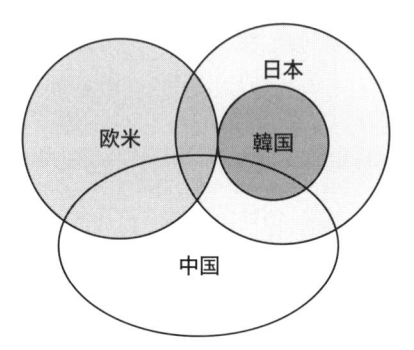

図1　大分大学の留学生・日本人学生交流図

この図には示されない留学生のグループもある。それは、IPOU学生として、毎年1学期間、参加するインドネシア人学生である。通常、1、2名受け入れるが、彼等は、キャンパス内の寄宿舎に居住し、工学関係の専門科目の履修も課せられ工学部に所属している。実質的にも工学部の中で受け入れられているので、他のIPOU学生とは受け入れ事情が異なっている。日本語力は初級レベルの学生が多いが、英語によるコミュニケーション力はあるので、キャンパスでは欧米人学生との交流はある。ただ、住むところが異なり、授業以外での欧米人学生との交流は、あまりないようである。そのため、今回は、被験者数も少ないことから研究対象から外した。しかし、今後、

留学生の出身地域のバランスを考えると、他の東南アジアの国からの留学生も増える可能性があり、その時には東南アジアからの留学生と他の地域からの留学生との交流がどのように行われるか、調査の対象にしたいと考えている。

7.2. 考察と今後の課題
7.2.1. 言語障壁

　今回の調査で見えてきたのは、まず、本学では欧米人留学生とアジア人留学生、特に韓国人学生との交流がないということである。その理由は、既述したように彼らがコミュニケーションを行うための共通言語がなく双方の間で交流できないからである。特に、韓国人留学生が彼らだけで固まる傾向があるのは、韓国人留学生が国際交流会館で最大のグループを形成しているからである。このような現象は、2008年度になって初めて起こったことであり、今後、入居者数の出身地域によるバランスを考慮する必要があるだろう。留学生への調査が行われたのは、2008年度前期終了時であり、入居者の出身地域は、アジア人学生が欧米人学生をはるかにうわまわっていることが表4からも明白である。

　次に掲げる2008年度前期と後期の国際交流会館での国別・地域別の留学生数を示した表4と表5は、前期と後期では国・地域別の入居者数の割合が大きく変化することを表している。

表4　国際交流会館に在住する国・地域別留学生数（2008年度前期）

国・地域	中国本土	香港	台湾	韓国	米国	欧州	合計
人数	10	2	1	18	7	2	39

表5　国際交流会館に在住する国・地域別留学生数（2008年度後期）

国・地域	中国本土	香港	台湾	韓国	米国	欧州	合計
人数	5	0	0	14	11	11	41

　上記の表からも分かるように、前期は韓国人留学生18名在住し、欧米人留学生は9名であった。これは、欧州の留学生の多くが2007年度後期終了

時に帰国したためである。しかし、2008年度後期には欧米人留学生は合計22名となり、状況は逆転する。

　このような構成人員の変化が留学生の人間関係にも影響を与えていることは想像できる。2008年前期には欧州からの留学生は2名であったが、後期には11名に増えている。このことが、例えば、韓国人留学生グループに何らかの影響を与えた可能性があるのである。2008年度後期の初めに韓国人数名にインタビューしたときに、韓国人学生は欧米の学生との交流を望んでいることが分かったが、何人かの韓国人学生が英語の辞書を片手にドイツ人学生と交流を始めたことも明らかになっている。2008年10月から同じドイツの大学から5名の学生が国際交流会館に入居したことで、同会館内の構成人員の変化が引き起こされ、それが韓国人留学生の交流パターンを変えたと解釈ができるのである。

　そう考えると、交流の妨げになっているのは、言語障壁だけではないということになる。入居者の出身地域の変化というグループ・ダイナミックスも考慮に入れる必要がある。また、先に欧米人と韓国人学生との言語障壁を指摘したが、これを越えようとする動きが韓国人学生の間で出てきているという事実も考慮しなければならない。言語障壁は確かに超え難い壁であることは否めないが、交流を阻むものは単にそれだけなのか、この問いは、次の調査研究に譲りたい。

7.2.2. 異文化適応・異文化理解トレーニングの必要性

　欧米人学生のチューターを希望する学生には、異文化接触という観点から今まで特別な指導はしてこなかったが、今回の調査で表出してきた日本人チューターの問題の対応策についてふれたい。

　前節で既に留学生からも日本人学生からも指摘されたように、日本人学生への異文化理解、異文化適応についてトレーニングの必要性があると考える。チューター活動開始前に彼らを対象としたオリエンテーション・セッションを設け、具体的な事例を中心に意見を出し合うことによって学生の異文化への理解を深めることは、不可欠である。一回のセッション程度で学生の意識・考え方を変えるのは困難であるので、機会を見てチューターへの指導を継続することが重要であろう。これは、また欧米人のチューターを希望

する学生だけでなくすべての留学生のチューターにも必要である。理想的には、現在開講されている「異文化コミュニケーション」の授業を異文化理解トレーニングの観点から再編成し、日本人チューターと留学生を対象に「国際教育理解」の必須科目として提供することが望ましい。

　また、本研究の調査から異文化理解、異文化適応のための授業は、日本人チューターだけでなく大分大学の留学生にも必要なことを示唆している。様々な言語と文化を背景にした学生が集まる、多文化環境のキャンパス下で真の国際理解教育をすることが「大学の国際化」にも貢献することになる。

注

1　メルボルンの新聞「The Age」が 2008 年 7 月 25 日から 28 日かけてビクトリア州それにオーストラリアの留学生問題について大きく取り上げた。この分野の専門家であるメルボルン大学の Simon Marginson 教授や政府関係者の談話も含まれ論議を呼んだ。
2　詳細については、隈本・ヒーリー順子(2009)を参照されたし。
3　IPOU の現状と課題については、隈本・ヒーリー順子、長池一美(2006)と隈本・ヒーリー順子、長池一美(2008)を参照されたし。

参考文献

隈本・ヒーリー順子・長池一美(2006)「大分大学大学短期交流プログラムの現状と今後の展望―大学教育の国際化推進に向けて」『大分大学留学生センター紀要』(3): pp. 13–22. 大分大学.

隈本・ヒーリー順子・長池一美(2008)「大学の国際化から視た短期留学プログラム―よりよいカリキュラム構築に向けて」『アジア太平洋地域における日本研究』: pp. 213–221 香港：香港日本語教育研究会.

隈本・ヒーリー順子(2009 年)「異文化理解からみた短期留学生と日本の大学での交流」『第 21 回日本語教育連絡会議論文集』Vol.21: pp. 17–25. カーロリ・ガーシュパール大学論文集 Vol.21 編集局.

Lassegard, James P. (2005) "The Role of Peer –Paring in International Student Support: An Examination of Tutoring Activities at Universities in Japan"『留学生教育』: pp. 47–60. Japan: Japan Association for International Students' Education.

日本学生支援機構　〈http://www.jasso.go.jp/statistics/intl_student/data08.html〉

高濱愛・田中共子(2007)「短期留学生と日本人学生と対象とした混合クラスにおける

異文化間ソーシャルスキル学習とセッションの実践」『留学生教育』(12)：pp. 67–76. 留学生教育学会.
田中共子 (1990)「異文化におけるコミュニケーション能力と適応―ソーシャル・スキル研究の動向」『広島大学留学生日本語教育』(3)：pp. 19–31. 広島大学.
田中共子・高井次郎・南博文・藤原武弘 (1990)「在日外国人留学生の適応に関する研究 (3)―新渡日留学生の半年間に於けるソーシャル・ネットワーク形成と適応」『広島大学留学生センター紀要』(1)：pp. 77–95. 広島大学.
田中共子・松尾馨 (1993)「異文化欲求不満における反応類型と事例分析―異文化間インターメディエーターの役割への示唆」『広島大学留学生センター紀要』(4)：pp. 81–100.
The Age (Melbourne), 25-28 July and 22 December 2008; (Australia: 2008).
横田雅弘 (2006)『日米豪の留学戦略の実態分析と中国の動向―来るべき日本の留学交流戦略の構築―』文部科学省科学研究費補助金（基盤研究B）平成 15 年・16 年・17 年度調査　最終報告書』：一橋大学.

香港滞在中の日本人留学生及び
日本留学歴を持つ香港人大学生の
コミュニケーションにおける問題点

香港中文大学日本研究学科
何　志明

1. はじめに

　香港の日本語学習者は年々増え続けている。その背景として、日本に留学したい、日本の企業に就職したい、日本と取引のある企業に就職したいなどのいわば実用的な動機のほかに、香港社会における日本の漫画、ゲームなどの流行文化の浸透も見逃せない。趣味や教養の1つとしての日本語学習の地位は確固たるものとなったと言っても過言ではない。2006年に香港の日本語学習者数は32,959人（初等・中等・高等教育機関、いわゆる学校教育の学習者は8,585人、学校教育以外の学習者は24,374人）に上っている（国際交流基金2008）。学習者総数としては世界第8位、学校教育以外の学習者数は世界第3位[1]である。さらに、香港地域における日本語学習者数は2007年現在、推定30,000人を超えており、2009年から香港の高校のカリキュラムに日本語が外国語の1科目として採用され、2012年から大学入試の外国語試験の選択科目になる予定である。以上のことから、香港において日本語学習熱はますます高まっていることがわかる。また、香港に駐在事務所を設置している日系企業は約2,000あると言われ[2]、2006年現在、香港在住の日本人は約27,000人に上る[3]。このように、日本と香港は非常に密接な関係にある。香港の日本語学習者の中には、香港で日本語を学ぶにとどまらず自ら現地の文化を体験したり語学の勉強をしたりすることを希望し、日本に留学することを選択した人も少なくない[4]。

　専門分野を問わず、外国で生活している留学生にとって現地の人々と日常的に接触し、現地の言葉でコミュニケーションをすることは避けて通れないことである。小宮他（1998: 130）は、「各国の文化の差異は、それぞれの国に

生きる人々のコミュニケーションの仕方や会話の仕方の差異としても現れる。そのため、ある国の国民を1つの集団として見るとき、その内部におけるコミュニケーション行動や会話の形式には、集団としての共通した特徴が数多く見出されることになる。」と指摘している。異文化間のコミュニケーションの場合、同じ内容でも言語が違うと表現の仕方も言葉のニュアンスも異なる。相手の考えを知るために会話をするのだが、言い方によっては互いの誤解を招くことにもなりうる。その言語の背後にある文化が理解できないと、誤解が生じる可能性が高くなる。実際、このように異文化コミュニケーションにおける問題を感じる人は少なくない。筆者が勤務する香港中文大学で日本研究を専攻している学部生は、2年次に1年間日本への交換留学が義務付けられている。留学する時に基本的な日常生活に困らないよう、1年次終了時点で全ての初級文型を習得し、3級レベルの日本語力に達していることが期待される。日本留学中に、彼らはさらに日本語に接触する機会が増え、日本語力は香港にいる時より上達しているはずだが、彼らの経験を聞くと、必ずしも日本人とスムーズにコミュニケーションを取っているとは言えないようである。一方、毎年中文大学と交換留学協定を結んでいる日本の各大学から約20名の日本人留学生が来港し、香港中文大学で北京語や広東語を学んでいる。彼らは果たして香港の人々とうまくコミュニケーションを取っているのだろうか。本稿では、日本留学を終えて香港に帰ってきた香港中文大学日本研究主専攻学生と香港中文大学留学中の日本人学生を対象に、異文化コミュニケーションに関する問題について調査・考察する。

2. 先行研究

　日本語のコミュニケーションに対する外国人留学生による認識・感想についての先行研究には次のようなものがある。笹川(1996)は、在日留学生が感じている日本語の「曖昧性」について中国、台湾、韓国、タイ、フィリピンなど16カ国及び地域の留学生89名を対象に調査を行い、留学生が「本音と建前が違うことがある」、「自分の考えをはっきり言わない」という2項目において困った経験があると指摘している。小宮他(2001)は中国、韓国、台湾3カ国の留学生が日本人との会話に対してどのような印象を持っている

かを調査した。それによると、中国人が最も違和感を抱いているのは日本人が「自分の考えをはっきり言わない」こと、次に「心を開いて、本当の気持ちを伝えようとしない」ことである。このように、外国人留学生は、自分と日本人の言語、文化の差により、日本人の話し方に対して「ネガティブな印象[5]」(小宮他, 1998, 2001; 小宮, 2001) を感じる例が少なくない。話題については、国や地域によって持ち出し方や内容が異なる。小宮他 (2001: 64) は話題の違いについて、日本人は個人的なこと、私的なことについては話さず、恋、性、洋服については中国人、韓国人、台湾人よりもよく話をすると感じている留学生がいると指摘している。ある社会のある特定の場面において、どのような言い方をすれば最も適切なのか、その社会の相手にとって自然な言い方になるか (または失礼な言い方にならないか) ということは重要な問題である。山崎 (2006: 33) は「自分が属している社会における、言葉を使うときの習慣」というものが存在することは確かであると述べている。実際、ある特定の場面において、どのような言い方をしたら最も適切なのかは、その言語が使用されている社会の習慣によって決まる (山崎 (2006: 44))。異言語間における語用論的転移[6]によって異文化コミュニケーションの問題が発生することもある。しかし、今までの先行研究では、外国人が日本人のコミュニケーション・ストラテジーを理解する際、具体的にどのような問題を抱えているかについてはまだ明らかにされていないところがある。また、日本人にとって理解しにくい、あるいは誤解を招きやすい外国人の言語行動について、起こりやすい場面や出来事はどのようなものか、なぜそのような問題が起こりやすいのかについて、さらなる検証が必要である。

3. 本研究の目的

　本研究は日本に留学した経験を持つ香港人日本語学習者 (以下、香港人留学生) 及び香港に留学している日本人 (以下、日本人留学生) が互いの留学先で地元の人々とコミュニケーションを取る際、どのような問題を抱えているかを調査したものである。先行研究では、日本語学習者にとって日本語の曖昧表現が話し相手である日本人の発話を理解するのに妨げになると指摘されている。さらに、日本に留学している外国人は日本人の話し方について違和

感や不快感などのネガティブな印象を持つということが明らかになっている。日本語の曖昧(あいまい)表現や話し方が日本人と外国人留学生とのコミュニケーションに影響を与えているのはもちろんのこと、逆に外国人留学生自身の母語から影響を受けた言語の使用習慣及び発想により、不自然な発話になってしまうこともコミュニケーションに支障をきたす原因であると考えられる。母語の使用習慣及び発想から発生したコミュニケーションの問題は、日本在住の外国人留学生だけが経験するというわけではない。海外の日本人留学生と地元の人々との間にも、さまざまな言語上の誤解というかたちで露呈することがある。このような点について、香港出身者を含む中国人のコミュニケーション問題はしばしば研究対象として取り上げられているが、逆に香港にいる日本人のコミュニケーション問題に関しては先行研究ではあまり言及されなかった。そこで、本研究は香港人留学生と日本人留学生のコミュニケーション問題を解明することを目的とし、以下の2点について検討する。

a 香港人留学生が日本留学中に経験した日本語母語話者とのコミュニケーションにおける問題
b 日本人留学生が香港留学中に経験した広東語母語話者とのコミュニケーションにおける問題

4. 本研究の概要

本研究は2段階に分けて実施した。第1段階の実施時期は2007年4月11日～5月10日、第2段階の実施時期は2007年11月1日～2008年4月3日である。

4.1. 研究対象者
本研究の対象者は、以下のとおりである。
第1段階[7]：
① 香港人留学生：25名
  (全員香港中文大学日本研究主専攻3年生である。2年次に平均約10か月の日本留学歴あり)

② 日本人留学生：10 名

(8 名：香港中文大学に約 8 か月の留学中、1 名：同大学の学部生で 3 年間留学予定、1 名：同大学で 2 年間の北京語語学研修中)

第 2 段階[8]：

① 香港人留学生：19 名

(香港中文大学日本研究主専攻 3 年生：17 名、同学部の卒業生現在同学部の助手として勤務：2 名、全員平均約 10 か月の日本留学歴あり)

② 日本人留学生：8 名

(全員香港中文大学に約 8 か月の留学中)

4.2. 研究方法

本研究ではインタビュー方式で香港人留学生と日本人留学生が感じているコミュニケーション問題を調査した。インタビューは筆者の研究室で行われた。本研究に協力してくれた対象者はインタビューの前に、本研究の目的やインタビューの方法について筆者の説明を受けた後、研究協力書に署名した。インタビュー内容は後日整理・文字化作業をするため、すべて IC レコーダーで録音した。プライバシー保護のため、対象者の個人情報・(氏名、性別、香港人留学生の日本留学先、日本人留学生における日本の在籍中の大学)は伏せた。インタビュー時間は 1 回につき約 75 分〜90 分。対象者の都合に合わせるため、単独インタビューもグループインタビューも実施した。グループインタビューの場合、それぞれの対象者が発言する時間をきちんと確保するため、1 回につき人数を 2 名〜3 名までと限定した。インタビューは以下のようなスケジュールで実施された。

第 1 段階：

2007 年 4 月 11 日〜2007 年 5 月 10 日(香港人：計 11 回)

2007 年 4 月 11 日〜2007 年 5 月 4 日(日本人：計 6 回)

第 2 段階：

2007 年 11 月 1 日〜2008 年 4 月 3 日(香港人：計 10 回)

2007 年 11 月 15 日〜2007 年 11 月 23 日(日本人：計 5 回)

4.3. インタビューの内容

　本インタビューでは香港人留学生と日本人留学生がそれぞれ留学中に地元の人々と付き合い、コミュニケーションをする時、どのような問題が発生するかということを中心に質問をした。具体的には次のような項目について調査した。

【香港人留学生の場合】
日本で日本人と付き合ったり、コミュニケーションしたりする際、
どのような問題があったか。
【日本人留学生の場合】
香港で香港人と付き合ったり、コミュニケーションしたりする際、
どのような問題があったか。

5.　調査結果

5.1.　香港人留学生のインタビュー結果

5.1.1.　丁寧な表現及び敬語の使用問題

　調査対象者がまず経験した問題は、日本人の日常生活の中では欠かせない敬語または待遇表現の使用である。留学中、大学の先生や職員をはじめ、サークル（部活）の先輩やアルバイト先の客、上司、先輩従業員やホームステイ関係者などに対して丁寧な表現や敬語を使用しなければならない。対象者から以下のような事例が紹介された。

　　事例1：サークルの部員に先輩部員やサークルの幹部に対して「です」・「ます」形を使わなければならないと指摘された。
　　事例2：ホームステイ先の方に、目上の方に対して「です」・「ます」形を使わなければならないと指摘された。
　　事例3：北京語を勉強している日本人女子大生と知り合って半年以上経っても、相手が「です」・「ます」形でしか話してくれなかった。本当の友達なら、丁寧な表現を用いなくてもよいのではないか。
　　事例4：コンピュータの販売店でアルバイトをした経験で、最初のころ敬

語を使わなかったので、客に怒られたことがある。
事例5：ファーストフードのチェーン店のアルバイト店員としての経験で、後で来た客に列の最後尾に並んでもらうように案内したが、「お並びいただけますか。」のような敬語を使わなかったので、その客にひどく怒られた。
事例6：カスタマーサービスセンターに問い合わせをした際、相手のオペレーターから敬語を交えながら非常に丁寧な言い方で説明を受けたが、相手の説明内容を理解するにはかなり時間と手間が必要なので、面倒な感じがした。
事例7：宅配便が配達された際あいにく留守にしていたので、帰宅後、不在連絡票の指示にしたがって宅配便会社に電話した。その際、担当者が敬語を多く交えながら対応したので、話の内容が分からなかった。

　以上の事例から見ると、一部の香港人日本語上級学習者は丁寧な表現や敬語の使用に慣れているとは言えない。彼らは「です・ます」形と敬語の使い方を頭では理解しているが、実際にはうまく産出することができない。また、自分の母語や香港文化の影響で日本語の丁寧な表現、敬語の使用についてやや抵抗が見られる。確かに、丁寧な表現や敬語の使用が相手に敬意を表し、人間関係を円滑に維持する働きを持っていることを否定する調査対象者は1人もいない。しかし、敬語の重要性に対する意識が薄い若者世代にとって、母語の広東語ですら敬語をあまり使っていない状況の中、日本人と同じように敬語を使用するのは簡単なことではない。先行研究では「日本人の話し方に対して特に高い好感度を持つ中国人留学生がいる（小宮他（2001：54））」と指摘されている。また、「中国人留学生の特徴を見てみると、日本人の話し方にみられる『礼儀』と『敬語』が韓国人及び台湾人留学生より際立って多いことがわかった（小宮他（2001：55））」と述べられている。小宮他（2001）は、中国人留学生にとって上記の「礼儀」と「敬語」の2点はポジティブな印象の特徴だといえると指摘しているが、香港人留学生について言えば、日本人がよく使う敬語に対して必ずしも好感を持っているとは限らない。香港人対象者から敬語の使用について否定的なコメントは出ていない

が、彼らにとって日本語の敬語は、コミュニケーションの潤滑剤または好印象を与える要素であるというより、相手の日本語を理解するのにマイナスの影響をもたらす障害にすら感じられるのである。敬語が使われれば使われるほど、コミュニケーションがますます難しくなり、問題解決から遠ざかっていくという。香港人は、敬意を表されることより、どのように問題を解決するかが重要だと考える。これは彼らが日本語で話す時に観察される現象だけではなく、母語の広東語でコミュニケーションを取る時にもよく見られる。国際金融貿易センターと言われる香港では、「時間就是金錢」(時は金なり)という発想が一般的で、いかに問題を迅速に解決できるかが勝敗の鍵を握ると言われている。このような社会の風潮が人々の言語行動にも影響を及ぼすと考えられる。能率を上げるために、発話意図を伝えるのにあまり大きな支障がなく、無駄だと思われる部分(例えば、相手に敬意を示す敬語)を減らし、より直接的に発話の意図を的確に伝達することが肝心である。広東語にも、日本語の敬語と比べると体系はそれほど複雑ではないが敬意を示す表現は存在する。しかし、日常生活では目上の人に対して絶対に敬意を表す言葉で対応しなければならないと意識している若者は多くないことが敬語使用意識の低下につながる原因の1つとして考えられる。目上の立場から見ても、目下の者がかしこまって敬語を使わなくても失礼な言い方でなければそれほど気にしないと言える。普段あまり敬語を使わなくても大きな問題にならない広東語での生活から一転、日本語では相手に合わせて正しい敬語を用いなければならず、うまく対応するのが難しいことはある程度理解できるだろう。母語である広東語の影響を受ける香港人は、日本語を聞いたり話したりする場合でもやむを得ず母語のストラテジーを無意識に取り入れてしまうと考えられる。このように、同じ国でも地域が異なると、言語使用の習慣が異なることがある。前述したように小宮他(2001)は、中国人留学生は日本人の敬語に対してポジティブな印象を持っていると報告しているが、本調査において香港出身の対象者からは異なる結果が得られた。

5.1.2. 曖昧な言い方

小宮他(2001)は、「はっきり言わず、相手が分かるのを待つ」や「あいさつで、本当ではないことを言う」などは中国人留学生にとってネガティブな

印象をもたらす日本的コミュニケーション・スタイルの上位に入っているものであるとしている。この点について、香港人対象者も似たような意見を述べている。彼らは日本人が一般的にはストレートに「いいえ」のような否定的な意見を言わないので、本当に自分の意見に賛成してくれるかどうか判断しづらい。敬語や待遇表現を交えた会話内容は彼らにとって長く聞こえ、理解しにくくなるため、いつも正確に相手の話を理解することができない。自分の日本語力が低いと思い込み、言葉から相手の本音を聞き取れないことで悩んでいる人もいる。以下の事例はインタビューから得た日本人の曖昧な言い方の例である。

事例8：留学先の大学の学園祭で香港人留学生は間違ってみりんをチャーハンにかけてしまった。その甘いチャーハンを食べた日本人は「おいしくない」、「まずい」と言わず、ただ「おいしいのだが、もし甘さを少し控えたらもっとおいしくなるのではないか。」と述べた。しかし、それを食べた香港人留学生は皆「甘すぎて、とてもまずい」と述べ、日本人はおいしくないものを口にしてもあまり厳しく批判しないのかと不思議に思っているという。

事例9：香港人留学生は渡日後、携帯電話を買いたいので、どのような機種がよいかをルームメートの日本人学生に意見を求めたが、「どれもかわいい」という返事しか返ってこなかったので、がっかりした。

5.1.3. 話題の選択

　文化によって会話に持ち込んでもよいトピックと持ち込まないほうがよいトピックが異なる。広東語では友人同士なら気軽に触れてもいい話題は、必ずしも日本人にとってふさわしい話題とはかぎらない。香港人留学生はそれに気づかずに、相手の日本人に対してこれらの話題を口にしてしまい、急に会話が途切れたことがあるという事例が報告された。小宮他（2001）は話題の違いについて、日本人は個人的なこと、私的なことについては話さず、恋、性、洋服について中国人、韓国人、台湾人よりもよく話をすると感じている留学生がいると指摘している（小宮他（2001: 64））。本研究では、先行研

究と同様、日本人は個人のプライバシーについて触れない傾向が見られるという結果は出ているが、日本人が恋について口にするのを好むという点については若干異なる結果が見られる。また、話題にするのを避けるとしてほかのトピックも報告された。まず、金銭にまつわる話について遠慮なく触れる香港人が少なくないと思われるが、それは日本人にとって口に出すことを避ける話題の1つである。本調査において香港人対象者から次のような経験が報告されている。

> 事例10：日本人の友達に北海道旅行の感想について聞かれたら、「楽しかったが、高かった。」と返事したところ、相手はしばらく無言だった。

上記の例から、香港人の考えでは金銭に絡む話題は特に避ける必要はないかもしれないが、積極的に話題にしたくないという慎重な姿勢を崩さない日本人がいる。また、政治的な話題についてもあまり口にしないようにする日本人も少なくない。

> 事例11：歴史教科書の問題についてアンケート調査を日本人学生に依頼したが、「政治のことはあまり話題にしたくない。関心がない。」といわれた。政治のことについて意見を求められて喜んで答えてくれる日本人は少ないのではないか。

次に、家族や恋人の話である。本研究の香港人対象者から次のような経験談があった。

> 事例12：香港人留学生はある日本人の友人に兄弟がいるか聞かれた。香港人留学生の両親は離婚し、互いに再婚し、子供ができたので、義理の弟がいるという。香港人留学生はそれを日本人の友人に告げた時、日本人の友人はすぐ申し訳なさそうな顔で、義理の弟のことなら言わなくてもよいという言葉を返した。家庭事情のやや複雑な香港人留学生のことを不用意に聞いてしまった日本人の友人

はもしかしたら聞いてはいけないことを聞いてしまったと思い、少し後悔したのではないかと香港人留学生は考えたという。

事例13：香港人留学生は日本人に恋人がいるかさりげなく聞いた。日本人は突然顔色が変わり、首を振って、黙り込んだとのことである。日本人の反応を見て少しびっくりした香港人留学生は、もし自分が同じことを聞かれたら、隠さず相手に言うとコメントした。

　家族や恋人のようなプライバシーに関わることについて、香港人と日本人それぞれの考え方がある程度異なるので、相手のことを尊重する前提で会話を進めることが重要である。さらに、他人の容姿、体型など外見上のことについても、香港人と日本人の間に発想の違いが認められる。調査対象によると、香港では比較的許容されるが、日本ではあまり話題にしないほうがよい。

事例14：他人の体型（太っていることなど）を平気でコメントすることについて日本人の友人にあまり直接的に触れないほうがよいといわれた。

5.1.4. 言葉による誤解

　香港人留学生は渡日当初、日本語の能力不足で日本人とコミュニケーションする時にかなり苦労した経験が多いとのことである。しかし、時間が経っても日本人の話し方、特に遠回しな表現や曖昧な言い方は理解しにくいという報告が多く見られる。

事例15：ある音楽サークルに参加している香港人留学生が同じサークルの日本人に一緒に演奏してもらいたいと誘われた。日本人は香港人留学生にいろいろな歌の好き嫌いやある人気バンドの歌が好きかどうかについて確かめてから、最後に一緒に演奏してくれないかと依頼したとのことである。だが、香港人留学生は家族の用事を理由に日本人の依頼を断った。実は、後にほかのサークルメンバーから聞いた話では、日本人は香港人留学生の協力がなければ

今度の演奏会のパフォーマンスができないので、どうしても香港人留学生に演奏してもらいたかったのだという。日本人の事情を知らなかった香港人留学生は、あっさり断ったことについて後悔した。

以上の例から、依頼に際して直接的に自分の要求を相手に告げず、遠回しな表現を使って相手に理解してもらいたいという、日本人にしてみれば一般的な方法は、言葉の裏を読み取ることが苦手な香港人留学生にとっては真意を汲み取ることが難しいということが言えるだろう。

5.1.5. 謝罪の重要性の認識

日本社会では他人に迷惑をかけた場合はきちんと謝ることは極めて重要である。謝罪の重要さに気づかず、相手の日本人に反省の色がないのではないかという不信感を抱かれてしまうことがある。調査対象者の1人には以下のような経験があるという。

事例16：終電に間に合わなかった友人のために香港人留学生は寮生以外の者は宿泊禁止となっている宿舎にその友人を無理やり宿泊させた。寮の管理人は難色を示し、その晩だけの宿泊を認めてくれたが、その後、自分に不信感を持った様子がうかがえたという。しかし、ほかの知り合いのアドバイスに従って謝罪したところ、管理人は何もなかったかのように以前同様、親切に接してくれたという。

5.1.6. 価値観の違い

価値観の違いにより、外国人留学生と日本人の間に誤解が生じてしまう事例が少なくない。例えば、約束の時間を守ることについて、両者の認識に違いが出る。日本人の場合、約束の時間の少し前に（約10分前など）集合するという暗黙の了解がある。留学生の場合は少し遅くなってもあまり気にしない態度を取るので、相手の日本人に不快感を与えてしまう。調査対象者の1人は以下のような経験があるという。

事例17：北海道旅行ツアー初日の集合時間は朝9時であったが、9時前に日本人の客はすでに全員集合した。調査対象者を含めた留学生たちは9時ちょうどに集まってきたが、日本人客に「時間を守れ！」と怒られた。自分がなぜ怒られなければならないのか理解できず、不快感を覚えた。

5.2. 日本人留学生のインタビュー結果
5.2.1. 香港人の話し方の問題

　挨拶や対人関係をかなり重んじる日本社会と比較すると、日本人留学生から見れば一般的な香港人のコミュニケーション・スタイルは言葉の表面上の飾りがなく、内容をストレートに伝えることが重視されている。例えば、香港のレストランの従業員や店員は日本と比べると、接客サービスやマナーに差が見られる。広東語で話す時、話し方はストレートで前置きや遠回しのストラテジーの使用が日本語より極端に少ないといえる。日本人の基準では失礼になるかもしれないが、香港人の目から見れば必ずしも失礼ではない。最初に香港で生活し始めた日本人留学生はこのようなカルチャー・ショックに慣れていない人が存在する。また、広東語で話す香港人は比較的声が大きく、相手の言葉がうまく聞き取れないと、「はぁ！？」と聞き返すことがある。これはもう1度さっきの言葉を繰り返すことを促しているのだが、もし日本語でこのように言ったら、非常に失礼になるだろう。以下の事例は日本人にとって香港人の言い方や態度が理解しにくいことを示している。

事例18：日本人留学生は香港人のストレートな表現の仕方によって不快感を感じた。ミーティングで日本人留学生が他の出席者の意見を聞いていると、急に「なんであなたはしゃべらないの？」「自分の意見はないの？」というようなことを言われた。このように他人から意見を言うように強く求められたことに関して少しショックを受けた。

5.2.2. 香港人の発想によるコミュニケーション・ギャップ

　日本人留学生は香港で生活しているうちに、香港人のコミュニケーション

の取り方や習慣に接触する機会が増えるが、日本的なやり方と比べると大きな違いがあり、ショックを受けると指摘している。周りの人々との関係を大事にする日本人的な発想と個人的なことを中心に物事を考える香港人的な考え方の間のギャップが大きいため、日本人留学生が香港人とコミュニケーションを取る際、ショックを受ける原因となる。

> 事例19：日本人留学生は、これから日本に留学することを希望している香港人学生に日本語でどのように留学志望動機書を書けばよいか分からないから手伝ってほしいと言われた。日本人留学生は香港人学生の依頼どおり志望動機書の書き方を教えたが、次に会った際、香港人学生に「この間はお世話になりました。ありがとうございました。」のような感謝の言葉を言ってもらえなかっただけでなく、留学結果の合否すら知らせてもらえなかった。まるで何もなかったような顔で「今度一緒に映画を見に行きましょう。」と言われただけという。日本人留学生は日本社会ではこのような失礼なことは起こりえないと述べた。

次に、あいさつに対する考え方についても、日本人と香港人の間に差が生じる事例が報告されている。

> 事例20：日本人留学生はある日、久しぶりに会った香港人学生から連絡をもらった。あいさつすらなしに、いきなり香港人学生に「茶道をやっている人を紹介して。」と言われた。日本人留学生は、日本人同士なら本題に入る前にあいさつや互いの近況報告のような話題で話を切り出すことが多いと指摘し、香港人学生の唐突な話し方に対してショックを受けたと述べた。
>
> 事例21：日本人留学生は、香港人学生に「コーヒーが好き？」と聞かれ、「好き」と返事したが、香港人学生は日本人留学生に「わたしは（コーヒーが）嫌いだ」と言ってしまった。好き嫌いをはっきり言うのは香港人にとって特に問題がないと思われるが、日本人留学生は自分の好きなものが他人に批判されるように聞こえる発言

をされたので、かなり不愉快な気持ちになったと述べている。好き嫌いを明確に伝える香港人の言い方と、明言を避ける日本人的な発想の間には差が見られる。

　上記の例は言葉によるコミュニケーションの事例の一部であるが、それ以外に、日本と香港の日常的な行動に対する認識の違いが原因で、日本人留学生は違和感や不快感を覚えることを指摘している。
　まず、依頼に関する事例をいくつか見てみよう。

事例22：日本人留学生は、同じ寮に住んでいる香港人寮生に忙しいからという理由であれこれスーパーでの買い物を頼まれたが、依頼した本人は映画を見たり、自分の好きなことを平気でしたりしていた。日本人留学生は、日本人同士なら自分の都合で気軽に他人に依頼するのではなく、どうしても自分の力で解決できない時でないと安易に依頼しない。香港人寮生のような依頼の仕方は相手に失礼だと指摘している。
事例23：日本人留学生は、「日本の大学の入学申請書に志望理由を書かなければならない」と書き方について香港人学生に相談されたが、志望理由書を白紙のまま持ってきて、「一緒に書き方を考えよう」と言われた。日本人留学生は自分の事にもかかわらずまったく努力をせず、ひたすら他人の協力を期待し、楽に成果だけを上げようとする香港人学生の態度について怒りを覚えている。
事例24：日本人留学生のルームメートの香港人は、昔日本で知り合った友人が香港へ遊びに来た時、日本人留学生に相談なしに寮の2人部屋に3泊させようとした。それを知った日本人留学生はすぐ香港人ルームメートに文句を言ったが、香港人ルームメートはすでに友人のため補助ベッドの手配を済ませたという。香港人ルームメートは本来定員2人の部屋に補助ベッドを置き、友人が滞在中4人で部屋を利用するという計画を立てていた。それを聞いた日本人留学生は怒りを抑えきれず、香港人ルームメートとけんかしてしまい、長い間互いに口を聞かない日々が続いた。

次に、相手が香港人同士なら特に問題なく普通に聞こえるかもしれないが、日本人なら戸惑ってしまったり、場合によって傷ついたりしてしまう事例を紹介する。

> 事例25：日本人留学生は香港人の友人らにパーティーに誘われた際、「今日は用事があるから行けない」と相手に言葉を濁したが、香港人に「何で？行こうよ／それ、後でやればいいんじゃない」と強引に勧められたり、「何で（行かないの）？」と明確な理由を求められることが多い。
>
> 事例26：2回しか会っていない香港人の学生に「あなたの北京語の発音はひどいから、地元（香港）の学生と同じクラスだったら笑われる」と言われて、大変ショックを受けた。
>
> 事例27：日本語を勉強したい香港人の友達と1度食事した後、その人に次から次へと連日会ってほしいと要求された。しかも、アポを取るメールの内容はその香港人の一方的な意見が綴られているという。相手のこちらの都合を無視した執拗な要求に対して不快感を覚える。

6. 日本人と香港人のコミュニケーションの違い

　以上、異文化間コミュニケーションの観点から、香港人の日本留学経験と日本人の香港留学経験についてのインタビューの分析を通して、日本人と香港人のコミュニケーションの特徴の違いについて考察した。その結果、香港と日本の留学生双方とも大きなコミュニケーションによるカルチャー・ショックを経験していることがわかった。カルチャー・ショックの原因は、言葉の表現や言語行動の違いである。

　本研究から、香港人留学生が見た日本人のコミュニケーションの特徴と問題について次のような点が明らかになった。

> ①　香港人留学生は敬語の使用が苦手、または使用の必要性を強く感じておらず、敬語や待遇表現を交えた日本人の会話は理解しにくい。

② 日本人は、お金・家族・恋人などのプライバシーにかかわる話題には触れたがらないので、香港人留学生がこれらを話題にする際には十分な配慮が必要である。
③ 日本人は依頼に際して遠回しな表現を用いるので、香港人留学生にはその真意を汲み取ることが難しい。
④ 「他人に迷惑をかけないように、自分の行動には常に注意する」という意識を、香港人留学生は一般的に日本人ほど持っていない。
⑤ 時間厳守などのような価値観による香港と日本社会の常識のずれ

次に、日本人留学生が見た香港人のコミュニケーションの特徴及び問題点として次のような点が挙げられる。

① 香港人のコミュニケーション・スタイルはストレートである。
② 一部の香港人は、お礼やあいさつの言葉を欠き、依頼の仕方も強引であるため、不快感を覚える。
③ 他人に遠慮せず批判することは日本人にとって失礼な行為になり、相手に不快感を与える可能性が高い。
④ 相手の都合や気持ちより自分の都合や要求を優先する行為は日本人から見れば自分勝手なことであり、他人に迷惑をかける原因になる。

さらに、次の2点について、本研究の調査では先行研究と異なる結果が得られた。

① 小宮他(2001)は、中国人留学生が日本人の話し方の「礼儀」と「敬語」に対してポジティブな印象を持つと指摘しているが、本研究から香港人留学生は日本人がよく使う敬語に必ずしも好感を持っているとは限らないことがわかった。むしろ、場合によって敬語は相手の発話内容を理解する妨げになるという意見が得られた。
② 小宮他(2001)は、日本人は恋、性、洋服について外国人留学生よりもよく話題にとりあげると指摘しているが、本研究では、金銭、恋は日本人が好まない話題であるという結果が見られた。

香港人留学生の場合、日本語の敬語や待遇表現や授受表現については知っているものの、実際にどのように使えばよいか把握しているとはいえない。誘いや依頼に対する断りや物事に対して意見を示す場合、はっきりと自分の考えを伝えない日本人が多いので、広東語でストレートに自分の考えを伝えるのに慣れている香港人留学生は相手の日本人の考えや受け止め方が理解しにくい。また、広東語では友人同士なら気軽に触れてもいい話題（例えば、お金のことや家族・恋人のことなど）日本人にとっては必ずしもふさわしい話題とはかぎらない。香港人留学生はそれに気づかずに相手の日本人に対してこれらの話題を出してしまい、急に会話が途切れる場合がある。相手に迷惑をかけた場合、すぐ謝るのは日本社会の常識として考えられているが、香港人留学生は日本語力の問題やメンツなどの理由でその場できちんと謝罪をしなかった事例が見られる。相手のための気配りや思いやり、迷惑をかけたらすぐ謝罪することは日本社会において人間関係を維持するのに欠かせない要素であることを香港人留学生は再認識しなければならない。

　一方、周囲の人々との関係を大切にし、他人に対して気配りを心がける文化を共有する日本人留学生は、どちらかというと他人の気持ちより個人の利益のほうを優先する傾向が強い香港人的な発想、意見をストレートに述べ、依頼などの場合にはあまり前置きを入れずにいきなり自分の要求を相手にぶつける香港人の言い方に困惑していることが分かった。さらに、一部の香港人による、他人のことを平気で批判したり相手の都合や気持ちより自分の都合や要求を優先したりする行為は、日本人との人間関係に悪影響を与えかねないので、注意しなければならない。

7.　まとめ

　本研究の結果から、異文化間コミュニケーションに関わる問題は単に外国語能力だけの問題ではなく、母語の影響が大きな働きかけを持っていることがわかった。香港人でも日本人でも外国語でコミュニケーションを取る際、どうしても自分の母語を使用する時の習慣及び発想をある程度維持しながら発話したり相手の発話を理解したりする。今後、香港と日本という２つの地域の留学生の言語使用の実態及び経験を調査した結果に基づき、互いの言語

表現の特徴及びコミュニケーション上の問題を明らかにした上で、相互理解を向上させるための指導を目指していきたい。

付記

本研究は下記の助成金で実施されたものである。
助成金：Direct Grant for Research（2006-07）
研究課題：Investigation of the Differences in Communication Strategies between Japanese and Hong Kong People by Studying Chinese University of Hong Kong Students（課題番号：2010291）

謝辞

　本研究は香港中文大学の日本研究を主専攻とする学生及び同大学と交流協定を締結している日本の各大学の学生の皆様のご協力を得て行われました。プライバシー保護のため、各協力者のお名前は出せませんが、インタビューにご協力くださった皆様に心より深く感謝を申し上げます。

注

1　国際交流基金（2008）によると、2006 年に日本語学習者上位 10 カ国・地域の順位は韓国、中国、オーストラリア、インドネシア、台湾、アメリカ、タイ、香港、ベトナム、ニュージーランドとなっている。また、2006 年の学校教育以外の日本語学習者の上位 3 カ国・地域の順位は昇順で中国、韓国、香港となっている。すなわち、香港は学校教育機関以外（例えば、成人教育）の日本語学習者数が世界一多い地域ということになる。

2　「日本駐港總領事佐藤重和：香港優勢令人羨　日潮熱浪勝韓風」2007 年 7 月 25 日付『香港文匯報』（2007 年 9 月 5 日閲覧）〈http://www.wenweipo.com/news_print.phtml?news_id=AZ0707250001〉

3　注 2 と同じ。

4　2006 年香港出身の留学生は 250 名、就学生が 88 名、研修者が 16 名で、2007 年香港出身の留学生は 253 名、就学生が 128 名、研修者が 35 名いた。（法務省入国管理局（2006, 2007）『平成 18、19 年における外国人入国者数及び日本人出国者数について（確定版）』）

5　「ネガティブな印象」というのは、違和感、不快感、嫌悪感等の何らかのネガティブな感覚、感情を基調とする印象である。（小宮, 2001: 36）

6　言語 a を話す社会 A の構成員 α が、言語 b を話す社会 B の習慣を知らずに、社会 A の習慣に則って言語 b を使用し、社会 B の構成員 β とコミュニケーションをし

ようとした場合である（山崎（2006: 44））。
7　研究対象者のプロフィールは 2007 年 5 月現在のものである。
8　研究対象者のプロフィールは 2007 年 11 月現在のものである。

参考文献

法務省入国管理局(2006)『平成 18 年における外国人入国者数及び日本人出国者数について(確定版)』〈http://www.moj.go.jp/PRESS/070518-1.pdf〉(2008 年 11 月 27 日閲覧)

法務省入国管理局(2007)『平成 19 年における外国人入国者数及び日本人出国者数について(確定版)』〈http://www.moj.go.jp/PRESS/080331-1.pdf〉(2008 年 11 月 27 日閲覧)

国際交流基金(2008)『海外の日本語教育の現状―日本語教育機関調査・2006 年―概要』．

小宮修太郎(2001)「日本人の話し方に対して韓国人留学生が持つネガティブな印象についての調査研究」『留学生教育』(6): pp. 35–55. 留学生教育学会.

小宮修太郎・長能宏子・平形裕紀子(1998)「日本人の会話とその教育に関する留学生の意識調査―中国人、韓国人、台湾人の回答結果を中心に」『筑波大学留学生センター日本語教育論集』(13): pp. 129–162. 筑波大学留学生センター.

小宮修太郎・平形裕紀子・長能宏子(2001)「日本人の話し方について留学生が持つ印象とその要因―中国人、韓国人、台湾人留学生の比較」『筑波大学留学生センター日本語教育論集』(16): pp. 47–82. 筑波大学留学生センター.

笹川洋子(1996)「異文化の視点からみた日本語の曖昧(あいまい)性―在日外国人留学生調査より―」『日本語教育』(89): pp. 52–63. 日本語教育学会.

山崎直樹(2006)「異文化間語用論と外国語教育」細谷昌志編『異文化コミュニケーションを学ぶ人のために』: pp. 33–51. 世界思想社.

日本人学部大学生のオーストラリア留学での勉学について―大学間交流協定の交換留学生の場合

佐賀大学留学生センター
浅岡　高子

1. 調査の背景と目的

　世界の様々な面でのグローバル化の進展に伴い、教育の分野でも国際化が顕著になってきた。平成15年の中教審の答申には、教育を通して「国際的に活躍できる人材の養成」が急務であり、そのためには、日本人学生の海外派遣留学を促進することが重要であると述べられている。さらに、平成19年発表の日本国政府による骨太計画でも、大学の国際化の観点から、日本人大学生の短期海外派遣留学生数の増大が提案されている。このような政府の後押しもあり、海外へ留学する大学生の数は、今後さらに増大するであろう。海外留学は、数週間の語学研修から、海外の教育機関で学位取得を目指す長期留学等、様々な形態がある。本調査では、大学間交流協定で日本の大学からオーストラリアの大学に10ヶ月から1年間留学をした学部生を対象にした。海外留学には、それぞれの留学形態に沿った目的があるはずである。大学間交流協定での海外留学の留学目的の1つは、海外の大学で勉強して単位を取得して来ることである。本調査のデータを見ると被験者達は、留学期間中様々な体験をしたが、その中でも勉学の体験は、被験者全員にとってインパクトの大きい体験であった。被験者の1人は、「勉強をしっかりしたというのが留学で得た一番のことだ」といみじくも語っていた。他の被験者達も、「日本にいた時よりもっと勉強した」、「留学期間中、いつも勉強していた」、「これでもかというくらい必死で勉強した」、「今までにないくらい一生懸命勉強した」等と言っている。従来、留学生の研究は、異文化適応(早矢仕1996、水野・石隈2001、Ayano 2006、Hashimoto 2003、Person-Evans 2006、Toyokawa and Toyokawa 2002)やアイデンティティの変容(Dolby 2007)、留

学の成果（黄・二宮 1997, 鄭ほか 2000, 兒島 2003, 吉田ほか 2003）満足度（井上 1996, Zhang and Brunton 2007）等の観点からなされることが多いが、本調査は留学生と勉学と言う点に焦点を当て、オーストラリアの大学での勉学が、日本人学部生にとってどのような物であり、勉学を通して彼らがどのように考え、学び成長していったかの一端を明らかにしようとした。具体的には、次の3点である。

(1) オーストラリアの大学での勉学について思ったこと
(2) 勉学を通して得たこと
(3) 勉強をより効果的に行うために取ったストラテジー

今後、交換協定で海外留学をする大学生が、より実り多い留学経験ができるよう、また、大学の教員が学生の留学指導をするときに、本調査結果が有用な情報となれば幸いである。また、本研究の調査結果は他の英語圏への留学にも参考になるであろうと考える。

2. 被験者・データ収集方法

　被験者は、オーストラリアのメルボルン、シドニー、ニューカッスル、ブリスベン地域の大学に日本の所属大学との大学間交流協定に基づき、平成18年2月頃から10ヶ月から1年間留学した学部生20名である。男子学生4名、女子学生16名で、留学中の学年は、4年生5名、3年生13名、2年生2名であった。理系の学生はおらず、経済、教育、人文科学系の学生であった。調査方法としては、オーストラリアで1学期が開始した平成18年3月と2学期終了直前の平成18年11月の2回、被験者全員に個別に半構造的面接を行った。また、被験者には、留学中4月から10月まで、毎月1回月間レポートを作成しメールで送付してもらった。月間レポートは毎月同じフォーマットで、勉学、友好関係、住居、日本や世界に対する考え方等について10項目の質問をした。答えは自由記述方式で書いてもらった。毎月のレポートの長さは、被験者により、また同じ被験者でも月により異なるが、平均A4用紙に2〜3枚程度であった。被験者から集められたデータは、グ

ラウンデッド・セオリーを応用し分析した。

3. 調査結果

3.1. 被験者がオーストラリアでの勉学について思ったこと

被験者達は、オーストラリアの大学でのカリキュラム、授業の構成や進め方、課題、評価方法等について、日本とは異なった点や感じたことを報告している。ここではそれらを紹介しよう。

3.1.1. 講義・チュートリアルの授業

オーストラリアの大学では1学期に取る科目は最大4科目で、1科目は通常1時間の講義と2時間のチュートリアルから成る。講義は、レクチャラーと呼ばれる教師がその科目を取っている学生全員に講義をし、学生はそれを聞くという形式である。学生は講義中、質問があれば質問をする。チュートリアルは、講義が行われた後にあり、チューターと呼ばれる教師と通常20人程度の学生で行われる。チューターは、その分野で研究をしている大学院生が多い。チュートリアルでは講義で勉強したことを全員で、または少人数のグループでディスカッションしたり発表をしたりしてさらに知識や考えを深める。被験者のH⑽（被験者20人にはH⑴〜H⒇の番号をふった）によるとチュートリアルの授業は一方通行ではなく、まるで教師と学生が質問試合をしてお互いが教え合っているような感じ。学生は質問があれば教師の話を遮ってでも質問をする（H⑻）。学生全員が授業に参加している感じ（H⒂）。自分の意見を述べたりグループの意見を発表したりすることによって、いかにチュートリアルに積極的に参加したかが評価の対象になっている（H⒆）。被験者達は、講義・チュートリアル形式の授業は、日本人学生にとって大変だったがやりがいがあったと言っている。

3.1.2. 授業の内容や評価基準がはっきり提示されている

ユニットアウトラインには、毎週の講義やチュートリアルの授業内容が詳細に、しかも分かりやすく示されているので、被験者達は授業に何が要求されているのかが分かり、何をどのように準備すれば良いのかが分かった。こ

のため、まじめに勉強しようという気持ちになった(H(7))し、やる気が起こった(H(17))。図書館に行って、ユニットアウトラインにある資料を読んで行かないと授業が理解できない。ユニットアウトラインには、評価基準も示されていて、評価対象となる課題、試験、チュートリアル参加度等がパーセントで表示されている。H(8)は、授業に出ているだけでは単位はとれないと感じた。

3.1.3. 課題・試験

　各科目では、課題として2,000〜5,000語の長さのエッセーと呼ばれるレポートを提出する。科目により異なるが、通常学期半ばと学期末に1つずつ、計2つ提出する。エッセーの課題はあらかじめ提示されており、H(5)は早くから考えて準備をしなければならず、一夜漬けは効かないと思った。エッセーでは、議論の構築の仕方と独創性に高い評価が与えられている(H(11))。新たなことを学ぶだけではなく、それらをきちんと理解した上で応用し、独創性を出すことが大切である(H(20))。いろいろな角度から対象となる物をクリティカルに検討し、論理的に議論を展開させることが重要である(H(17))。エッセーの中で、引用をする時は必ず出典を明確にすること。それをしないと、盗用として厳しく処せられる。提出期日を守ることも厳しい。採点後返却されたエッセーには教師からのコメントがついていて、自分の癖や失敗が分かるし、今後どんなところに気をつけたらよいかも分かる。また、成績の良いエッセーには、教師の褒め言葉もついており、被験者の励みと自信になった。H(9)によると、エッセーは提出しても内容が良くなければ不合格になることもある。学期末には、試験もある。オープンブック形式(エッセーを書く試験。本を持ち込んでもよい)という今までに経験したことのない試験形式もあった(H(11))。H(11)は、留学生だからと言って点は甘くはないと感じた。エッセーを書いたり、試験準備をしたりすることは大変だったが、鍛えられたと被験者全員が言っている。

3.1.4. 教師とチューター

　ほとんどの被験者は、教師と学生の距離が近く質問しやすいし、教師は学生とのコミュニケーションを大切にしていると感じた。特に、チューターの

多くは大学院生なので年齢も近く親しみやすい(H(11))。H(20)は、教師と学生との間には、人と人との付き合いや信頼関係があるようだと感じた。教師は教室でも研究室でもよく相談に乗ってくれた。教師は学生の学びをサポートする役を担っており、学生にどんどん質問をして、勉強への興味を持たせる話し方をする。H(1)は、教師はいかに学生に分かりやすく教えるかに努力しているようだと感じた。反面、否定的な意見もあった。H(19)は、良い教師もいればそうでない教師もいたし、良い授業もあれば期待はずれのつまらない授業もあったと述べている。H(5)は、授業中英語でうまく発言できないと嫌な顔をする教師がおり、留学生に対してもっと優しく接してくれてもよいと感じた。オーストラリア人の人種偏見的態度、または人種問題について無関心な態度が時折、授業中の教師や学生の態度から伺うことができた。H(8)は、次のように述べている。「チュートリアルでオーストラリアの移民問題や人種偏見について話し合った時『人種差別はなくすべきだ』等と言ってはいるが、アジア人と関わろうとしない態度を見るにつけ、オーストラリア人は移民や人種差別について深く考えていないようだという事実を目のあたりにした」。

3.1.5. 英語の使用について

被験者達は、初めのうちは英語の講義やチュートリアルに苦労していた。特にチュートリアルでは、英語の意見が飛び交い、皆が何を言っているのかさえ分からない状態であった。聞き取れるようになっても、今度は自分の意見が言えなかった(H(14))。最初のうちは、発言を求められると怯えてしまっていたが、分からなくても絶対に何かを言わねばならない(H(8))。チュートリアルでは「私はこう思う」と自分の意見をはっきり言うことが求められる(H(11))。多文化社会のオーストラリアでは、教師はオーストラリア人だけでなく、シンガポール、インド、アメリカ、中国、ニュージーランド、スコットランド等いろいろな文化的背景の人々がいて、それぞれのアクセントのある英語を話す(H(19))。チュートリアルのクラスの学生もさまざまな国から来ているので、いろいろな英語に慣れるのに大変であった(H(11))。また、毎週の授業の予習やエッセーを書くために、膨大な量の英語文献を読むことが必要であり被験者には大変で、H(6)やH(17)達は教師に相談に行った。

H(6)は教師から「全部分からなくてもよい。ポイントが分かればよい」というアドバイスを得た。H(9)は、英語文献を読むことに慣れて来ると、分からない単語があっても類推することができるようになった。エッセー等を英語で書くことに関しては、教師や友人の助けや大学の支援サービスを受けた。英語で、しかも日本ではあまり訓練をされなかった形式でエッセーを書くことは、被験者全員にとって大変なことではあったが、鍛えられたおかげで確実に自分の力になっていると感じている。

3.1.6. 充実したオンライン支援

授業の連絡事項や課題のガイドライン等がオンラインに掲載されている。毎週の講義の要点を記した講義ノートもオンラインで入手できる。大学によってはオンラインでも講義を聞くことが出来たため、H(1)やH(12)は復習することが出来て良かったと言っている。イタリア語を取っていたH(18)は、オンラインで聞き取りの練習が出来た。WEBCTを使って同じ科目を取っている他の学生とコミュニケーションができた（H(18)）。コンピュータソフトのワークショップがあり、H(7)はコンピュータソフトの使い方を学ぶことができた。また、教師にメールで相談や質問をすることもできた（H(17)、H(7)）。

3.2. 被験者が勉学を通して得たこと

被験者達は、オーストラリアでの勉学を通して多くのことを学び、身につけた。それらをまとめると以下のようになる。

3.2.1. 新たな知識を得て視野が広がり、思慮深くなった上、日本について考える機会を持った

授業で、被験者達は、いろいろなことについて学び、考えるきっかけを得た。例えば、「環境の社会学」の授業を取ったH(7)は、自然豊かに見えるオーストラリアが深刻な環境問題を抱えていること、京都議定書に調印していないこと（2006年当時：筆者注）等を学び、オーストラリア政府やアメリカ政府の行動を批判的に見ることができるようになった。また、世界で起こっている紛争についてのディスカッションで、チューターが自国での辛い経験を

話してくれたとき、H(1)は日本ではあり得ないことが世界の他の地域では日常的に起こっており、それを経験した人が目の前にいることにショックを受けた。そして自分の知らない世界がまだたくさんあること、目を伏せたくなるような事実が沢山あり、自分はこれらについて知らなければならないと思うようになったと述べている。H(6)は、世界の英語について学んだとき、当初はバカにしていたオーストラリア英語についての考えが変わり、発音やスラングをもっと学びたくなった。被験者達は新たな知識を得た時、日本についても考えを及ばせている。H(14)は、死刑制度について討議した時、日本の死刑制度について考えた。H(11)は、オーストラリアの歴史の授業で取り扱った白豪主義や原住民への差別にショックを受けると同時に、日本のアイヌや在日韓国人への差別を考えさせられ、もっと日本のことが知りたくなった。H(16)は、男尊女卑について議論した時、世界の事情を広く知ることが出来、日本を客観的に見ることができた。エッセーの課題として「従軍慰安婦」について調べたH(8)は、その時代の日本の歴史に考えを及ばせ、日本を嫌な国だと思う人がいても仕方がないと述べている。H(1)は日本にいる時は、世界の中で日本は小さな国だと思っていたが、世界から見た日本は必ずしもそうでないことに気がついた。H(19)はビジネス交渉術の授業を通して、日本人の慎みや遠慮等の美徳に気づき、「もっと日本について勉強したくなった。今までは海外のことに目を向けていたが、もっと日本について知りたくなった」と述べている。

3.2.2. 物事をよく観察し、別の視点からまたは総合的に考えることができるようになった

H(11)は、チュートリアルの授業でいろいろな方向から物事を見る訓練を受けたおかげで、日常的なことでも別の視点から見ることが出来るようになった。H(18)は、物事にはいろいろな見方があること、自分は先入観を持っていたことに気づいた。H(20)は、勉学上困った問題に直面した時、周りの環境や状況をとやかく言う前にこの状況の中で最善を尽くそうと考えるようになったし、たとえ勉強の成果が思うように上がらなくても、留学生活は他の面で充実しているから良いと総合的に考えるようになったと述べている。H(7)は、勉強は大変だったが、ポジティブに考えれば自己へのチャレンジ

であり、同様に、何事も良い、悪いでは片付けられず、良い面も悪い面も合わせ持っていることが分かったと述べている。

3.2.3. 自分の意見をはっきり言うようになった

被験者達は、チュートリアルで自分の意見をはっきり言う訓練を受けた。そのため日常生活でも自分の意見を積極的に言うようになった。前項で述べた別の視点から物事を考えるようになったことと相まって、H(11)は物事を順序立てて理論的に議論し、相手の視点も考慮に加え、自分の言いたいことを言うことを身につけたと言っている。その具体例としては、夜中までうるさく音楽をかけている学生に、けんか腰で音楽を止めてくれと言うのではなく、順序立てて相手と交渉することができた。H(14)は、日本人は反対されることを嫌うためか、あまり自分の意見を表さないが、皆が自分の意見を言うことで、いろいろな立場に立ったいろいろな考え方があることが分かり、他の人の考えが尊重できるようになったと述べている。

3.2.4. 自己の限界を克服し自信を得た

被験者全員は、それぞれが限界だと思っていたことに挑戦しそれを克服し「やればできる」ことを体験している。H(1)は、どのように対処して良いか分からず途方に暮れ、途中であきらめようと思った課題を期日までになんとか仕上げた。H(10)は、チュートリアルの発表で他に助けを求める人のいない状況下で、緊張いっぱいで発表をした。H(11)は授業で自分でもよく理解していないことに関して、名指しで意見を求められた。このような絶対絶命のピンチを数多く乗り越え、被験者達は自分自身に対する自信を身につけている。苦労して書いたエッセーに良い評価が与えられたり、一生懸命努力して準備した発表が、教師や他の学生から褒められたりした時、努力が報われた満足感と達成感を味わっている。それが、自己への自信に繋がっている。H(11)はこれから先、壁に突き当たっても留学中の勉強の経験を思い出すと乗り越えられると思うと言っている。他の被験者達も「自分の力に自信がついた(H(10))」、「精神的に強くなり、ちょっとしたことではへこたれない(H(8))」、「あの道が駄目ならこの道を取ろうと考えるようになり、何でも克服できる自信がついたし応用力も効くようになった(H(11))」、「自分がたくま

しくなったと思う(H(5))」と述べている。被験者達は、エッセーやクラス発表の準備をとおして、ある目標に向かって努力して達成するプロセスを実感している。また、勉強に求められているハードルが高く困難なだけ、被験者達のチャレンジ精神とやる気が高まった(H(3)、H(7)、H(19))。

3.2.5. 自分を知ることができた

　H(1)は、もうダメだとあきらめかけたエッセーを書きあげたり、苦しかった試験勉強をやり遂げたりして、自分が案外頼りになることに気がついたし、勉強をとおして、自分は何が出来、何が出来ないのかが分かってきたと言っている。また、H(20)は、自分の気持ちを客観的に観察することが出来るようになった。また、授業で学んだことは、自分のルーツである日本を知る機会ともなった。

3.2.6. 忍耐力や考え方の柔軟性が養われた

　チュートリアルでは、ペアワークやグループ発表等がある。そのため気の合わない人、英語の分かりにくい他の国からの留学生、約束の時間を守らない人等と一緒に勉強や準備をしなくてはならないこともあった(H(11))。H(6)はこんなとき、「物は考えようで、最悪の事態を乗り切るのも学習の一環」と考えられるようになり、楽になった。被験者達は、このような経験をとおして忍耐力や柔軟性が養われた。

3.2.7. コミュニケーション能力がついた

　H(19)は、授業のグループ作業をすることで、クラスの他の学生とコミュニケーションをする必要があり、良い人間関係を築くコミュニケーション力がついたと述べている。ビジネス交渉術の授業で学習したことを、人とのコミュニケーションにも応用するようになり、人と話していてもいかにすれば自分を相手に受け入れてもらえるか、また、いかに相手を受け入れるかを考えるようになった(H(19))。

3.3. 勉強をより効果的に行うために取ったストラテジー

　被験者達は、彼らの勉強をよりスムーズに行うため、下に挙げたいくつか

の勉強のストラテジー（方策）を使用していた。

3.3.1. 友達に聞く

　留学直後の学期始めの頃は、被験者達は授業に関する英語の伝達事項（課題の締め切り日等）が理解不十分のため、同じ授業を取っているアジア人留学生に聞いて確認している。被験者達は、白人学生には聞きにくいと言っている。白人学生でも日本語を勉強している学生は、被験者達に積極的に近づきサポートをしてくれる。エッセーの英語のチェックは、シンガポール、マレーシア、香港などからの英語の上手な留学生やホストファミリー、日本語を学んでいるオーストラリア人学生に頼んでいる。

3.3.2. 日本人学生の先輩に聞く

　被験者達は、同じ寮に住んでいる日本人学生の先輩や同じ大学で勉強している日本人学生に勉強に役立つ情報を聞いた。

3.3.3. 教師に聞く

　被験者達はメールまたは直接研究室に行って、教師に授業の内容について質問したり、勉強の仕方やエッセーを書く時の情報の集め方等について教師に聞いたりした。教師達は親切に対応してくれたと多くの被験者が述べた。

3.3.4. 友達と助け合う

　日本からの留学生同士や、アジアからの留学生と一緒に助け合って勉強した。英語の上達のため、日本人同士で話す時も英語で話したりした。日本語を勉強しているオーストラリア人学生と被験者がお互いの勉強を助け合った。

3.3.5. 大学が提供している各種支援を受ける

　被験者達は、大学のイングリッシュセンターやラーニングセンターが主催するコースで、英語の論文の書き方や、クリティカルシンキングを学んだ。図書館では、勉強に困ったり落ち込んだりした時のためのゼミがあり参加した被験者もいる。大学にも英語のチェックをする支援があるが、事前の予約

が必要で、提出日直前に仕上がるエッセーの英語チェックをしてもらう時間的余裕がなく、利用した被験者は少ない。

4. 考察および提言

　被験者の多くが述べたように、オーストラリアの大学での勉強は日本の大学での勉強と大きく違っていて、被験者にとって新たな勉強スタイルであった。勉強する科目数こそ少ないが、求められる勉学のレベルが高く非常に大変であった。病気になったり、思いもよらぬショッキングな出来事が起こった状況でもエッセーを書いたりテスト勉強をしたりせねばならない被験者もいた。このような状況でも、被験者達全員は果敢にチャレンジし、まじめに努力し積極的に勉強した。その結果、満足感、達成感、自己に対する自信を得ている。少々のことではへこたれない強さとなっている。勉強を通して、被験者達は、知識と視野を深め、事物を観察し多角的に思考する態度を身につけた。授業での教師や他の学生とのディスカッションや共同作業をとおして、自分の意見をはっきりと相手に伝えることの重要さや、他の考え方を尊重することやコミュニケーション能力、忍耐心や柔軟性を養うことができた。交換留学生にとって、勉強は留学中の最大の挑戦であったといったよい。留学中のいろいろな経験により留学生は成長をするが、なかでも勉強を通しての成長は大きいと言える。今回の被験者20名のケースは、留学が成功した例であるが、そうでないケースもあるであろう。オーストラリアの大学での勉強が交換留学生に取ってより収穫の多いものにするためには、送り出し大学では事前にどんな指導をすると良いであろうか。被験者達は、留学の初期段階で英語に苦労した。日常会話の英語ではなく、勉強のための英語である。アカデミック英語の4技能（読む、書く、話す、聞く）の指導が重要であろう。4技能は、別々に指導するより、聞くことと話すこと、読むことと書くことを組み合わせると良いと考える。チュートリアルのディスカッションではいろいろな意見を聞き、それに対して自分の意見を言うことが要求されたし、エッセーを書く時は文献を読んでそれについて書くことが必要である。話す指導をする時は、「自分はこう思う」というように自分の意見をはっきり言えるよう指導することが大切であろう。

論文の書き方の指導については、論文の構成の仕方や文献の参照の仕方について教えることはもちろんだが、クリティカルに物事を考える訓練をすることが重要である。図書館の利用の仕方や文献の検索の仕方も有用であろう。プレゼンテーションの仕方も訓練に加えると良い。最後に、勉強を効果的に行うためのストラテジーについても紹介するとよいであろう。

参考文献

Ayano, M. (2006) Japanese Students in Britain. In M. Byram and A. Feng (eds.) *Living and Studying Abroad: Research and Practice:* pp.11–37.Clevedon: Multilingual Matters Ltd.

鄭　仁豪・張　振亜・吉田友彦・遠藤　誉(2000)「韓国における海外留学経験者の留学効果に関する研究―日本と欧米留学経験者に対する調査による研究」『留学生教育』(5): pp.49–70. 留学生教育学会.

Dolby, N. (2007) Reflections on Nation: American undergraduates and education abroad. In *Journal of International Education.*11, (2)Summer 2007.: pp.141–156. Sage Publication.

Hashimoto, H. (2003) The impact of study abroad on the cultural identity of university exchange students. In Liddicoat, A., Eisenchalas, S. and Trevaskes, S. (eds), *Australian Perspectives on Internationalising Education:* pp.103–115. Melbourne: Language Australia Ltd.

早矢仕彩子(1996)「外国人学生の日本社会での適応感」,『名古屋大学教育学部紀要』(43): pp.147–162. 名古屋大学.

黄帆・二宮晧(1997)「中国人帰国留学生の日米留学評価に関する研究―留学成功因子分析を中心に」『留学生教育』(1): pp.1–15. 留学生教育学会.

井上孝代(1996)「国費学部留学経験者における卒業後の日本留学の満足度とアカルチュレーション態度」『駒沢社会学研究』(28): pp.43–61. 駒沢大学文学部社会学研究室.

兒島慶治(2003)「海外の日本研究専攻プログラムにおける日本留学効果に関する一考察―香港中文大学日本研究学科主専攻生の日本語能力の分析―『留学生教育』(8): pp.153–173. 留学生教育学会.

水野治久・石隈利紀(2001)「留学生のソーシャル・サポートと適応に関する研究の動向と課題」,『コミュニティー心理学研究』(4): pp.132–143. 日本コミュニティー心理学会.

Person-Evans, A. (2006) Recording the journey: diaries of Irish students in Japan. In M. Byram and A. Feng (eds.) *Living and Studying Abroad: Research and Practice.*: pp.38–

63.Clevedon: Multilingual Matters Ltd.

Toyokawa, T. and Toyokawa, N. (2002) Extracurricular activities and adjustment of Asian international students: A study of Japanese students. In *International Journal of Intercultural Relations,* 26: pp.363–379.

吉田友彦・陳川連・水戸孝道・遠藤誉(2003)「日本・欧米別比較追跡調査から見たマレーシアにおける帰国元留学生の留学効果」『留学生教育』(8)：pp.111–140. 留学生教育学会.

Zhang, Z. and Brunton, M. (2007) Differences in living and learning Chinese international students in New Zealand. In *Journal of International Education.* 11 (2) Summer 2007: pp.124–140. Sage Publication.

中国人留学生と社会発展

シドニー大学文学部
邵　春芬

1. 中国人の海外留学と「滞留海外」現象

　グローバル化の顕著な特徴の1つは国境を越えた人的移動の規模の飛躍的拡大と頻度の高まりである。中国も例外ではなく、グローバル化の洗礼を真っ先に受けている。1978年の改革開放以来、中国人の「出国留学熱」(海外留学ブーム)は30年経ても高まり続ける一方である。現代中国人の海外留学の特徴は歴史的に見て、留学ブームの持続年数の長さ以外に、規模の拡大とグローバルな展開などの点があげられる。「1978年から2006年末まで、海外留学した人の総数は106.7万人に達した。1978年には海外留学した人の数は860だったが、2006年には13.4万人になり、規模が29年間で155倍も拡大した」、しかも「留学生数の持続的増長以外に、留学先と専攻の選択もより多様化している。最初人気の留学先は英米のような先進国に集中していたが、現在は小国も次第に注目を受け、中国人留学生の留学先は109カ国にも及んでいる」(張 2008)。

　中国人の海外留学は基本的に「国家公(費)派(遣)」、「単位公(費)派(遣)」(職場派遣)と「自費留学」の三種類の形態がある。邵(2002a)が指摘したように、30年近く続いてきた現代中国人の海外留学ブームの始まりは中国政府の海外への公費留学生の派遣であった。エリート留学は1980年代の半ばから大衆化が進み、現在は自費留学が中心になっている。

　中国人海外留学の規模の拡大、専攻の多様化、留学先のグローバル化に伴い、長期滞在化、華僑華人化現象、海外での専門職化現象が世界的に起きている(邵 2008a)。確かに留学生の「回帰率」(帰国率)は近年上がってきている。公費派遣の場合は特に顕著である。「1996–2007年間国家公(費)派(遣)

出国留学人員は 3.47 万人だったが、帰国率は 97.5％ に達した」と中国政府は発表している (張 2008)。また 2007 年後半から始まっている世界金融危機は逆に中国にとっては人材回流の絶好の機会になっているようである。最近中国は積極的に英米諸国に金融関係の高度人材獲得に出かけている。ターゲットはやはり中国人元留学生である (中国新聞網)。

しかし留学生の帰国率は近年上昇傾向にあるとはいえ、世界的に見て未だに低い段階にあると言わざるをえない。1978 年から 2006 年までの 26 年間に中国人の海外留学者数は 106.7 万人であるが、帰国したのは僅 (わず) か 27.5 万人で、帰国率は 25.8％ に過ぎない (張 2008)。因みに発展途上国にとって、経済離陸の時期には、3 分の 2 の留学生が帰国し、3 分の 1 の留学生が海外に留まることが合理的な比率だと指摘されている (逢丹 & 楊暁京 2007)。

2. 先行研究の Brain Drain から Brain Circulation への移行

留学生の長期滞在化と移民の永住化問題は世界的に見ると別に現在起きた新しい問題ではない。長い間 "loss of the brightest and the best" が出身国の発展にとって問題だと懸念されてきた。それは日本の高度経済成長期に見られた都市への進学、就職による人口の過度流出、それに伴う農村の過疎化と類似点を共有している。違う点は一方では都市と農村と言う地域格差が、他方では先進国と発展途上国という世界システム、国家格差が背景にあることである。1960 年代後半に Brain Drain (頭脳流出) の問題が国連で論争され、1970 年代には "brain drain taxes" (Bhagwati 1976) 導入の提案が行われ、如何に頭脳流出を抑制するかが中心論点であった。しかし強硬策は一向に効果がなかった。

1970 年代後半に入ると議論の焦点が移り、Brain Gain (頭脳獲得) つまり元留学生、技術移民の永久帰国を促進し、母国の発展に貢献することに変わった (詳しくは Pires 1992 を参照)。そして 1990 年代からは Brain Drain ばかり心配しても仕方がないし、どうせ全員は帰ってこないし、それなら Brain Circulation (頭脳循環) (Gillard and Gillard 1997; Saxenian 2000) を如何

に可能にするかを考えたほうが得策だという流れに変わっている。つまり留学生、移民の現地化を"positive factor in development"と見て、"permanent physical return"より、"temporary, periodic returns or even 'virtual returns'"（tele-working and tele-teaching）の重要性を強調するようになった。The International Organization for Migration (IOM) の "Migration for Development in Africa" がその一例である。つまり彼らの頭脳、Transnational Connection（国境を越えたつながり）、グローバルなネットワーク、財力を有効に利用し、母国の発展に貢献させる考えである。しかも場合によってはグローバル化時代にはそういう人力資源を自国に保有するよりはグローバルなつながり（global link）を維持するほうがもっと大切で効果的であると認識されるようになった（Xiang 2005: 1&86）。"Scientific diaspora"（Meyer and Brown 1999）、"diaspora option"（Meyer et al. 1997; Zweig et al. 2008）などの用語も使われている。国際機関としての国連（開発プログラム）、世界銀行、アジア開発銀行、DFID、ECなども海外の人力資本を母国の発展に役立たせる活動に積極的に関与している。またTOKTEN（Transfer of Knowledge through Expatriate Nationals）[1]のような数多くの成功例が報告されている。ただ全体的には研究が実践、政策より遅れているという指摘がある（Xiang 2005）。

3. 中国の留学生政策："Diaspora Option"
＝「回国服務」から「为国服務」へ

　留学生の海外滞留現象に対する中国の応対は、政府、マスコミを始め、だんだん柔軟性を持つように変わってきている。実際は留学生派遣を開始した当時から政策関係者から人材流失（Brain Drain）の心配があった。鄧小平氏は10人中9人帰国してもそれでもよしと言って反対意見を押し切って、留学生の大量派遣を強く押した。しかし中国人留学生のBrain Drainは予想以上にひどかった。特に1989年6月4日の「天安門事件」後、アメリカ、カナダ、オーストラリア、ニュージーランドなど多くの国では本国にいる中国人留学生全員に政治保護という理由で無条件に滞在許可を出し、それが大規模な留学生の華僑華人化を引き起こした（邵 2007; Xiang 2005; Zweig et al.

2008)。

　筆者の観察によると、日本のような中国人留学生に対して政治庇護を提供しなかった国では、最初は大使館による公費派遣留学生への在留管理、主にパスポートの延期規制を通じて厳しかった。しかし中国人留学生に対して政治庇護策を出したアメリカ、カナダ、オーストラリアなどでは中国政府は手を出すすべもなかった。中国政府の対応が柔軟的になったというより、そうならざるをえなかったと言った方がいい。強硬策で臨むと既に起きてしまった人材流出が逆に永久的になる恐れがあったからである。人材流出を一時的なものに押さえ、将来的資源に転化させるために、中国政府は懐柔策に出た[2]。

　鄧小平氏は1992年春「南巡」(南方視察)の折り、「要作貢献，还是回国好」((祖国に)貢献したいなら、帰国したほうがいい)と発言し、留学生の帰国、国づくりへの貢献を呼びかけている。それを受けて1992年8月国務院が在外人員に関する通達を出し、「支持留学、鼓励回国、来去自由」(留学を支持、帰国を奨励、行き来自由)の「十二字方針」を出し、それが1990年代以来の留学生政策の基本になっている。在外中国人の「天安門事件」に対する反対行動の責任を追及せず、個人の政治的立場を問わず、帰国を歓迎し、再出国を保証するという政府の公式見解は在外中国人の警戒を和らげ、信頼回復に重要でタイミングがよかったと言える。それ以来中央政府、地方政府を始め、「用人単位」(職場)もさまざまな優遇政策を出して、留学生を惹きつけるよう手を尽くしている[3]。中央、地方政府をあわせると、留学生の優遇政策は約200に上っているという (Xiang 2005: Executive summary)[4]。

　2007年に公表した「中国留学人材安全の現状と政策分析」においても中国留学人材安全が脅かされていることを厳重に受け止め、注意が必要だと呼びかけている (逢丹＆杨晓京 2007)。政府は当然出来るだけ多くの留学生の早期帰国、国への奉仕を期待し、呼びかけ、促進策を出している。しかし、早期の政治的理由以外、以降は個人的理由、社会的理由、政策的理由、外交的理由(陈昌贵 1996)などで、留学生の「回帰率」よりも「外流率」の方が未だに高い。27.5万人の帰国留学生中、「既に退職した者、あるいは定年退職に近い者が15％、研究生、客員研究員(外国の研究機関から学位を取得しなかった)が約50％、文科系が25％」を占めている (逢丹＆杨晓京 2007)。

中国が必要とする人材は高度人材でその分野に精通し、将来の発展にビジョンを持つ人で、そのような人は大抵海外でも安定した地位につき、長期帰国が不可能である (Xiang 2005: 3)[5]。

そういう厳しい現状を踏まえて、「滞留海外」現象を否定的に考えるより、海外に貯蓄している頭脳だと肯定的に認識し、受動的に批判するより、海外に貯蓄している中国人人力資本を積極的に有効利用する、というふうに考えが変わってきている。そこで登場したのが "Diaspora Option" =「为国服务」の選択である。つまり、今「按期回国」(期限どおり帰国)しなくても、将来帰国する可能性がある。永久帰国ができなくても一時帰国でもよい。物理的帰国が不可能なら海外に滞留したままでも結構だから会社設立、共同研究、ゲスト講義、集中講義、中国での学会、論文発表など違う方法で国に出来る限りの奉仕をする。

1994 年「短期帰国」が始めて政府の政策に現れた。人事部『资助留学人员短期回国到非教育系统工作暂行办法』が実施された (Xiang 2005: 3)。1990 年代後半「回国服务」(帰国して国に奉仕する) が「为国服务」(帰国なしの国づくりへの貢献 = "Diaspora Option") に変わった。2001 年 5 月 14 日《关于鼓励海外留学人员以多种形式为国服务的若干意见》が正式に通達された。海外人材に対して、「但求所用，不求所有」(所有を求めず、使用のみを求める) という現実的選択をするようになった。

中国の「为国服务」は、State-Led Model (政府主導型) (Xiang 2005) である。1990 年代後半から、一時帰国、短期帰国、トランスナショナルネットワークを促進するため、政策だけではなく、建設的プログラムも数多く実施している。例えば、1996 年の「春晖計画」(短期帰国の援助プログラム)、1998 年の「長江学者奨励計画」(戦略的研究分野における優れた海外在住の中国人科学者を特別招聘教授、講座教授として招聘するプログラム) などである。各種のウェブサイトも活用されている。

4. 日本における Chinese Knowledge Diaspora

前に述べたように現代中国人の海外留学は 1978 年に始まって以来、30 年の月日が経っている。当時の留学生はもう学業を終えている。政府の政策も

研究者の関心も留学生から元留学生に移ってきている。中国人元留学生に関する研究は近年増えているが、国や研究者によって、違う用語が使われ、研究対象も新移民と重なっている。留学人員、神州学人、海外作家、海外華人科学者、Chinese Knowledge Diaspora (Welsch and Zhang 2008; Yang 2008)、Overseas Chinese Professionals (Xiang 2005)、Chinese Academics (Hugo 2005)、Overseas Scholars (Zweig, Chen and Rosen 2004)、New Migrants (Liu 2005) などの用語が見られる。

　日本においても多くの中国人が留学生から就職者、つまり元留学生に在留カテゴリーが代わっている。1990年代から日本で就職している中国人留学生が持続的に増えている。Chinese Knowledge Diaspora という概念は Overseas Chinese Professionals と重なり、海外に居住する中国人学者、科学者、研究者、技術者など幅が広く、大学以上の学歴を持ち、専門知識を生かす職業に従事している層の総体を指している。日本においては就職者と基本的に範囲が一致している。しかし本研究では日本の大学で常勤のポジションを持ち、教育と研究両方に携わっている中国人学者に限定して使うことにする[6]。表1からも分かるように近年日本で留学生から教授（大学教員）になっている中国人が増え続けている[7]。

　1978年の「改革・開放」政策の実施に伴って始まった日本留学ブームは中国人の海外留学ブームの一環と見たほうが妥当だと思う。邵（2002a）が指摘したように、30年近く続いてきた今度の日本留学ブームの始まりは中国政府の日本への公費留学生の派遣であった。

　邵（2007）では、日本へ留学した中国人公費留学生は、取得した学位からみて大きな留学成果をあげていること、そして留学を終えた後はそれぞれ違う人生の進路を選択し、現在の居住国からみて（1）中国に帰国したタイプ；（2）日本に滞在したタイプ；（3）第三国に再移民したタイプなど3つのタイプがあることを明らかにした。

　中国政府が大量の留学生を海外に派遣してきたのは「科教興国」（科学教育による国の振興）、「人才強国」（人材による強国作り）のためであった。それでは留学生は母国の経済・社会発展にどんな形で、そしてどのような貢献をしているのか。本論文では中国へ帰国しないで日本に滞在した公費留学生を中心に、公開資料[8]に基づいて分析を行うものとする。

表1　日本で就職した中国人留学生数の推移

年度	人文	技術	教授	研究	投資	医療	芸術	教育	技能	興行	報道	特定	宗教	公用	他	合計	総数
1991	363	202	23	33	2	3	3	5	3	1		1				639	1,117
1992	744	480	40	62	1	2	6	6	5	3						1,349	2,181
1993	755	510	59	27	8	2	5	2	1	2						1,371	2,026
1994	1,029	518	62	36	12	5	11	6	6	4	1	1				1,691	2,395
1995	1,051	501	79	47	22	3	5	3	9	1						1,724	2,390
1997	1,118	573	83	56	13	2	5	2	6	3	1					1,862	2,624
1998	907	500	65	53	17	8	2	8	2	1						1,563	2,391
1999	1,102	548	92	68	5	7	2	3	1	1						1,829	2,989
2000	1,002	422	115	48	15	1	2	2	2	1						1,630	2,689
2001	1,328	626	107	61	10	8	6	1	4					2	1	2,154	3,581
2002	1,244	446	159	48	12	8	6	5	4						1	1,933	3,209
2003	1,547	496	152	36	11	2	6	3	3						2	2,258	3,778
2004	2,378	772	180	61	30	5	3	11	3				1	1		3,445	5,264
2005	3,180	781	154	42	11	3	4	6	1						1	4,186	5,878
2006	4,573	1,137	186	57	22	10	5	6	2						2	6,000	8,272
2007	5,651	1,613	170	55	31	7	5	3	3				1			7,539	10,262
合計	27,972	10,125	1,726	790	222	76	78	70	60	18	2	2	2	3	7	41,173	59,022

出所：入管協会『国際人流』各号より筆者作成
説明：1996年度分は手を尽くしたが、発見出来なかった。入管協会の職員の話しによると、その年は留学生の就職に関する資料を出していないという。

　本研究では、1980年代初めに日本へ中国政府が公費派遣した学部生(「国家公派本科生」)を対象としている。その中から第三期生第6班の在日中国人教授を事例として扱っている。その理由として以下の点をあげておく。
　まず第一に既存の研究は(Xiang 2005: 3)で指摘されたように中国語文献では長期の物理的帰国(long-term physical return)に集中している(贾 1996；陈 2003)。また政府も研究者も関心が「留学生創業園」、帰国留学生の中国での起業、理工系留学生によるinnovation開発に集中している(Vanhonacker et al. 2005)。これから「滞留海外」組に関する研究を積み上げなければならないと筆者は認識する。本国発展との関係の研究文脈においてはChinese Knowledge Diasporaが大きな貢献をしているという指摘はあるが、国別の丁寧な実証研究が緊急に必要とされている。
　そして第二に今まで英語圏で盛んになってきているChinese Knowledge Diasporaの研究文脈で日本の事例が見当たらない。日本は現代中国人海外留学の最も人気のある留学先の1つである。日本からの発信が不可欠になって

いる。
　本研究は今までの研究とは違い、日本の1ケースを提供していること、また文科系を対象にしていることにそのユニーク性があるといえる。意識調査よりも遂行してきた職務や活動を丹念に調べることに焦点を絞っている。
　国家公費派遣学部生を選んだのは私費留学生に比べても、他の公費派遣留学生に比べても人数は少ないが、全国の重点大学から厳重に選抜された最優秀人材の集合で、開放初期に日本へ留学し、留学期間が最も長く、日本の教育・研究・社会・文化に一番馴染み、日中両国の期待を一身に受けたエリートグループだからである。彼らの「滞留海外」は中国政府を一番がっかりさせたと推測する。
　また頭脳循環の文脈で議論が進んでいるが、"Promise and Frustration of Diasporas: 'How to' of Mobilization of Talent Abroad for the Benefit of Countries of Origins"（Kuznetsov 2005）で見られるように出身国への利益が強調されている。ここでは留学生出身の在日中国人の学者活動を分析し、居住国の日本と出身国中国の両方への貢献を視野に入れて議論を進めていきたい。

5. "結節点"としての在日 Chinese Knowledge Diaspora

表2　調査対象者プロフィール

	A	B	C	D
性別	男性	男性	男性	男性
年齢	46歳	45歳	46歳	46歳
専門分野	日中関係	法律学	経済学	人類学
来日時期	1982年	1982年	1982年	1982年
日本で取得した学位	学士　修士　博士	学士　修士　博士	学士　修士　博士	学士　修士　博士
最終学位授与機関	東京大学	京都大学	京都大学	東京大学
初職	早稲田大学社会科学部専任講師	京都大学法学部助手	大阪商業大学経済学科専任講師	神戸市外国語大学中国学科専任講師
現職	同大学教授	大阪市立大学教授	同大学教授	同大学教授
客員研究員	コロンビア大学	バークレー校	ブラウン大学	ハーバード大学

博士論文タイトル	『戦争状態下の日本と中国―「対華工作」の展開 1937-1939』1993	『社会主義市場経済における契約について―中国契約法における自由と計画を中心に』1996	『香港経済の分析』1994	『中国湖北省の一農村社会変化：1949-1993』1994
代表作	『日中戦争下の外交』(吉川弘文館1995年)	『社会主義市場経済と中国契約法―計画原理と自由原理の相剋』(有斐閣1999)	『香港経済研究序説―植民地制度下の自由放任主義政策』(御茶の水書房2001)	『中国湖北農村の家族・宗族・婚姻』(風響社2005)
主要な所属学会	史学会 日本歴史学会 東アジア近代史学会 日本国際政治学会 軍事史学会 早稲田大学社会科学学会	法社会学会 現代中国法学会 比較法学会	国際経済学会 東アジア地域研究学会 応用地域学会	比較文明学会 日本文化人類学会 日本民族学会
研究テーマ	昭和期日本の外交政策と日中関係 昭和戦前期外務省の中国政策 日中戦争期の占領地研究 戦後の日中関係をめぐる国際環境 汪兆銘政権下の日中関係	日中契約法の比較研究	中国の都市化 中国の企業改革 住宅政策	中国の社会と文化（家族親族宗教民族） 日中比較
大学で担当する主要科目	近代日本政治外交史；国際関係史；日中関係史；中国研究；中国近現代史	アジア法(中国法)第1部(中国公法)、アジア法(中国法)第2部(中国私法)、大学院：アジア法(中国法)演習	中国の経済 中国の住宅政策	中国文化論 中国社会論 中国語講読 中国語作文 研究指導
中国で開催される学会への出席	あり	あり	あり	あり
中国語論文著作	あり	あり	不明	あり
中国との交流プログラム	あり	あり	あり	あり
中国人留学生の指導	あり	あり	あり	あり

　まず「国家公派本科生」第3期生6班の概況について触れておきたい。15人中1人が学士を取得した後帰国し、最初中国系金融機関、後日系金融機関に就職した。残った14人は全員修士課程、博士課程へと進んだ。博士課程終了後2人が帰国した。その中で、1人は大学の教授、1人は中央省庁

の役人になっている。第三国に行ったのは2人で、いずれも大学に勤めている。日本に残ったのが、10人で最も多く、その中で、大学で教えているのが常勤4人で、非常勤2人（女性）である。本研究では常勤4人全員を対象にする[9]。

　ここの事例では対象者全員が20歳までに若くして日本の大学に進学し、最低9年間日本の大学に在籍し、学者としての訓練を受けている。また日本の名門大学、東京大学、京都大学から最高学位としての博士号を取得している。日本の大学（文科系）において最初に博士号を手にした人たちである[10]。PH.Dは彼らの日本での正規就職、昇進に直接つながっていると見られる。日本の学界は流動性が未だに低く、一旦日本の大学で専任として採用されれば、通常はそのまま教授への道が用意されている。外国籍の彼らが40歳前後の若さで教授まで登りつめている。それは日本作りの（trained in Japan）外国籍の学者が日本の学界ではエスニシティによる差別をあまり受けていないことの表れでもある。

　対象者は中国出身というバックグランドによる強みを自ら活かしている。博士論文を調べると、テーマは全員中国と関係のある研究を選んでいる。A氏は『戦争状態下の日本と中国—「対中工作」の展開1937–1939』；B氏は『社会主義市場経済における契約について—中国契約法における自由と計画を中心に』；C氏は『香港経済の分析』；D氏は『中国湖北省の一農村社会変化：1949年–1993年』をタイトルとする博士学位論文を提出している。全員審査にパスし、学位の授与を受けている。最終的には博士論文をベースに単行本に纏め上げ、日本語で日本で出版している。それが彼らの代表作になっている。しかも学術的貢献が認められ、A氏の場合は1996年度の大平正芳賞に輝いている。

　彼らの専門分野は日中関係（国際政治）、法律、経済、社会文化などと広がりがある。全員それぞれの専門分野で学術訓練を受けている。現在の研究領域は基本的には日中比較を行い、いずれも中国研究の各分野での得がたい専門家になっている。既に学界では確固たる地位を築いている。

　対象者は既に国際的学者にまで成長し、国境を越えて活動をしている。4人はそれぞれ客員研究員としてコロンビア大学、カリフォルニア大学（バークレー校）、ブラウン大学、ハーバード大学に在籍したことがある。中国で

生まれ、日本で専門的訓練を受け、日本の大学に就職した後、東洋を超越し、西洋の代表格で、世界知識システムの頂点の座にある米国に渡り、学術の輪を広げている。D氏はハーバード大学在籍中、*Ethnology*という有名な雑誌に論文を載せ、イトコ婚について、従来の研究を批判し、新しい視点を提供し、学界で高い評価を受けている。A氏は現在もコロンビア大学の研究員を兼任している。

在日中国人学者は日本人学者同様、教育と研究の両方を担っている。彼らの学者活動を調べると、各種の学会への出席、専門誌への論文投稿、日本やそれ以外の研究機関に所属している研究者との共同研究を行っている。それらの活動を通じて、世界各国の学者との情報や意見交換を行い、相互理解と学問を深め、グローバルな展開を見せている人類の知識の世界に貢献している。

在日中国人学者の大学や学界における役割のユニークさといえば、外国生まれあるいは外国籍でマイノリティであるという属性、日本社会の主流文化の日本文化とは違う異文化所持者という特性から由来する視角の差（違い）である。今までの経歴（経験）と社会における立場が違えば、社会を観察する角度も認識も理解も観点も違う。違う視点を提供し、意見交換を通して、理解を深め、対決を避けながら、共通点に到達するよう努力している。在日中国人学者には異なる視点を提示する機会が与えられている。時にはシンポジウムをアレンジし、自らその機会を作っている。彼らは異なる視角を提供し、学問が一層深まり、豊かになっている。特に中国研究の各分野が曲がった方向に向かわないような是正作用が働いている。以下はA氏のウェブサイトからの引用である。

> 歴史問題については、これまでは、一方の解釈を相手に理解させようということだけで、相互の摺り合わせの努力が欠けていました。日本と中国との誤解をなくしていくためには、歴史の問題を乗り越えていかなければなりません。その1つの試みとして、30代〜40代前半を中心に「日中若手歴史研究者会議」というものを数年前に立ち上げ、定期的に会合をもっています。私たちの試みは、その相互理解の第一歩であり、関係改善に必要なステップだと考えています。

具体的には、日中間の重要な出来事などを振り返って、その対立点について、日本と中国の解釈の違いを浮き彫りにしてみる。例えば、南京大虐殺にしても、なぜそういう事件に至ったか、事件についてそれぞれの立場ではどう解釈してきたのかを、しっかり分析し理解しようという取り組みです。一連の研究成果は、『国境を越える歴史認識』という本にまとめています。日中の歴史解釈はなぜ違うのか、歴史研究の方法論の違いも含めて、大学生にも分かりやすく解説しています。

　A氏が編集した『国境を越えた歴史認識』は日中で同時出版されている。日中相互理解を深めるために重要な役割を果たしているのは言うまでもない。A氏のような「中間人」だからこそそのような仕事が出来るとも言える。
　また対象者は今やChinese Studies（漢学）即ち、中国研究またはアジア研究の欠かせない担い手である。この4人とも日本における中国研究の関連学会[11]で積極的に発表するだけではなく、学会招集者、司会、討論者、コメンテーターとして活躍している。学界に新鮮な空気、新しい血液、異なる視点をもたらすと共に、学界にバランス感覚をもたらしている。「弘揚中華文化」「中国文化的世界化」（中国文化を世界に）に非常に貢献している。日本の経済大国化は世界の日本語・日本文化ブームを引き起こし、日本研究、日本人論が流行った。それと同じように中国経済の発展と共に、中国研究が今後一層盛んになり、海外中国人学者のより一層の活躍が期待できる。と同時に責任も重くなると思われる。
　調査対象者は日々の学術活動を一層広げて、有識者として日中両国の政策制定者と意見交換したり、提言を行ったりしている。A氏もB氏も日本華人教授会議のメンバーである。福田前首相が2007年12月27日中国訪問直前に日本華人教授会議のメンバー12人を首相官邸に招き、意見交換した。日本華人教授会議は日中関係を発展させ、政府民間各レベルの交流を促進、自由貿易区の推進、教育文化交流の拡大などについて「意見書」を提出した[12]。A氏はその際同席した1人である。またA氏は民主党の勉強会に講師として呼ばれ、民主党幹部に日中関係について講義している（日本華人教授会議ウェブサイト）。
　B氏は社会民主党がアレンジした社会民主党憲法学校で講師として呼ば

れ、「アジアから憲法を考える」というテーマで福島党首などと意見交換している[13]。また「中国民法典草案」に関して中国の国会にあたる「全国人民代表大会」の「常務委員会法律委員会」のメンバーなどと意見交換している[14]。

　彼らは専門分野での活動に限らず、大衆一般向けの新聞、雑誌などにも投稿し、少数派的存在である在日中国人教授の専門家としての「声」を出している。Ａ氏は朝日アジアフェローで、外交専門家として、随時開催されている日本やアジアが直面する様々な問題を多角的に論じ合うフォーラムに招かれ、朝日新聞のオピニオン面のコラムを他のフェローと交代で執筆している[15]。しかし彼らは中国政府の「代弁者」ではないかと警戒されているようであるが、そのようなことはありえないと思う。なぜなら彼らは受け入れ社会の日本で然るべきポジションを占め、その発言と意見に責任を持たなければならない立場だからである。

　今まで研究活動を主に見てきたが、これから教育の面も見てみよう。

　以下はＡ氏の 2008 年度に担当した主要科目のリストである。

　　歴史学（日中関係史）
　　中国書研究（社会科学）
　　ゼミナールⅠ（東アジア研究の基礎）
　　中国研究Ⅰ
　　ゼミナールⅡ（世界の中の日中関係）
　　ゼミナールⅢ（世界の中の日中関係）
　　中国研究Ⅱ
　　中国研究研究演習Ⅰ
　　中国研究研究演習Ⅱ
　　中国研究研究指導（修士）
　　中国研究研究指導（博士）
　　中国近現代史論Ⅱ
　　中国近現代史研究
　　中国総合講座
　　中国の社会

中国の歴史と社会
現代中国外交の中の日本

　このリストからも分かるように在日中国人教授は教育、とりわけ大学教育の場で中国を世界へ紹介している。中国文化の伝播といえば、中国語を連想するが、彼らは言語の範疇を超えて専門分野の紹介が出来る。つまり、中国の政治、経済、法律、社会、文化など幅広い領域にわたる。幅だけではなく、その質と深度が今までの中国語クラスとは根本的に異なる。それによって、世界が中国を一層広く、深く理解することが出来るようなきっかけを与える。
　彼らは大学の教室に限らずオープン教育と講演会のような一般向けの社会教育の場でも、同じく中国を広範囲にわたって紹介し、学生や一般の人々に中国に関心の眼を向けさせ、中国に対する理解を深めさせている。また定期的に学生などを中国に連れて行き、理解を深めている。

　　Aゼミ生の引用。
　　　日本との関わりが非常に強い中国。その中国を研究の対象にして、学生の興味のある分野からそれぞれの視点で自由に研究を進めていくゼミです。また、中国だけに限らず東アジアを中心とした対象なら構いません。ゼミでは発表の仕方、レジュメ作成の仕方など基本的な部分から勉強しています。大学の講義ではそういった体裁の部分はなかなか教えてもらえないので、とても為になると思います。
　　　普段のゼミの他に海外合宿を行っており、近年では04年に北京（北京大学）、05年に台湾（台湾師範大学）、06年に上海（上海復旦大学）、07年台湾（台湾師範大学、淡江大学）に行き各地の有名大学の学生と交流を図っています。興味があってもなかなか中国に行く機会はないかもしれません。このゼミなら同じ志の朋友と楽しい旅ができますよ！※中国語が出来なくても問題ありません！（4年生担当幹事）
　　（http://www.socs.waseda.ac.jp/s/std/2009seminar/pdf/2009syllabus/14.pdf）

　それ以外に彼らは中国で開催される学会、シンポジウム、ワークショップ

などへ出席したり、中国で論文を発表したり、日本の現状や研究動向を中国へ紹介したり、中国との交流プログラムをアレンジしたり仲介したり、中国人留学生の指導をしたりして、中国へ直接貢献をしてる。D氏は武漢大学の「中国传统文化研究中心」の研究員も兼任している。C氏は所属の大阪商業大学と中国中央財経大学との交流プログラムに積極的に参加し、まとめ役、通訳も務めている[16]。

鈴木栄太郎博士はその名著『都市社会学原理』において、結節機関説を説き、都市にある各種の専門機関はその結節点として、都市の発展にとって、一番重要な役割を果たすと強調している。その用語を借りれば、在日中国人学者研究者は日本と中国を結びつける日中対話（コミュニケーション）の「結節点」としての役割を果たしていると言える。

封建社会の中国においても日本においても名門家族間の結婚（「聯姻」）の習慣があった。それは国と国の聯姻関係に例えてもおかしくはない。中国は彼らにとって、生まれ育った母国である。日本は教育を受けさせ、成長させてくれた第二の故郷である。現在日本に居住し日本で働き、日本で誕生したわが子の祖国でもある。邵（1995a）で明らかになったように彼らは生まれ育った中国と第二の故郷である日本に"二重帰属意識"がある。従って、中国も日本も彼らにとっては運命共同体みたいなものである。「一荣俱荣，一损俱损」、つまり栄えるなら共に栄え、滅びるなら共に滅びる。彼らは肩書きを持たない「民間人外交官」的な存在である。外交官の肩書はないが、行っている仕事は大差がないといえる。しかも影響力は外交官以上たりうる。

今まで在日中国人学者の日本における仕事と活動は本国の社会貢献につながっていることを論じてきたが、彼らはなぜ中国の発展へ貢献したいのか。以下の理由が挙げられると思う。

(1) 擬似親子関係―彼らの母国中国との関係は親子関係に似ている。親子の縁は切っても切れない関係であると同様に中国育ちの海外中国人は居住地の如何に関わらず基本的には中国人である。中国とは運命共同体的な関係である。1980年代に海外留学した中国人は中国の遅れを客観的に見られ、中国の世界における地位の低さ、それに伴う差別を身をもって感じてきた。「天安門事件」後の肩身の狭い思いも体験している。母国中国がいつか強くな

り、世界の強国になることを本国にいる同胞の誰よりも切実に祈ってきた（小草1989）。最近の中国経済の発展は彼らの海外での活躍の場を広げている。というのは彼らの学問が脚光を浴びるのも、彼らの存在価値が日本を含め、海外で認めてもらえたのも中国の発展と国際的地位の台頭に無関係ではない。在日中国人の犯罪などが報道されると、在日中国人のイメージが悪化し、大勢の在日中国人が辛い思いをすることになる。

(2)「游子情结」（ディアスポラ心情）―故郷は遠くにいて思うもの。20歳前後で祖国を離れ、異国で生活してきたChinese Knowledge Diasporaは、故郷を思い続けるのが人情であろう。時間と距離は故郷を美化している。嫌なことは忘れられ、祖国に関するいい思い出ばかりが記憶に沈殿し、祖国との連帯感を強めている。

(3) 恩返し―対象者を含め、在日中国人学者の多くは中国政府が派遣した公費留学生である。「文化大革命」直後、中国が全体的に極めて貧乏で外貨貯蓄が不足だった時期に、国の予算で留学させてもらっている。君らを育てるために多くの国民が節約している。君らは中国の国づくりから逃れられない責任があると出国前に散々教育を受けている。その後「天安門事件」などで帰国を断念せざるを得ないことになり、帰国の念をカットできないまま、軌道に乗った事業や、外国生まれの子供を抱えて帰国が簡単に実現できない。せめて自分のできることから始めるという発想を持つのは極自然である。邵(2007)が明らかにしたように契約書を交わしていないし、法律的責任はないが、人間として道義的な責任を感じている人が多い。

(4) 中国政府の新留学生政策―中国政府の「滞留海外」留学生への対応は柔軟で効果的だと言える。留学生が帰国しなかったことに責任追求をしていない。当時世界各国から経済制裁を受けていた中国政府はしかたがなかった。涙を呑んだ決断だと筆者は推測する。従って強硬政策を取らず、スローガンを「回国服務」から「為国服務」に変えた。外国に在籍したままでも結構だから国づくりに貢献するように呼びかけた。外国に滞留した留学生はそれに積極的に応じている。

6. 結論

本稿では Chinese Knowledge Diaspora を日本への中国政府公費派遣学部生第三期生第6班の事例を中心に見てきた。その結果次の結論に達した。

(1) 現在日本の大学においては数多くの中国国籍（系）の教師が教授、准教授、講師などとして教壇に立っている。それはまったく日中教育文化交流史上前例のなかった事象である。それは欧米諸国で観察されている現象と一致している (Hugo 2005)。しかし Brain Bypass (Xiang 2005: 164) つまり日本で専門的訓練を受け、学位を取った後日本を去り、第三国へ移動する現象は既に報告されている (邵 2007)。逆に欧米で学位を取った後日本の大学で学者になる中国人の事例はあまり聞かない。日本の大学の Global Mobility (国際移動) についての実証研究が今後の研究課題になる。

(2) 日本における Chinese Knowledge Diaspora は中国と強くつながりを持ち続け、個人レベルでも団体レベルでも出身国である中国の発展に著しく貢献している。帰国して、中国で働き直接中国の国づくりに貢献している留学生に比べれば、形は異なるがその独特の方式で中国の発展に貢献している。しかも彼らは中国国内の学者では到底出来ないような独特な役割を果たしている。貢献の形式は兼職、共同研究、学会出席、教育交流プログラムなど、欧米諸国で報告された発見と共通している (Zweig et al. 2008; Xiang 2005; Hugo 2005; Welsh and Zhang 2008; Yang 2008)。しかし今までの研究結果と違うのは文科系の場合は、中国に貢献するためにわざわざしなくても、日々の仕事が主観的には大学教授の職務を遂行するだけであっても、客観的には中国に貢献していることになっているということである。Chinese Knowledge Diaspora は出身国の中国を世界知識システムに繋ぐ役割を果たしている[17]。

(3) 日本における Chinese Knowledge Diaspora は（個人レベルでも団体レベルでも）受入国としての日本の発展にも著しく貢献している。彼らは他の日本人教授同様、教育研究に従事しているが、同時に多くの場合は当該大学そして所属する学会の中国との教育交流、学術交流、共同研究の提案者、積極

的参加者、通訳者、仲介者であるケースが多い。それは既存研究を支持している (Yang 2008: 21)。彼らの中国の発展への貢献は排他的ではなく、受け入れ国である日本の発展にも著しく貢献していることを強調しておきたい[18]。「双贏」（共に勝つ）、つまりグローバル化の進展で国際競争がますます激しくなっている現在、共にアジアに位置し、漢字文化圏に属する日本と中国が相互補完的な関係を戦略的に捉え、一層緊密化し共栄していくことが切に望まれる。

(4) この研究結果は「国民国家」という枠組みへの挑戦である。これまでのところ留学生の社会貢献と言えば、ややもすると出身国か、受入国かの二者択一的な捕らえ方があった。しかし、ここで強調したいのは学者の仕事には国境がないということである。今や日本語で書いて日本で出版したからと言って「日本」という国の特有な財産にはならなくなっている。というのは通信技術がここまで発展した今日ではその言語さえ理解できれば、世界のどこからでも時間差なく、アクセス出来るからである。

　これまでは経済、教育など多くの分野では「国民国家」という枠で捉える傾向があった。グローバル化時代では現実の社会においては「国境」の境界を乗り越えつつあるが、人々の観念もそれを超越する必要がある。Information Technology の著しい発展によって、情報が絶えず国境を越えて全世界に向けて発信できる。知識には国境がない。知識人も特定の国民国家の持ち物ではない。彼らの貢献も country of origin（出身国）、host country（受入国）に特定することなく、国境の枠を越えた全人類への貢献という考えに切り替える必要がある。

(5) グローバル化時代は Chinese Knowledge Diaspora の時代である。グローバル化という現在の時代が彼らの知識の価値を高め、才能を伸ばし、自己達成の舞台を提供し、トランスナショナルなライフスタイルを形作った。と同時に彼らはこれからのグローバル化を方向づける大きな力になることであろう。労働力集約型の時代には Chinese Business Diaspora（華商）が主力であった。弱小の中国経済を「世界の工場」の１つにまで発展させ、世界経済システムの一環としての中国経済の成長に大きく貢献した（陳 2001）。

今日の知識型経済では Chinese Knowledge Diaspora の時代になったと言える。Chinese Knowledge Diaspora は所在地が北米であろうが、西ヨーロッパであろうが、オセアニアであろうが、日本であろうが、共通して自分を「中国人」だとアイデンティファイしているし、母国に心情的に強く結びつき、社会発展に協力する意向がある (Zweig et al. 2008; Xiang 2005; Hugo 2005; Welsh & Zhang 2008; Yang 2008)。如何に彼らを動員して、社会発展に協力させ、貢献させるかは重要である。「世界の工場」から米国のような「世界の頭脳」にもなれるかその力量が問われる。

　Chinese Knowledge Diaspora は国境を越えたネットワークを持ち、グローバルな集団になっており、連帯感も動員力もある。世界華商大会があるように、Chinese Knowledge Diaspora 世界大会の可能性も出てくる。

(6) Chinese Knowledge Diaspora は、出身国の中国社会にも受入国の日本社会にも属しているが、どちらかに 100 パーセント所属することはない。In-betweeness の観点からは、Robert Park の有名な Marginalman 説を連想するであろう。しかしそれを否定的にとらえるのではなく、逆に肯定的にとらえ直すことが出来る。「中間人」だからこそ、双方の言語文化に精通し、双方の思考様式、研究視覚が理解出来、柔軟な発想が可能であり、一方通行ではなく双方通行が可能となる。

　彼らは日本における"日本通"である。「ポスト文革」世代で、大学に入学した直後に国費で日本へ留学し、中国国民には恩がある。また彼らは 20 歳前後で日本へ国費留学し、日本文化に馴染んでいる。留学中は生活が保障され、苦学生のような辛い経験もなく、日本社会の荒波にさらされたこともない。いわばお嬢さん育ちの感がある。国費留学生、名門大学の博士、順調に日本の大学に就職、出世コースに乗り、万事順調であった。指導教官は学問の世界へと導いた恩師であり、学界での支えであり、人生の師匠でもある。彼らは必ずしも親日ではなく反日でもなく、通常知日派である（邵 2000a）。したがって、受入国の日本社会で、中国の出身だからといってそのまま中国の代弁者になると言う事にはならない。しかし両方の事情に精通している強みがあり、どちらとも一定の距離を置いて客観的に観察が出来、片方の肩を持つということなく、理性的に発言できうる。名門大学出身で名門

大学の著名教授なら説得力があり、社会的影響力も大きい。一定の発言力を持つようになっているからウェブサイトや雑誌などを通して、世論をリードすることも可能である。

(7) グローバル化の進展に伴い、国際競争がますます激しくなってきている。知識経済化の中で国際競争の根本はますますグローバルな移動を展開している高度人材に対する争奪の競争である。世界のどの国にとっても優れた頭脳を如何に獲得し、有効利用できるかが国際競争に勝てるかどうかの死活問題である。留学生が各国の一番のターゲットである。日本にとっても国際的人材を如何に引き寄せ、キープし、有効利用していくかが重要で、そのための国家戦略や政策が必要である。在日中国人学者は日中両国の貴重な財産であり、世界知識システムのなかでしかるべき地位を保つためには、日中両国の社会発展により寄与できるように両国政府も関連機関も大切に扱うことを期待する。

(8) 多文化共生社会とは、筆者の理解では、異なる文化―つまり違う言語、イデオロギー、制度、観念、宗教、価値観、生活様式、性的嗜好性などに対して寛容で理解のある社会である。留学生はその「中間人」という特性から、その存在自身及びその仕事などからも多文化共生社会の進展に貢献している。日本も中国もグローバル化の進んでいる今日、多文化共生社会の実現に向かって着実に進んでいると思われる。どちらの社会にとっても言ってみれば異質な存在である在日中国人学者を排除せず、その才能を認め活躍の場を与え、立派な学者にまで育てあげているのがその何よりの証でもある。多文化共生社会は異文化の接触に始まり緊張と摩擦等も経ながら実現の方向に進んで行くと考えられる。

注

1　次のサイトを参照：http://www.tokten-vn.org.vn/introduction.html
2　毛沢東時代の独裁的政権なら強硬策を取る可能性も十分ありえたが、逆に留学生

の派遣政策を継続し、帰国政策も柔軟路線に変更した新時代の政府の冷静な選択は海外に滞留した留学生に希望と「负疚感」(軽い罪悪感)を抱かせ、現在の"Diaspora Option"の下地を敷いたと思われる。

3　政府の海亀派(海外帰国派)への優遇政策は土鼈派(土着派)の不満を引き起こしている。

4　詳しい政策はXiang 2005; Zweig等2008を参照されたい。

5　中国では「科学技術是第一生産力」がスローガンになっている。政府も民間も理工系重視、人文系軽視が歴然である。

6　オーストラリアの大学では教えない研究のみの研究者が理工系を中心に結構いるが、正式にfaculty memberとは数えられない。

7　『日本僑報』編集長の段氏によると、週に4コマ授業を持つ非常勤の先生も「教授」の滞在ビザになるので、常勤の割合は今のところはっきり仕分けたデータはない。

8　対象者の割り出しは留学生名簿を使用した。学位論文、業績などは日本国会図書館に繋がっているシドニー大学東アジア図書館のデータベースを使った。教育などは対象者所属大学の公開ウェブサイトで探した。一人はそれがまだ整備中で利用できなかったので他の研究者データベースを利用した。それ以外の活動については中国語、日本語、英語の可能なサイトを全部あらってみた。

9　「国家公派本科生」は全部で5期で文系が含まれているのは第3期だけである。1、3、5クラスが理工系で2、4、6クラスが文系である。文系から1クラスを選出し、そのクラスの在日常勤学者4人全員を本研究の対象者にしている。従ってサンプリングの科学的手順は踏まれている。

10　日本では2001年に学位規則が改正され、人文社会科学系において、博士号は研究者の最終目標ではなく、始発点だという認識に改め、博士課程終了と共に学位が取得できるように行政指導が開始した。日本の学位制度の変遷については大学評価・日本学位授与機関のウェブサイト参照されたい。

11　ただ、学会所属の欄には主なものしか記入していないようである。例えば、C氏は中国現代史研究会の会員であるが、学会所属には記入していない。

12　http://big5.xinhuanet.com/gate/big5/news.xinhuanet.com/newscenter/2007-12/27/content_7323900.htm

13　http://www.mizuhoto.org/01/060715kenpo.pdf

14　http://www.ahtvu.ah.cn/jxc/zhykch/flz_hezz/mfx/jxfd.htm

15　http://www.asahi.com/international/aan/hatsu/hatsu070509.html

16　http://bs.cufe.edu.cn/news_nr.asp?cid=00003&id=142

17　帰国派の中国発展への貢献が大きく、それを認めたうえでの議論である。Diaspora Optionはあくまでも1つの選択であって、誤解を避けるため過度の強調は慎むべきである。

18　B氏の場合、日本の法律を中国に紹介するとともに、中国の法律、新規定、規則

などを数多くいち早く日本語に邦訳し、紹介している。

参考文献

Bhagwati, J. (1976) The Brain Drain. *International Social Science Journal.* 28: pp.691–729.

Brzezinski, Michael. (1994) Migration and Opportunities: A Qualitative Understanding of the Chinese Student Brain Drain Phenomenon. NAFSA Working Paper, No.41. Washington, D. C.: NAFSA.

Chang, Parris and Zhiduan Deng. (1992) "The Chinese Brain Drain and Policy Options". *Studies in Comparative International Development.* 27 (1) Spring: pp.44–60.

陈昌贵（1996）《人才外流与回归》，湖北教育出版社．

陈昌贵（2005）"1978–2005：中国大陆留学教育的回顾与思考" paper presented at "People on the Move: The Transnational Flow of Chinese Human Capital" Conference, Hong Kong University of Science and Technology, Oct 2005.

陳天璽（2001）『華人ディアスポラ―華商ネットワークとアイディティティ』明石書店．

陈学飞等（2003）《留学教育的成本与收益 我国改革开放以来公派留学效益研究》、教育科学出版社．

程希（2002）《当代中国留学生研究》、香港社会科学出版社有限公司．

Chepesiuk, Ron. (2001) Sino-American Deal Brings Chinese IT Workers to U.S. *Asian Week.* June: pp.8–14.

长江学者奖励计划编委会编（2002）《长江学者奖励计划》，6月．

段躍中（2003）『現代中国人の日本留学』明石書店．

高伟浓（2003）《国际移民环境下的中国新移民》，北京：华侨出版社．

Gaillard, J. and A. Gaillard. (1997) Introduction: the International Mobility of Brains – Exodus or Circulation? *Science, Technology and Society* 2(2).

Huang, Wei Chiao. (1988) An Empirical Analysis of Foreign Student Brain Drain to the United States. *Economics of Education Review* 7(2): pp.231–243.

Hugo, Graeme. (2005) Chinese Academic Migration to Australia, paper presented at "People on the Move: The transnational Flow of Chinese Human Capital" Conference, Hong Kong University of Science and Technology, Oct 2005.

教育部（2002）《关于设立"春晖计划"海外留学人才学术休假回国工作项目的通知》．

贾浩（1996）"对当前我国留学人员状况的分析和几点建议"，"二十一世纪中国与新一代留学生"研讨会论文．

Kuznetsov, Yevgeny. (2005) Promise and Frustration of Diasporas: 'How to' of mobilization of Talent Abroad for the Benefit of Countries of Origins. *Knowledge for Development Program,* Washington, DC, June 14, World Bank Institute.

Liu, Hong. (2005) New Migrants and the Revival of Overseas Chinese Nationalism. *Journal of Contemporary China* 14(43).

Meyer, J. B. and M. Brown. (1999) Scientific Diasporas: A New Approach to the Brain

Drain. Paper presented at the World Conference on Science. UNESCO–ICSU. Budapest, Hungary, 26 June–1 July.

Meyer, J. et al. (1997) Turing Brain Drain into Brain Gain: The Colombia Experience of the Diaspora Option. *Science, Technology and Society* 2(2).

逢丹・楊曉京（2007）"中国留学人材安全的現状和政策分析"，中国網 2007 年 6 月 5 日．

Pires, J. (1992) Return and Reintegration of Qualified Nationals from Developing Countries Residing Abroad: the IOM Programme Experience. *International Migration* xxx3/4.

銭宁（1996）《留学美国》，南京：江蘇文芸出版社．

Saxenian, A. (2000) Silicon Valley's New Immigrant Entrepreneurs. Paper presented at the conference on The International Migration of the Highly Skilled. University of California-San Diego, 12–13 May.

Saxenian, A. (1999) *Silicon Valley's New Immigrant Entrepreneurs,* San Francisco: Public Policy Institute of California.

邵春芬（1995a）『日本の都市におけるエスニック・コミュニティの研究―在日中国人留学生・就学生を事例として』東京都立大学博士論文．

邵春芬（1995b）「留学戦略の決定要因―在日中国人留学生・就学生の場合」『社会学論考』(16)．

邵春芬（2000a）「在日中国人の日本観―留学生・就学生を事例として」『東京女子大学比較文化研究所紀要』61．

邵春芬（2000b）Overseas Chinese Students in the Era of Globalization. Paper presented at Asian Pacific Sociological Association Conference. Kwansei Gakuin University.

邵春芬（2002a）「日本における中国人留学生の動向」香港中文大学日本研究科＆香港日本語研究学会編 *Quality Japanese Studies and Japanese Language Education in Kanji-Using Areas in the New Century.* 香港：向日葵出版社．

邵春芬（2002b）「日本における中国人コミュニティ」『日中社会学研究』10．

邵春芬（2007）「国家公派本科生留学日本后対于居住国的選擇」『日本学刊』11．

邵春芬（2008a）「留学生と在日中国人社会」水戸孝道、何志明、宮副ウォン裕子編『アジア太平洋地域における日本研究』香港：香港日本語教育研究会．

邵春芬（2008b）Japanese Policies and International Students in Japan. Selected Proceedings of Asian Studies Association of Australia Conference 2008.

鈴木栄太郎（1957）『都市社会学原理』有斐閣．

Vanhonacker, W., D. Zweig and S.F. Chang. (2005) Transnational or Social Capital: Returnee Versus Local Entrepreneurs. Center on China's Transnational Relations Working Paper No.7.

Welch, Anthony R. and Zhang Zhen (2008) The Chinese knowledge Diaspora—Communication Networks among Overseas Chinese Intellectuals. in Epstein et al. (eds.), *Geographies of Knowledge, Geometries of Power: Framing the Future of High Education,*

London: Routledge.

Xiang, Biao. (2005) *Promoting Knowledge Exchange through Diaspora Networks (The Case of People's Republic of China)*, ESRC Centre on Migration, Policy and Society (COMPAS), University of Oxford, A report written for the Asian Development Bank.

小草　池上貞子・守屋宏則訳 (1989)『日本留学 1000 日―北京っ娘の東京体験』東方書店．(小草 (1987)《日本留学一千天》，北京：世界知识出版社．)

Yang, Rui. (2008) Globalization and Chinese Knowledge Diaspora: An Australian Case Study. paper presented at the *Knowledge Diaspora Forum*, Oct. 10 2008, University of Sydney.

张力 (2008) "改革开放 30 年我国教育成就和未来展望"《中国发展观察》第 10 期．

许晓青，"中国科研及商业机构将组团赴美招揽'海归'人才"，中国新闻网．<http://www.chinanews.com.cn/ci/gnci/news/2009/01-11/1523103.shtml>2009.7.8

Zweig, David and Chen Changgui. (1995) *China's Brain Drain to the United States: Views of Overseas Chinese Students and Scholars in the 1990s*. China Research Monograph, Institute of East Asian Studies, University of California.

Zweig, David, Chen Changgui and Stanley Rosen. (2004) Globalization and Transnational Human Capital: Overseas and Returnee Scholars to China. *The China Quarterly*.

Zweig, David, Chung Siu Fung and Donglin Han. (2008) Redefine the Brain Drain: China's 'Diaspora Option', *Science, Technology & Society* 13: 1.

執筆者紹介(あいうえお順　＊は編者)

浅岡高子(あさおか　たかこ)
佐賀大学留学生センター教授。留学生のための日本語および日本語教育概論、海外留学相談担当。研究テーマは日本人大学生の海外留学。The contribution of 'Study Abroad' Programs to Japanese Internationalization In *Journal of Studies in International Education* (2009)。

伊東祐郎(いとう　すけろう)
東京外国語大学留学生日本語教育センター教授、放送大学客員教授。日本語教育学、応用言語学(テスト研究)。『言語テスティング概論』(Tim McNamara 著 *Language Testing* 邦訳)(監訳、スリーエーネットワーク、2004)、『日本語教師のためのテスト作成マニュアル』(アルク、2008)。

小川正志(おがわ　まさし)
香港大学日本研究学科。日本ポピュラー音楽のアジアでの価値変容、ポピュラー文化と教育、日本旅行者文化、言語教育。Japanese Popular Music in Hong Kong: Analysis of Global/Local Cultural Relation In S. Guichard-Anguis and H. Befu (eds.), *Globalizing Japan*. London: Routledge.

奥田純子(おくだ　じゅんこ)
神戸コミュニカ学院。異文化コミュニケーション教育、日本語教育、教師教育。「教師研修と学校運営」『日本語教師の成長と自己研修』(凡人社 2006)、『ビジネス日本語辞典』(監修、近刊、くろしお出版)。

何志明(か　しめい、HO Chi Ming)
香港中文大学日本研究学科。担当科目は日本語と日本文化、日本語学習者の誤用分析、日本語学。「日本語の語彙的複合動詞における「手段」の複合動詞の組み合わせ」『日本語教育』(日本語教育学会、2002)など。研究分野は日本語複合動詞の習得問題、異文化コミュニケーション。

嘉数勝美(かかず　かつみ)
国際交流基金日本語事業部長。在職 30 年になるが、その過半を日本語教育事業に従事。主な関心分野は、言語と文化・社会、そしてオーストラリア。阪大院(修士)、一橋大院(博士候補)。特技は、少林寺拳法と書道。

GABRACOVA Dennitza(ガブラコヴァ　デンニッツァ)
香港城市大学助教授。近現代日本文学、翻訳論。「『雑草』という方法——近代日本への一つの接近」(『未来』、2008)、「『子供を救え』の余韻——小説と責任／応答可能性」

(『レニクサ』、2009)。

隈本・ヒーリー順子（くまもと　ヒーリーじゅんこ）
大分大学国際教育研究センター。留学生対象の英語による開講科目と日本語を担当。研究分野は主に日本語教育、日本研究（女性と雇用）も含む。最近の関心は留学生の人間関係の構築、異文化適応など。Women in the Japanese labour market, 1947–2003: a brief survey In *International Labour Review* (2005).

邵春芬（しょう　しゅんふん）
オーストラリアシドニー大学准教授。中国南京大学経済学部入学、1982 年日本へ国費留学、1986 年北海道大学学士号取得、1988 年東京都立大学修士号取得、1996 年東京都立大学博士号取得、1993 年オーストラリアシドニー大学専任講師。

長池一美（ながいけ　かずみ）
大分大学国際教育研究センター准教授。ブリティッシュ・コロンビア大学大学院博士課程修了（アジア研究学）。研究テーマは主としてポピュラー・カルチャー論、ジェンダー、セクシュアリティー研究。

南里敬三（なんり　けいぞう）
大分大学国際教育研究センター准教授。専門は言語学。システミック言語理論の枠内で人の思考パターンを研究中。人間の種としての思考パターンがどのようにして文化的思考の差を生みだしていくのかがテーマ。

林敏夫（はやし　としお）
国際交流基金関西国際センター日本語教育専門員。中国の北方工業大学、南開大学の外籍教師、国際交流基金海外派遣日本語教育専門家（派遣先：香港）等を歴任。言語教育と文化の問題に関心を持つ。

松永典子（まつなが　のりこ）
九州大学大学院比較社会文化研究院。『日本軍政下のマラヤにおける日本語教育』（風間書房、2002）、『「総力戦」下の人材養成と日本語教育』（花書院、2008）など。時代を問わず、異文化接触がもたらす教育的波及効果や異文化間の関係性の構築といった問題に関心がある。教育史。日本語教育学。「多文化関係論」。

＊村上史展（むらかみ　ふみのぶ）
香港大学日本研究学科。*Postmodern, Feminist and Postcolonial Currents in Contemporary Japanese Culture* (Routledge, 2005). *Reading: The Tale of Genji*（（共著編集）Global Oriental/ University of Hawaii Press, forthcoming, 2009) など。趣味はジョギング。

吉川貴子（よしかわ　たかこ）
香港大学日本研究学科。主に会話教育を担当。研究分野は日本語教育、言語行動、語用論、日本語スタンダーズなど。現在の研究テーマは断り行動における日広対照研究、及びスタンダーズを基にした評価方法。

＊萬美保（よろず　みほ）
香港大学日本研究学科。科目は日本語会話、日本語社会言語学担当。研究分野は応用言語学、Curriculum & Instruction。現在インターネットシミュレーションで世界の日本語学習者を繋ぐCALLコースを開発中。趣味は相撲観戦。

梁燕碧（りょう　えんへき）
広東商学院外国語学院日本語科。インターネット文化、インターネットを利用した日本語教育。「日本の顔文字およびその裏にある文化要素」（広東外語外貿大学学報、2006）、「インターネットを利用した日本語学習の指導について」（吉林放送大学学報、2009）など。

VORAVUDHI Chirasombutti（ウォラウット　チラソンバット）
Head, Department of Eastern Languages, Faculty of Arts, Chulalongkorn University, Thailand. M.I.A. (Tsukuba), Ph.D. (Australian National University). 2005-2011 日本語教育学会評議員。

グローバル化社会の日本語教育と日本文化
日本語教育スタンダードと多文化共生リテラシー

発行	2009年7月24日　初版1刷
定価	4600円＋税
編者	©萬美保・村上史展
発行者	松本 功
装丁者	上田真未
印刷製本所	三美印刷株式会社
発行所	株式会社 ひつじ書房

〒112-0011 東京都文京区千石 2-1-2 大和ビル 2F
Tel.03-5319-4916 Fax.03-5319-4917
郵便振替 00120-8-142852
toiawase@hituzi.co.jp　http://www.hituzi.co.jp

ISBN 978-4-89476-465-1　C3080

造本には充分注意しておりますが、落丁・乱丁などがございましたら、小社かお買上げ書店にておとりかえいたします。ご意見、ご感想など、小社までお寄せ下されば幸いです。

日本語教育学研究への展望

藤森弘子・花薗悟・楠本徹也・宮城徹・鈴木智美編　7,200円＋税　978-4-89476-441-5

プロフィシェンシーと日本語教育

鎌田修・堤良一・山内博之編　5,600円＋税　978-4-89476-424-8

文化間移動をする子どもたちの学び

教育コミュニティの創造に向けて

齋藤ひろみ・佐藤郡衛編　2,800円＋税　978-4-89476-343-2

マイノリティの名前はどのように扱われているのか

日本の公立学校におけるニューカマーの場合

リリアン テルミ ハタノ著　4,200円＋税　978-4-89476-422-4

多文化社会オーストラリアの言語教育政策

松田陽子著　4,200円＋税　978-4-89476-421-7